溪发说税 减税降费篇

林溪发 编著

中国税务出版社

图书在版编目（CIP）数据

溪发说税之减税降费篇/林溪发编著. -- 北京：中国税务出版社，2020.3（2020.4重印）

ISBN 978-7-5678-0938-3

Ⅰ.①溪… Ⅱ.①林… Ⅲ.①减税–税收政策–中国–学习参考资料 Ⅳ.① F812.422

中国版本图书馆 CIP 数据核字（2020）第 024504 号

版权所有·侵权必究

书　　　名：	溪发说税之减税降费篇
作　　　者：	林溪发　编著
责任编辑：	范竹青
责任校对：	姚浩晴
技术设计：	刘冬珂
出版发行：	中国税务出版社

北京市丰台区广安路 9 号国投财富广场 1 号楼 11 层
邮政编码：100055
http://www.taxation.cn
E-mail：swcb@taxation.cn
发行中心电话：（010）83362083/85/86
传真：（010）83362047/48/49

经　　销：	各地新华书店
印　　刷：	北京天宇星印刷厂
规　　格：	787 毫米 ×1092 毫米　1/16
印　　张：	25.5
字　　数：	378000 字
版　　次：	2020 年 3 月第 1 版　2020 年 4 月第 2 次印刷
书　　号：	ISBN 978-7-5678-0938-3
定　　价：	79.00 元

如有印装错误　本社负责调换

序一

《溪发说税之减税降费篇》是一本旨在深入宣传和解读近年来出台的一系列减税降费政策，以便让更多财税实务工作者及纳税人、缴费人更好地掌握和适用税收优惠政策的专业读本。

近年来，为进一步提升企业竞争力，激发企业活力，营造良好营商环境，国家出台了一系列力度大、范围广的减税降费政策措施。为帮助市场主体了解掌握减税降费新政，应享尽享政策红利，本书以情景问答的形式，解答相关实务问题，剖析痛点、难点。

通观全书，有以下三个特点：

一是以例释法，简明易懂。本书第1集以2019年10月获得国家税务总局厦门市税务局"#减税降费dou在身边有奖征集"唯一的一等奖作品《溪发说税——我们不一样！哪里不一样？具备哪些条件才可以免征增值税呢？来，准备好架势涨知识啦！》为蓝本，以情景问答的形式比较小规模纳税人与一般纳税人在适用免征增值税政策上的差异点，以点带面，政策解读既专业又通俗易懂。书中甄选收录的案例寓教于乐，让读者在轻松愉悦之中准确掌握和及时适用各项税费优惠政策、解开税收疑惑。

二是层次分明，深入浅出。每一集都由情景提问、林溪发老师解答、划重点消痛点等组成，并通过延伸案例、知识链接等进一步展开，层次分明、深入浅出。林溪发老师所做的讲解有分析、有政策依据，能进一步帮助读者拓宽思路、加深对税收政策的理解。

三是媒体融合，视听互动。 书中每个情景问答及延伸案例都附有生动的短视频，以喜闻乐见及接地气的形式普及相关的税收法律和税收政策，让政策"看得懂""听得见""摸得清"，有效提高办税能力。读者可以通过微信扫描每个情景问答或延伸案例所附的二维码观看相关视频。

本书作者林溪发毕业于厦门大学会计系，是厦门欣广税务师事务所所长，兼任厦门大学会计专业硕士校外导师、资产评估专业硕士校外导师。其不仅具有注册会计师、税务师、资产评估师等执业资格，且有26年财税实战经验。鉴于该书能将政策与实操相结合，实用性较强，有助于广大读者学习和参考，故乐为其作序。也希望其继续努力，不断提升宣传和解读我国税收政策的新高度。

厦门大学财政系教授、博士生导师

纪益成

2020年2月于鹭岛

  "税收知识枯燥难懂""在繁忙的工作中如何高效学习税收业务"等,是我在日常服务企业或受邀为纳税人讲课过程中经常听到的声音。为解决财税实务工作者及纳税人、缴费人这些困扰,我经过精心筹备,于2018年正式推出《溪发说税》系列财税小视频,采用真人情景剧或卡通演绎的形式,让枯燥的税收知识变得生动有趣。每个视频短小精悍,便于利用碎片化时间学习。

  《溪发说税》财税小视频从关注度较高的减税降费政策内容着手,不仅通过"溪发说税"抖音号、微博发布,还在"漳州税务""三明税务""中国税务杂志社""减税降费在厦门""中国税务"等税务部门的微信公众号、抖音号陆续发布,获得广泛好评。

  在媒体融合发展时代,学习方式也日趋多样化,假如对这些短视频的脚本进行归纳整理并加以政策解析,出版成书,读者在阅读纸书的同时可通过扫描二维码观看相关视频,学习效果应当更好。基于此,我决定筹划出版《溪发说税》系列丛书,并先行推出第一册《溪发说税之减税降费篇》。

  减税降费政策落地后究竟可以享受多少红利?如何才能领取更多的减税"礼包"?这是大家特别关心的问题。本书精选了财税工作者、纳税人及缴费人在适用税收政策时遇到的156个问题,一个问题为一集,按照增值税、企业所得税、车辆购置税、耕地占用税、资源税及土地增值税等税种分类。每集包含"情景提问""林溪发老师解答",并以"划重点、消痛点"的形式,剖析政策适用的痛点、难点,部分还附有延伸案例及知识链接,便于读者加深理解。书中的每个情景问答及延伸案例都有相应的短视频,读者可以通过扫描书中所附的二维码观看。

新冠肺炎疫情爆发后,我从1月27日(正月初三)开始就加紧制作和发布与公益捐赠相关的财税小视频。2月,国家陆续出台支持疫情防控税费优惠政策,我迅速推出相关教学视频,内容包括支持防护救治、支持物资供应、鼓励公益捐赠、支持复工复产等各项优惠,涵盖企业所得税、个人所得税、增值税等各项税费。同时,将这些内容作为"支持新冠肺炎疫情防控和复工复产税费优惠政策专题"纳入本书,以便广大财税工作者、纳税人和缴费人及时掌握和适用。此外,我计划通过慈善团体捐赠本书的稿酬所得,希望能为新冠肺炎疫情防控工作尽一份微薄之力。

企业涉税事务专业性强,作为一名涉税专业服务工作者,我尽管能力和精力有限,但十分愿意帮助企业享受到国家减税降费的政策红利,为消减此次疫情对企业带来的冲击、助力复工复产尽绵薄之力。

2020 年 2 月

目 录

支持新冠肺炎疫情防控和复工复产税费优惠政策专题 ……… 1

第一节 支持防护救治 ……………………………………… 1

第1集 参加新冠肺炎疫情防治工作的医务人员取得临时性
工作补助和奖金，需要缴纳个人所得税吗 ……… 1

第2集 员工取得用于预防新冠肺炎防护用品，需要缴纳
个人所得税吗 ………………………………………… 3

第二节 支持物资供应 ……………………………………… 5

第3集 新冠肺炎疫情防控重点保障物资生产企业
增量留抵税额，可以全额退还吗 …………………… 5

第4集 运输新冠肺炎疫情防控重点保障物资取得的收入，
可以免征增值税吗 …………………………………… 8

第5集 新冠肺炎疫情期间提供生活服务取得的收入，
可以免征增值税吗 …………………………………… 10

第6集 新冠肺炎疫情期间收入免征增值税，可以相应免征
城市维护建设税、教育费附加、地方教育附加吗 ……… 13

1

第7集　新冠肺炎疫情防控重点保障物资生产企业为
　　　　扩大产能新购置的相关设备，可以一次性
　　　　在企业所得税税前扣除吗……………………………… 14

第8集　卫生健康局组织进口直接用于防控新冠肺炎疫情的
　　　　消毒液，可以免征关税吗……………………………… 17

第三节　鼓励公益捐赠……………………………………………… 19

第9集　企业向新冠肺炎疫情地区捐赠支出，可以从
　　　　应纳税所得额中扣除吗………………………………… 19

第10集　个人直接向承担疫情防治任务的医院捐赠用于
　　　　应对新型冠状病毒感染的肺炎疫情的口罩，
　　　　可以从应纳税所得额中扣除吗………………………… 20

第11集　个人向新冠肺炎疫情地区捐赠口罩、消毒液等物资，
　　　　如何计算确定公益捐赠支出金额……………………… 23

第12集　企业将自产货物向新冠肺炎疫情地区捐赠，
　　　　可以免征增值税、消费税、城市维护建设税、
　　　　教育费附加、地方教育附加吗………………………… 25

第13集　企业进口用于捐赠新冠肺炎疫情防控的口罩，
　　　　可以免征进口税收吗…………………………………… 27

第四节　支持复工复产……………………………………………… 30

第14集　受新冠肺炎疫情影响较大的困难行业企业2020年度
　　　　发生的亏损，可以延长最长结转年限吗……………… 30

第15集　新冠肺炎疫情防控期间，小规模纳税人
　　　　可以减免增值税吗……………………………………… 33

第五节　阶段性减免社会保险费…………………………………… 38

第16集　新冠肺炎疫情期间，中小微企业
　　　　可以减免社会保险费吗………………………………… 38

第17集　受新冠肺炎疫情影响生产经营出现严重困难的企业，
　　　　　可以申请缓交社会保险费吗…………………………… 39

　第六节　非接触式办税…………………………………………… 41
　　第18集　新冠肺炎疫情期间，出口企业可以通过"非接触式"
　　　　　方式申请出口退税吗………………………………… 41

第一章　增值税……………………………………………… 43

　第一节　小规模纳税人税收优惠………………………………… 43
　　第1集　月销售额未超过10万元，可以免征增值税吗 ………… 43
　　第2集　按月或按季缴纳增值税，哪个更优惠 ………………… 44
　　第3集　经营期不满一个季度，可以免征增值税吗 …………… 46
　　第4集　差额征税如何适用免征增值税政策 …………………… 47
　　第5集　可以扣除不动产销售额后享受免征增值税吗 ………… 49
　　第6集　一次性收取房租可以免征增值税吗 …………………… 50
　　第7集　开具增值税专用发票可以免征增值税吗 ……………… 51
　　第8集　代开增值税普通发票缴纳的税款可以退还吗 ………… 52
　　第9集　纳税期不同，销售不动产都要预缴税款吗 …………… 53
　　第10集　小规模纳税人销售不动产差额征税，
　　　　　　需要预缴增值税吗……………………………………… 55
　　第11集　小规模纳税人代开专用发票缴纳增值税可以退还吗…… 57
　　第12集　开具普通发票需要缴纳增值税吗……………………… 58
　　第13集　销售货物和服务收入，可以分别免征增值税吗……… 59
　　第14集　一般纳税人可以免征增值税吗………………………… 61
　　第15集　属于营改增行业的一般纳税人可以转登记为
　　　　　　小规模纳税人吗………………………………………… 63

　第二节　增值税税率降低………………………………………… 65
　　第16集　设备租赁适用的增值税税率是多少…………………… 65

3

第17集　增值税税率下降了，税负降低了吗……………………67

第18集　销售商品补开发票，适用增值税税率是多少…………71

第三节　发票开具…………………………………………………75

第19集　补开发票，需要办理临时开票权限吗…………………75

第20集　临时开票权限的有效期限为多久………………………76

第21集　办理临时开票权限，需要提交证明资料吗……………77

第22集　补开发票，需要补充申报或更正申报增值税吗………80

第23集　增值税税率下降后，可以开具原适用税率发票吗……82

第24集　补开发票，需要手工选择税率吗………………………83

第四节　不动产进项税额抵扣……………………………………85

第25集　购买写字楼，进项税额需要分两年抵扣吗……………85

第26集　未抵扣完的厂房进项税额，必须在2019年4月抵扣吗……87

第27集　厂房装修的进项税额需要分两年抵扣吗………………88

第28集　购入写字楼的待抵扣进项税额，如何结转抵扣………90

第29集　写字楼未抵扣的进项税额结转抵扣，如何申报增值税……91

第30集　不动产发生非正常损失，进项税额需要转出吗………93

第五节　国内旅客运输服务进项税额抵扣………………………95

第31集　未注明旅客身份信息的车票可以抵扣进项税额吗……95

第32集　注明旅客身份信息的动车票，都可以抵扣
　　　　　进项税额吗…………………………………………97

第33集　滴滴出行电子普通发票可以抵扣进项税额吗…………98

第34集　航空运输电子客票行程单可以抵扣进项税额吗………99

第35集　劳务派遣人员的车票，可以抵扣进项税额吗…………101

第36集　购买方名称是个人的普通发票，
　　　　　可以抵扣进项税额吗………………………………103

第37集　2019年4月前开具的普通发票，
　　　　　可以抵扣进项税额吗………………………………104

第38集　网约车电子普通发票可以抵扣进项税额吗 …………… 106

第39集　国内机票抵扣进项税额如何计算 ………………………… 107

第40集　国际机票可以计算抵扣进项税额吗 …………………… 109

第41集　国内旅客运输服务专用发票抵扣进项税额如何计算 …… 110

第42集　国内旅客运输服务普通发票抵扣进项税额如何计算 …… 111

第43集　铁路车票抵扣进项税额如何计算 ……………………… 113

第六节　加计抵减　116

第44集　加计抵减执行期限到何时 ……………………………… 116

第45集　律师事务所可以适用加计抵减政策吗 ………………… 117

第46集　多业经营可以适用加计抵减政策吗 …………………… 119

第47集　厂房租赁可以适用加计抵减政策吗 …………………… 120

第48集　如何计提加计抵减额 …………………………………… 122

第49集　进项税额转出了，加计抵减额要调减吗 ……………… 123

第50集　2019年4月前的经营期不满12个月，可以适用
　　　　　加计抵减政策吗 ……………………………………… 125

第51集　增值税加计抵减如何计算 ……………………………… 127

第52集　简易计税方法销售额，需要计入加计抵减政策适用的
　　　　　"销售额"吗 …………………………………………… 134

第53集　纳税评估调整销售额，需要计入加计抵减政策适用的
　　　　　"销售额"吗 …………………………………………… 136

第54集　免税销售额，需要计入加计抵减政策适用的
　　　　　"销售额"吗 …………………………………………… 138

第55集　税务机关代开发票销售额，需要计入加计抵减
　　　　　政策适用的"销售额"吗 ……………………………… 141

第56集　免、抵、退办法出口销售额，需要计入加计抵减
　　　　　政策适用的"销售额"吗 ……………………………… 143

第57集　即征即退项目销售额，需要计入加计抵减政策适用的
　　　　　"销售额"吗 …………………………………………… 145

5

第58集 增值税差额征收，如何计算加计抵减政策适用的
"销售额" …………………………………………………… 147

第59集 首次产生销售额，如何计算加计抵减政策适用的
"销售额" …………………………………………………… 150

第七节 农产品进项税额扣除 ………………………………………… 154

第60集 增值税税率下降了，农产品进项税额的扣除率是多少 …… 154
第61集 加计扣除农产品进项税额如何计算 ………………………… 155
第62集 加计扣除农产品进项税额如何申报 ………………………… 156
第63集 农产品核定扣除的扣除率如何确定 ………………………… 161

第八节 留抵退税 ……………………………………………………… 168

第64集 增量留抵税额如何计算 ……………………………………… 168
第65集 增量留抵税额可以全部退还吗 ……………………………… 169
第66集 增值税即征即退，可以申请退还增量留抵税额吗 ………… 175
第67集 同一申报期内，可以办理免抵退税和留抵退税吗 ………… 176
第68集 同一申报期内，办理免抵退税和留抵退税
有先后顺序吗 ………………………………………………… 177
第69集 M级纳税人可以申请留抵退税吗 …………………………… 178
第70集 部分先进制造业纳税人留抵退税，有行业要求吗 ………… 180
第71集 部分先进制造业纳税人留抵退税，有申请条件吗 ………… 182
第72集 部分先进制造业纳税人允许退还的留抵税额
如何计算 ……………………………………………………… 185
第73集 取得退还留抵税额后，可以再申请退还增量
留抵税额吗 …………………………………………………… 188

第九节 堂食和外卖 …………………………………………………… 191

第74集 外卖食品可以按照"餐饮服务"缴纳增值税吗 …………… 191

第十节 进项税额转出 ………………………………………………… 193

第75集 购进大米用于食堂，进项税额需要转出吗 ………………… 193

第76集 购进食品接待客人，进项税额需要转出吗 …………… 195

第77集 购进罐头霉烂变质，进项税额需要转出吗 …………… 200

第78集 增值税税率下降了，进项税额转出要分段计算吗 …… 203

第79集 产品报废了，耗用的原材料进项税额需要转出吗 …… 205

第80集 购进原料退货，已申报抵扣的进项税额需要转出吗 … 206

第81集 设备改变用途，已申报抵扣的进项税额需要转出吗 … 208

第82集 租入房屋全部改变用途，已申报抵扣的

进项税额需要转出吗 …………………………………… 212

第83集 租入房屋部分改变用途，已申报抵扣的进项税额

需要转出吗 ……………………………………………… 214

第十一节 社区家庭服务业增值税优惠 ………………………… 216

第84集 家政服务收入可以免征增值税吗 ……………………… 216

第二章 企业所得税 …………………………………………………… 226

第一节 税前扣除凭证 ………………………………………………… 226

第85集 糕点收据可以作为企业所得税税前扣除凭证吗 ……… 226

第86集 出国票据可以作为企业所得税税前扣除凭证吗 ……… 228

第87集 换开发票可以作为企业所得税税前扣除凭证吗 ……… 231

第88集 补开发票可以作为企业所得税税前扣除凭证吗 ……… 233

第89集 审计费分割单可以作为企业所得税税前扣除凭证吗 … 235

第90集 水费收据可以作为企业所得税税前扣除凭证吗 ……… 237

第二节 雇主责任险 …………………………………………………… 243

第91集 雇主责任险可以在企业所得税税前扣除吗 …………… 243

第三节 固定资产一次性扣除 ………………………………………… 245

第92集 2018年12月买车可以当年一次性企业所得税

税前扣除吗 ……………………………………………… 245

第93集　买房可以一次性企业所得税税前扣除吗 …………… 248

第94集　企业所得税税前一次性扣除的固定资产，
　　　　不用提折旧吗 …………………………………………… 250

第95集　新购入仪器单价低于500万元，必须一次性
　　　　税前扣除吗 ……………………………………………… 253

第96集　新购入二手设备可以一次性在企业所得税
　　　　税前扣除吗 ……………………………………………… 257

第四节　职工教育经费 …………………………………………… 260

第97集　职工教育经费的税收风险如何控制 …………………… 260
第98集　职工教育经费应如何记账 ……………………………… 262
第99集　职工教育经费应如何报税 ……………………………… 263
第100集　职工教育经费税会差异如何计算 …………………… 264
第101集　职工教育经费税前扣除特殊规定适用于哪些行业 …… 266

第五节　小微企业所得税 ………………………………………… 268

第102集　小微企业所得税减免需要审批吗 …………………… 268
第103集　核定征收可以享受小微企业所得税减免吗 ………… 272
第104集　季度多预缴的企业所得税可以在以后季度退还吗 …… 274
第105集　年度汇算清缴不符合小微企业条件，要补缴
　　　　　企业所得税吗 ………………………………………… 275
第106集　设备一次性扣除后，可以享受小微企业
　　　　　所得税优惠吗 ………………………………………… 276

第六节　捐赠支出 ………………………………………………… 281

第107集　通过县政府的扶贫捐赠支出，可以据实扣除吗 …… 281
第108集　通过公益性社会组织的扶贫捐赠支出，
　　　　　可以据实扣除吗 ……………………………………… 284
第109集　同时有扶贫捐赠和其他公益性捐赠，
　　　　　可以税前扣除吗 ……………………………………… 285

第七节　股权转让企业所得税 ……………………………… 287

第110集　何时确认企业股权转让所得 ……………………… 287

第111集　如何计算企业股权转让所得 ……………………… 289

第112集　企业股权转让所得，可以扣除股东留存收益吗 …… 290

第113集　企业股权转让所得，如何计算缴纳企业所得税 …… 292

第114集　企业股权转让所得，在哪里缴纳企业所得税 ……… 294

第115集　股权转让所得核定征收，如何计算缴纳
　　　　　企业所得税 …………………………………………… 295

第116集　专门从事股权投资业务的居民企业，可以核定
　　　　　征收企业所得税吗 …………………………………… 298

第117集　非居民企业转让股权，如何计算缴纳企业所得税 … 299

第118集　非居民企业转让股权，如何确定扣缴义务人 ……… 301

第119集　非居民企业转让股权，在哪里缴纳企业所得税 …… 302

第八节　房地产企业所得税 …………………………………… 304

第120集　房地产开发产品企业所得税完工年度如何确认 …… 304

第121集　分期收款方式销售房地产开发产品的收入
　　　　　如何计算 ………………………………………………… 306

第122集　银行按揭方式销售房地产开发产品的收入
　　　　　如何计算 ………………………………………………… 308

第123集　视同买断方式销售房地产开发产品的收入
　　　　　如何计算 ………………………………………………… 310

第124集　房地产开发产品分配给股东，要纳税调整吗 ……… 312

第125集　房地产企业的工程保险费，可以计入期间费用吗 … 314

第126集　房地产企业的财务顾问费，可以计入期间费用吗 … 316

第127集　房地产企业可以预提工程成本吗 …………………… 318

第128集　房地产企业可以预提公建维修基金吗 ……………… 319

第129集　房地产企业销售佣金可以在企业所得税
　　　　　税前扣除吗 ……………………………………………… 321

第130集　房地产企业售楼处支出可以在企业所得税

　　　　　税前扣除吗 ·· 323

第三章　车辆购置税 ·· 326

第一节　车辆购置税应税车辆 ··· 326

第131集　购买摩托车，需要缴纳车辆购置税吗 ················ 326

第132集　购买不需要办理车辆登记的车辆，需要缴纳

　　　　　车辆购置税吗 ·· 327

第133集　购买二手车，需要缴纳车辆购置税吗 ················ 328

第134集　抽奖得到的应税小轿车，需要缴纳车辆购置税吗 ····· 329

第二节　车辆购置税计税价格 ··· 331

第135集　车辆装饰费，需要缴纳车辆购置税吗 ················ 331

第三节　车辆购置税税收优惠 ··· 338

第136集　购买挂车，可以免征车辆购置税吗 ···················· 338

第137集　购买新能源汽车，可以免征车辆购置税吗 ········· 339

第四节　车辆购置税退税 ·· 341

第138集　车辆退回了，可以退还车辆购置税吗 ················ 341

第四章　耕地占用税 ·· 343

第一节　耕地占用税的计算缴纳 ·· 343

第139集　占用耕地建设厂房，需要缴纳耕地占用税吗 ····· 343

第140集　占用耕地建设厂房，耕地占用税如何计算 ········· 344

第141集　占用基本农田建设厂房，耕地占用税如何计算 ····· 346

第142集　小规模纳税人可以享受耕地占用税优惠吗 ········· 347

第二节　耕地占用税应税土地面积 …………………… 349

　　第143集　未经批准占用耕地，需要缴纳耕地占用税吗 ………… 349

第三节　耕地占用税的税收优惠 ……………………… 351

　　第144集　医院占用耕地，需要缴纳耕地占用税吗 …………… 351
　　第145集　小学占用耕地，需要缴纳耕地占用税吗 …………… 353
　　第146集　占用竹林地，需要缴纳耕地占用税吗 ……………… 355

第四节　耕地占用税纳税地点 ………………………… 357

　　第147集　耕地占用税在哪里缴纳 ……………………………… 357

第五章　资源税 …………………………………………… 359

　　第148集　不同税目的应税产品，如何计算缴纳资源税 ……… 359
　　第149集　连续生产的应税矿产品，如何计算缴纳资源税 …… 360
　　第150集　资源税在哪里申报缴纳 ……………………………… 361

第六章　土地增值税 ……………………………………… 362

　　第151集　销售使用过的不动产，要缴纳哪些税费 …………… 362

第七章　地方附加税费 …………………………………… 379

第一节　地方税种和相关附加减征 …………………… 379

　　第152集　小规模纳税人申报附加税费时，需要填写
　　　　　　　减征比例吗 …………………………………………… 379
　　第153集　小规模纳税人减征"六税二费"需要审批吗 ………… 380
　　第154集　转登记为一般纳税人后，可以继续
　　　　　　　减征"六税二费"吗 …………………………………… 381

第二节　地方税种和相关附加叠加享受优惠 …………………………… 387
　　第155集　小规模纳税人的房产税可以叠加享受优惠吗 ………… 387
第三节　地方税种和相关附加计税依据优惠 …………………………… 389
　　第156集　附加税费计算基数可以扣除退还的留抵税额吗 ……… 389

支持新冠肺炎疫情防控和复工复产税费优惠政策专题

第一节 支持防护救治

第1集 参加新冠肺炎疫情防治工作的医务人员取得临时性工作补助和奖金,需要缴纳个人所得税吗

扫码学习

甲医院 2020 年 2 月按照政府规定的补助和奖金标准,向参加新冠肺炎疫情防治工作的医务人员发放临时性工作补助和奖金。

提问: 林老师,参加新冠肺炎疫情防治工作的医务人员取得临时性工作补助和奖金,需要缴纳个人所得税吗?

林溪发老师解答

不需要缴纳个人所得税。

◇ **政策依据**

财政部 税务总局关于支持新型冠状病毒感染的肺炎疫情防控有关个人所得税政策的公告

2020 年 2 月 6 日 财政部 税务总局公告 2020 年第 10 号

一、对参加疫情防治工作的医务人员和防疫工作者按照政府规定标

1

> 准取得的临时性工作补助和奖金，免征个人所得税。政府规定标准包括各级政府规定的补助和奖金标准。
>
> 　　对省级及省级以上人民政府规定的对参与疫情防控人员的临时性工作补助和奖金，比照执行。

划重点　消痛点

　　为支持新型冠状病毒感染的肺炎疫情防控工作，财政部、税务总局公告 2020 年第 10 号规定，自 2020 年 1 月起，对以下人员取得的临时性工作补助和奖金，免征个人所得税：

　1. **参加新冠疫情防治工作的医务人员和防疫工作者**

　　参加新冠疫情防治工作的医务人员和防疫工作者按照各级政府规定的补助和奖金标准，取得的临时性工作补助和奖金，不计入工薪收入，免征个人所得税。

　2. **参与疫情防控人员**

　　参与疫情防控人员按照省级及省级以上政府规定的补助和奖金标准，取得的临时性工作补助和奖金，不计入工薪收入，免征个人所得税。

　　上述免征个人所得税优惠政策自 2020 年 1 月 1 日起施行，截止日期由财政部、税务总局视疫情情况另行公告。

支持新冠肺炎疫情防控和复工复产税费优惠政策 专题

第 2 集
员工取得用于预防新冠肺炎防护用品，需要缴纳个人所得税吗

扫码学习

A 公司 2020 年 2 月向员工发放用于预防新型冠状肺炎的口罩、消毒液等防护用品。

提问： 林老师，员工取得用于预防新型冠状肺炎的防护用品，需要缴纳个人所得税吗？

林溪发老师解答

不需要缴纳个人所得税。

◇ 政策依据

财政部　税务总局关于支持新型冠状病毒感染的肺炎疫情防控有关个人所得税政策的公告

2020 年 2 月 6 日　财政部　税务总局公告 2020 年第 10 号

二、单位发给个人用于预防新型冠状病毒感染的肺炎的药品、医疗用品和防护用品等实物（不包括现金），不计入工资、薪金收入，免征个人所得税。

划重点　消痛点

2020 年 2 月 6 日，财政部、税务总局联合发布 2020 年第 10 号公告，对个人取得单位发放的用于预防新型冠状病毒感染的肺炎的药品、医疗用

3

品和防护用品等实物，免征个人所得税。结合本案例，提醒注意四个要点：

1. 实物类别

实物类别包括药品、医疗用品和防护用品等。

2. 实物用途

实物必须用于预防新型冠状病毒感染的肺炎，其他用途不得免征个人所得税。

3. 不包括现金

如果个人取得的是现金，则应计入工资、薪金收入，缴纳个人所得税。

4. 政策有效期

免征个人所得税优惠政策自 2020 年 1 月 1 日起施行，截止日期由财政部、税务总局视疫情情况另行公告。

第二节 支持物资供应

第3集 新冠肺炎疫情防控重点保障物资生产企业增量留抵税额，可以全额退还吗

扫码学习

B公司是省级发展改革部门、工业和信息化部门确定的新冠肺炎疫情防控重点保障物资生产企业，2019年12月底留抵税额为100万元，2020年2月底留抵税额为500万元。

提问： 林老师，B公司2020年2月底增量留抵税额为400万元，可以向主管税务机关申请全额退还吗？

林溪发老师解答

可以向主管税务机关申请退还。

◇ **政策依据**

财政部 税务总局关于支持新型冠状病毒感染的肺炎疫情防控有关税收政策的公告

2020年2月6日 财政部 税务总局公告2020年第8号

二、疫情防控重点保障物资生产企业可以按月向主管税务机关申请全额退还增值税增量留抵税额。

本公告所称增量留抵税额，是指与2019年12月底相比新增加的期末留抵税额。

> 本公告第一条、第二条所称疫情防控重点保障物资生产企业名单，由省级及以上发展改革部门、工业和信息化部门确定。
>
> ……
>
> 六、本公告自2020年1月1日起实施，截止日期视疫情情况另行公告。
>
> **国家税务总局关于支持新型冠状病毒感染的**
> **肺炎疫情防控有关税收征收管理事项的公告**
>
> 2020年2月10日　国家税务总局公告2020年第4号
>
> 一、疫情防控重点保障物资生产企业按照《财政部　税务总局关于支持新型冠状病毒感染的肺炎疫情防控有关税收政策的公告》（2020年第8号，以下简称"8号公告"）第二条规定，适用增值税增量留抵退税政策的，应当在增值税纳税申报期内，完成本期增值税纳税申报后，向主管税务机关申请退还增量留抵税额。

划重点　消痛点

疫情防控重点保障物资生产企业，与部分先进制造业纳税人、其他一般企业相比，增量留抵退税税收优惠力度更大，主要表现在以下四个方面：

1. 退税金额大

（1）疫情防控重点保障物资生产企业。增量留抵税额全额退税，让企业有更充裕的资金投入疫情防控重点保障物资的生产。

（2）部分先进制造业纳税人。《财政部　税务总局关于明确部分先进制造业增值税期末留抵退税政策的公告》（财政部　税务总局公告2019年第84号）第四条规定，部分先进制造业纳税人当期允许退还的增量留抵税额，按照以下公式计算：

允许退还的增量留抵税额＝增量留抵税额×进项构成比例

（3）其他一般企业。《财政部 税务总局 海关总署关于深化增值税改革有关政策的公告》（财政部 税务总局 海关总署公告2019年第39号）第八条第（三）项规定，纳税人当期允许退还的增量留抵税额，按照以下公式计算：

允许退还的增量留抵税额＝增量留抵税额 × 进项构成比例 ×60%

2. 增量留抵税额计算口径

（1）疫情防控重点保障物资生产企业。与2019年12月底相比新增加的期末留抵税额。

（2）部分先进制造业纳税人、其他一般企业。与2019年3月底相比新增加的期末留抵税额。

3. 申请退税间隔时间短

（1）疫情防控重点保障物资生产企业、部分先进制造业纳税人可以按月向主管税务机关申请退还增量留抵税额。

（2）其他一般企业向主管税务机关申请退还增量留抵税额，至少要间隔6个月。

4. 退税条件降低

（1）疫情防控重点保障物资生产企业。增量留抵税额大于零，就可以向主管税务机关申请退还，退税门槛降低。疫情防控重点保障物资生产企业名单，由省级及以上发展改革部门、工业和信息化部门确定。

（2）部分先进制造业纳税人。同时符合以下条件的部分先进制造业纳税人，可以自2019年7月及以后纳税申报期向主管税务机关申请退还增量留抵税额：① 增量留抵税额大于零；② 纳税信用等级为A级或者B级；③ 申请退税前36个月未发生骗取留抵退税、出口退税或虚开增值税专用发票情形；④ 申请退税前36个月未因偷税被税务机关处罚两次及以上；⑤ 自2019年4月1日起未享受即征即退、先征后返（退）政策。

（3）其他一般企业。同时符合以下条件的纳税人，可以向主管税务机关申请退还增量留抵税额：① 自2019年4月税款所属期起，连续6个月（按季纳税的，连续两个季度）增量留抵税额均大于零，且第6个月增量留抵税额不低于50万元；② 纳税信用等级为A级或者B级；③ 申请退税前36个月未发生骗取留抵退税、出口退税或虚开增值税专用发票情形的；④申请退税前36个月未因偷税被税务机关处罚两次及以上的；⑤自2019年4月1日起未享受即征即退、先征后返（退）政策的。

第4集 运输新冠肺炎疫情防控重点保障物资取得的收入，可以免征增值税吗

扫码学习

C公司运输新冠肺炎疫情防控重点保障物资，2020年2月取得收入400万元。

提问：林老师，C公司运输疫情防控重点保障物资取得的收入，需要缴纳增值税吗？

林溪发老师解答

不需要缴纳增值税。

◇ 政策依据

财政部 税务总局关于支持新型冠状病毒感染的肺炎疫情防控有关税收政策的公告

2020年2月6日 财政部 税务总局公告2020年第8号

三、对纳税人运输疫情防控重点保障物资取得的收入，免征增值税。

疫情防控重点保障物资的具体范围，由国家发展改革委、工业和信息化部确定。

……

六、本公告自 2020 年 1 月 1 日起实施，截止日期视疫情情况另行公告。

国家税务总局关于支持新型冠状病毒感染的
肺炎疫情防控有关税收征收管理事项的公告

2020 年 2 月 10 日　国家税务总局公告 2020 年第 4 号

二、纳税人按照 8 号公告和《财政部　税务总局关于支持新型冠状病毒感染的肺炎疫情防控有关捐赠税收政策的公告》（2020 年第 9 号，以下简称"9 号公告"）有关规定享受免征增值税、消费税优惠的，可自主进行免税申报，无需办理有关免税备案手续，但应将相关证明材料留存备查。

适用免税政策的纳税人在办理增值税纳税申报时，应当填写增值税纳税申报表及《增值税减免税申报明细表》相应栏次；在办理消费税纳税申报时，应当填写消费税纳税申报表及《本期减（免）税额明细表》相应栏次。

划重点　消痛点

纳税人运输疫情防控重点保障物资取得的收入，可以享受免征增值税优惠。执行时应注意掌握以下三个要点：

1. 疫情防控重点保障物资的具体范围

疫情防控重点保障物资的具体范围，由国家发展改革委、工业和信息化部确定。

2. 享受方式

纳税人享受增值税优惠时，可自主进行免税申报，无需办理有关免税备案手续，但应将相关证明材料留存备查。

3. 纳税申报

适用免税政策的纳税人在办理增值税纳税申报时，应当填写增值税纳税申报表及《增值税减免税申报明细表》相应栏次。

第 5 集　新冠肺炎疫情期间提供生活服务取得的收入，可以免征增值税吗

扫码学习

D 公司是一家五星级酒店，经营范围主要为提供住宿服务，2020 年 2 月取得住宿收入 15 万元。

提问：林老师，D 公司提供的住宿服务，属于《销售服务、无形资产、不动产注释》（财税〔2016〕36 号印发）规定的生活服务，2020 年 2 月住宿收入需要缴纳增值税吗？

林溪发老师解答

不需要缴纳增值税。

◇ 政策依据

财政部　税务总局关于支持新型冠状病毒感染的肺炎疫情防控有关税收政策的公告

2020 年 2 月 6 日　财政部　税务总局公告 2020 年第 8 号

五、对纳税人提供公共交通运输服务、生活服务，以及为居民提供必需生活物资快递收派服务取得的收入，免征增值税。

公共交通运输服务的具体范围，按照《营业税改征增值税试点有关事项的规定》（财税〔2016〕36 号印发）执行。

生活服务、快递收派服务的具体范围，按照《销售服务、无形资产、不动产注释》（财税〔2016〕36号印发）执行。

六、本公告自2020年1月1日起实施，截止日期视疫情情况另行公告。

国家税务总局关于支持新型冠状病毒感染的肺炎疫情防控有关税收征收管理事项的公告

2020年2月10日　国家税务总局公告2020年第4号

二、纳税人按照8号公告和《财政部　税务总局关于支持新型冠状病毒感染的肺炎疫情防控有关捐赠税收政策的公告》（2020年第9号，以下简称"9号公告"）有关规定享受免征增值税、消费税优惠的，可自主进行免税申报，无需办理有关免税备案手续，但应将相关证明材料留存备查。

适用免税政策的纳税人在办理增值税纳税申报时，应当填写增值税纳税申报表及《增值税减免税申报明细表》相应栏次；在办理消费税纳税申报时，应当填写消费税纳税申报表及《本期减（免）税额明细表》相应栏次。

划重点　消痛点

财政部、税务总局公告2020年第8号第五条规定的免征增值税的三类服务业，受新型冠状肺炎疫情影响较大，其免税范围，应按照财税〔2016〕36号文件执行，具体为：

1. 公共交通运输服务

公共交通运输服务，包括轮客渡、公交客运、地铁、城市轻轨、出租车、长途客车、班车等。

2. 生活服务

生活服务，是指为满足城乡居民日常生活需求提供的各类服务活动，包括：

（1）文化体育服务，包括文化服务、体育服务。

（2）教育医疗服务，包括教育服务、医疗服务。

（3）旅游娱乐服务，包括旅游服务、娱乐服务。

（4）餐饮住宿服务，包括餐饮服务、住宿服务。

（5）居民日常服务，包括市容市政管理、家政、婚庆、养老、殡葬、照料和护理、救助救济、美容美发、按摩、桑拿、氧吧、足疗、沐浴、洗染、摄影扩印等服务。

（6）其他生活服务。

3. 为居民提供必需生活物资快递收派服务取得的收入

收派服务，属于"现代服务"里面的物流辅助服务，是指接受寄件人委托，在承诺的时限内完成函件和包裹的收件、分拣、派送服务的业务活动：

（1）收件服务，是指从寄件人收取函件和包裹，并运送到服务提供方同城的集散中心的业务活动；

（2）分拣服务，是指服务提供方在其集散中心对函件和包裹进行归类、分发的业务活动；

（3）派送服务，是指服务提供方从其集散中心将函件和包裹送达同城的收件人的业务活动。

财政部、税务总局公告2020年第8号第五条规定的免征增值税的收派服务收入范围，仅限于为居民提供必需生活物资快递收派服务取得的收入，提供其他收派服务取得的收入不属于免税范围。

支持新冠肺炎疫情防控和复工复产税费优惠政策 专题

第6集
新冠肺炎疫情期间收入免征增值税，可以相应免征城市维护建设税、教育费附加、地方教育附加吗

扫码学习

E公司主要经营快递业务，2020年2月为居民提供必需生活物资快递收派服务取得的收入为80万元。

提问：林老师，新冠肺炎疫情期间E公司为居民提供必需生活物资快递收派服务取得的收入，可以享受免征增值税优惠，其相应的城市维护建设税、教育费附加、地方教育附加需要缴纳吗？

林溪发老师解答

不需要缴纳。

◇ 政策依据

国家税务总局关于支持新型冠状病毒感染的肺炎疫情防控有关税收征收管理事项的公告

2020年2月10日　国家税务总局公告2020年第4号

十一、纳税人适用8号公告有关规定享受免征增值税优惠的收入，相应免征城市维护建设税、教育费附加、地方教育附加。

划重点　消痛点

财政部、税务总局公告2020年第8号规定的免征增值税收入，其

13

溪发说税之减税降费篇

对应的附加税费即城市维护建设税、教育费附加、地方教育附加，也给予免征，进一步减轻企业税收负担，加大新冠肺炎疫情防控的税收支持力度。

除了本案例中为居民提供必需生活物资快递收派服务取得的收入可以免征增值税之外，根据财政部、税务总局公告2020年第8号规定，以下收入也属于免税范围：

（1）运输疫情防控重点保障物资取得的收入；

（2）提供公共交通运输服务取得的收入；

（3）提供生活服务取得的收入。

扫码学习

第7集
新冠肺炎疫情防控重点保障物资生产企业为扩大产能新购置的相关设备，可以一次性在企业所得税税前扣除吗

F公司是省级发展改革部门、工业和信息化部门确定的新冠肺炎疫情防控重点保障物资生产企业，2020年2月为扩大产能新购置一台价值1200万元的生产设备，当月投入使用。

提问：林老师，F公司新购置这台生产设备，可以一次性在2020年企业所得税税前扣除吗？

林溪发老师解答

可以一次性在2020年企业所得税税前扣除。

14

支持新冠肺炎疫情防控和复工复产税费优惠政策专题

◇ 政策依据

财政部 税务总局关于支持新型冠状病毒感染的肺炎疫情防控有关税收政策的公告

2020年2月6日 财政部 税务总局公告2020年第8号

一、疫情防控重点保障物资生产企业为扩大产能新购置的相关设备，允许一次性计入当期成本费用在企业所得税税前扣除。

本公告第一条、第二条所称疫情防控重点保障物资生产企业名单，由省级及以上发展改革部门、工业和信息化部门确定。

……

六、本公告自2020年1月1日起实施，截止日期视疫情情况另行公告。

国家税务总局关于支持新型冠状病毒感染的肺炎疫情防控有关税收征收管理事项的公告

2020年2月10日 国家税务总局公告2020年第4号

九、疫情防控重点保障物资生产企业按照8号公告第一条规定，适用一次性企业所得税税前扣除政策的，在优惠政策管理等方面参照《国家税务总局关于设备 器具扣除有关企业所得税政策执行问题的公告》（2018年第46号）的规定执行。企业在纳税申报时将相关情况填入企业所得税纳税申报表"固定资产一次性扣除"行次。

国家税务总局关于设备 器具扣除有关企业所得税政策执行问题的公告

2018年8月23日 国家税务总局公告2018年第46号

二、固定资产在投入使用月份的次月所属年度一次性税前扣除。

划重点　消痛点

本案例中，F公司新购置的生产设备一次性在企业所得税税前扣除，尤其是允许一次性在企业所得税税前扣除的相关设备的单位价值，突破了《财政部　税务总局关于设备　器具扣除有关企业所得税政策的通知》（财税〔2018〕54号）规定的单位价值人民币500万元的上限，大幅减少企业所得税税款资金占用，有利于企业扩大新冠肺炎疫情防控重点保障物资生产产能。

企业在享受这项税收优惠时，应注意以下三项要求：

1. 适用企业范围

疫情防控重点保障物资生产企业名单，由省级及以上发展改革部门、工业和信息化部门确定。

2. 购置设备范围

企业为扩大疫情防控重点保障物资生产产能，新购置的相关设备。

3. 优惠政策管理

企业选择一次性企业所得税税前扣除政策，应参照国家税务总局公告2018年第46号的规定实施优惠政策管理，主要包括：

（1）设备、器具，是指除房屋、建筑物以外的固定资产。

（2）购进，包括以货币形式购进或自行建造，其中以货币形式购进的固定资产包括购进的使用过的固定资产。

（3）以货币形式购进的固定资产，以购买价款和支付的相关税费以及直接归属于使该资产达到预定用途发生的其他支出确定单位价值；自行建造的固定资产，以竣工结算前发生的支出确定单位价值。

（4）固定资产购进时点按以下原则确认：以货币形式购进的固定资产，除采取分期付款或赊销方式购进外，按发票开具时间确认；以分期付款或赊销方式购进的固定资产，按固定资产到货时间确认；自行建造的固定资产，按竣工结算时间确认。

（5）固定资产在投入使用月份的次月所属年度一次性税前扣除。

（6）企业选择享受一次性税前扣除政策的，其资产的税务处理可与会计处理不一致。

（7）企业根据自身生产经营核算需要，可自行选择享受一次性税前扣除政策。未选择享受一次性税前扣除政策的，以后年度不得再变更。

（8）企业按照《国家税务总局关于发布修订后的〈企业所得税优惠政策事项办理办法〉的公告》（国家税务总局公告2018年第23号）的规定办理享受政策的相关手续，主要留存备查资料如下：①有关固定资产购进时点的资料（如以货币形式购进固定资产的发票，以分期付款或赊销方式购进固定资产的到货时间说明，自行建造固定资产的竣工决算情况说明等）；②固定资产记账凭证；③核算有关资产税务处理与会计处理差异的台账。

第8集
卫生健康局组织进口直接用于防控新冠肺炎疫情的消毒液，可以免征关税吗

扫码学习

县卫生健康局（以下简称卫健局）2020年2月组织进口消毒液，直接用于防控新冠肺炎疫情。

提问：林老师，县卫健局组织进口的消毒液，需要缴纳进口关税吗？

林溪发老师解答

不需要缴纳。

溪发说税之减税降费篇

◇ 政策依据

财政部　海关总署　税务总局关于
防控新型冠状病毒感染的肺炎疫情进口物资免税政策的公告

2020年2月1日　财政部　海关总署　税务总局公告2020年第6号

一、适度扩大《慈善捐赠物资免征进口税收暂行办法》规定的免税进口范围，对捐赠用于疫情防控的进口物资，免征进口关税和进口环节增值税、消费税。

（1）进口物资增加试剂，消毒物品，防护用品，救护车、防疫车、消毒用车、应急指挥车。

……

二、对卫生健康主管部门组织进口的直接用于防控疫情物资免征关税。进口物资应符合前述第一条第（1）项或《慈善捐赠物资免征进口税收暂行办法》规定。省级财政厅（局）会同省级卫生健康主管部门确定进口单位名单、进口物资清单，函告所在地直属海关及省级税务部门。

划重点　消痛点

本案例中，该县卫健局组织进口的消毒液免征进口关税，执行中应注意以下四点：

（1）进口单位名单、进口物资清单由省级财政厅（局）会同省级卫生健康主管部门确定，并函告所在地直属海关及省级税务部门。

（2）进口物资直接用于防控疫情。

（3）进口物资应符合财政部、海关总署、税务总局公告2020年第6号第一条第（1）项或《慈善捐赠物资免征进口税收暂行办法》规定。

（4）免征进口税收范围为进口关税，进口环节增值税、消费税不属于免征范围。

第三节　鼓励公益捐赠

第 9 集
企业向新冠肺炎疫情地区捐赠支出，可以从应纳税所得额中扣除吗

G公司2020年2月通过红十字会向新型冠状病毒肺炎疫情地区捐赠30万元，取得了公益性捐赠票据。G公司2020年预计应纳税所得额为80万元。

提问：林老师，G公司的公益捐赠支出，可以从其应纳税所得额中扣除吗？

林溪发老师解答

可以全额从其应纳税所得额中扣除。

◇ 政策依据

财政部　税务总局关于支持新型冠状病毒感染的肺炎疫情防控有关捐赠税收政策的公告

2020年2月6日　财政部　税务总局公告2020年第9号

一、企业和个人通过公益性社会组织或者县级以上人民政府及其部门等国家机关，捐赠用于应对新型冠状病毒感染的肺炎疫情的现金和物品，允许在计算应纳税所得额时全额扣除。

> **划重点　消痛点**

新型冠状肺炎疫情防控公益捐赠，允许在计算企业所得税和个人所得税的应纳税所得额时全额扣除，应关注以下两点：

1. 公益性社会组织的要求

根据《国家税务总局关于支持新型冠状病毒感染的肺炎疫情防控有关税收征收管理事项的公告》（国家税务总局公告2020年第4号）第十二条规定，财政部、税务总局公告2020年第9号（以下简称9号公告）第一条所称"公益性社会组织"，是指依法取得公益性捐赠税前扣除资格的社会组织。

2. 纳税申报的要求

企业享受9号公告规定的全额税前扣除政策的，采取"自行判别、申报享受、相关资料留存备查"的方式，并将捐赠全额扣除情况填入企业所得税纳税申报表相应行次。个人享受9号公告规定的全额税前扣除政策的，按照《财政部　税务总局关于公益慈善事业捐赠个人所得税政策的公告》（财政部　税务总局公告2019年第99号）有关规定执行；其中，适用9号公告第二条规定的，在办理个人所得税税前扣除、填写《个人所得税公益慈善事业捐赠扣除明细表》时，应当在备注栏注明"直接捐赠"。

第 10 集

个人直接向承担疫情防治任务的医院捐赠用于应对新型冠状病毒感染的肺炎疫情的口罩，可以从应纳税所得额中扣除吗

居民个人蔡女士2020年2月直接向承担疫情防治任务的医院捐赠用于应对新型冠状病毒感染的肺炎疫情的口罩，市场价值

1万元，取得了该医院开具的捐赠接收函。蔡女士2020年预计取得综合所得应纳税所得额为2万元。

提问：林老师，蔡女士的公益捐赠支出可以从其应纳税所得额中扣除吗？

林溪发老师解答

可以全额从其应纳税所得额中扣除。

◇政策依据

财政部 税务总局关于支持新型冠状病毒感染的肺炎疫情防控有关捐赠税收政策的公告

2020年2月6日 财政部 税务总局公告2020年第9号

二、企业和个人直接向承担疫情防治任务的医院捐赠用于应对新型冠状病毒感染的肺炎疫情的物品，允许在计算应纳税所得额时全额扣除。

捐赠人凭承担疫情防治任务的医院开具的捐赠接收函办理税前扣除事宜。

财政部 税务总局关于公益慈善事业捐赠个人所得税政策的公告

2019年12月30日 财政部 税务总局公告2019年第99号

二、个人发生的公益捐赠支出金额，按照以下规定确定：
……
（三）捐赠除股权、房产以外的其他非货币性资产的，按照非货币性资产的市场价格确定。

溪发说税之减税降费篇

> **划重点　消痛点**

新型冠状病毒肺炎疫情爆发后，各界人士纷纷捐款捐物，支援防控疫情。

财政部、税务总局公告2020年第9号是"及时雨"，明确了企业和个人向新型冠状病毒肺炎疫情捐赠，允许在计算应纳税所得额时全额扣除，自2020年1月1日起施行。

本案例中，蔡女士直接向承担疫情防治任务的医院捐赠用于应对新型冠状病毒感染的肺炎疫情的口罩，允许在计算应纳税所得额时全额扣除。

企业和个人在享受这项税收优惠时，应关注四个关键点：

1. 直接捐赠

《中华人民共和国个人所得税法实施条例》（国务院令第707号）第十九条规定："个人所得税法第六条第三款所称个人将其所得对教育、扶贫、济困等公益慈善事业进行捐赠，是指个人将其所得通过中国境内的公益性社会组织、国家机关向教育、扶贫、济困等公益慈善事业的捐赠。"

新型冠状病毒肺炎疫情紧急，财政部、税务总局公告2020年第9号第二条突破上述规定，明确了"企业和个人直接向承担疫情防治任务的医院捐赠用于应对新型冠状病毒感染的肺炎疫情的物品，允许在计算应纳税所得额时全额扣除"，无需通过中国境内的公益性社会组织、国家机关进行捐赠，提高捐赠效率。

2. 受赠对象

受赠对象是承担疫情防治任务的医院。

3. 捐赠标的物

直接捐赠用于应对新型冠状病毒感染的肺炎疫情的物品须符合以下条件：

（1）物品必须用于应对新型冠状病毒感染的肺炎疫情，其他用途不在享受所得税前全额扣除的税收优惠之列；

（2）直接捐赠的必须是物品，如果直接捐赠现金，不能享受所得税前

支持新冠肺炎疫情防控和复工复产税费优惠政策 专题

全额扣除的税收优惠。这点与财政部、税务总局公告2020年第9号的第一条规定"企业和个人通过公益性社会组织或者县级以上人民政府及其部门等国家机关,捐赠用于应对新型冠状病毒感染的肺炎疫情的现金和物品,允许在计算应纳税所得额时全额扣除"不同,通过公益性社会组织或者县级以上人民政府及其部门等国家机关捐赠现金和物品,均可以享受所得税前全额扣除的税收优惠。

4. 捐赠票据

捐赠人凭承担疫情防治任务的医院开具的捐赠接收函办理税前扣除事宜,不需要取得公益性社会组织、国家机关按照规定开具的《公益事业捐赠统一票据》。

第 11 集
个人向新冠肺炎疫情地区捐赠口罩、消毒液等物资,如何计算确定公益捐赠支出金额

扫码学习

居民个人郭先生2020年1月通过红十字会,向新型冠状病毒肺炎疫情地区捐赠口罩、消毒液等物资,这些口罩、消毒液的市场价格为10万元。

提问:林老师,郭先生以口罩、消毒液等物资向疫情地区捐赠,公益捐赠支出金额如何计算确定?

林溪发老师解答

公益捐赠支出按市场价格10万元计算。

> ◇ 政策依据
>
> **财政部　税务总局**
> **关于公益慈善事业捐赠个人所得税政策的公告**
>
> 2019年12月30日　财政部　税务总局公告2019年第99号
>
> 二、个人发生的公益捐赠支出金额，按照以下规定确定：
>
> ……
>
> （三）捐赠除股权、房产以外的其他非货币性资产的，按照非货币性资产的市场价格确定。

划重点　消痛点

本案例中，居民个人郭先生向新型冠状病毒肺炎疫情地区捐赠口罩、消毒液，捐赠金额按照口罩、消毒液的市场价格10万元计算确定。

本案例应注意两个事项：

1. 扣除限额

郭先生公益捐赠，个人所得税税前扣除限额为应纳税所得额的30%吗？

郭先生公益捐赠，允许在计算应纳税所得额时全额扣除，政策依据是《财政部　税务总局关于支持新型冠状病毒感染的肺炎疫情防控有关捐赠税收政策的公告》（财政部　税务总局公告2020年第9号）第一条规定："企业和个人通过公益性社会组织或者县级以上人民政府及其部门等国家机关，捐赠用于应对新型冠状病毒感染的肺炎疫情的现金和物品，允许在计算应纳税所得额时全额扣除。"

2. 公益捐赠支出的具体范围

根据《财政部　国家税务总局　民政部关于公益性捐赠税前扣除有关问题的通知》（财税〔2008〕160号）第三条的规定，用于公益事业的捐赠支出，是指《中华人民共和国公益事业捐赠法》规定的向公益事业的捐赠支出，具体范围包括：① 救助灾害、救济贫困、扶助残疾人等困难的社会群体和个人的活动；② 教育、科学、文化、卫生、体育事业；③ 环境保护、社会公共设施建设；④ 促进社会发展和进步的其他社会公共和福利事业。

第 12 集

企业将自产货物向新冠肺炎疫情地区捐赠，可以免征增值税、消费税、城市维护建设税、教育费附加、地方教育附加吗

扫码学习

H 公司是食品企业，2020 年 2 月通过红十字会向新冠肺炎疫情地区无偿捐赠食品，这些食品的市场价格为人民币 50 万元。

提问：林老师，H 公司无偿捐赠食品，需要缴纳增值税、消费税、城市维护建设税、教育费附加、地方教育附加吗？

林溪发老师解答

不需要缴纳。

◇ **政策依据**

财政部　税务总局关于支持新型冠状病毒感染的肺炎疫情防控有关捐赠税收政策的公告

2020 年 2 月 6 日　财政部　税务总局公告 2020 年第 9 号

三、单位和个体工商户将自产、委托加工或购买的货物，通过公益性社会组织和县级以上人民政府及其部门等国家机关，或者直接向承担疫情防治任务的医院，无偿捐赠用于应对新型冠状病毒感染的肺炎疫情的，免征增值税、消费税、城市维护建设税、教育费附加、地方教育

附加。

……

五、本公告自 2020 年 1 月 1 日起施行，截止日期视疫情情况另行公告。

国家税务总局关于支持新型冠状病毒感染的肺炎疫情防控有关税收征收管理事项的公告

2020 年 2 月 10 日　国家税务总局公告 2020 年第 4 号

二、纳税人按照 8 号公告和《财政部　税务总局关于支持新型冠状病毒感染的肺炎疫情防控有关捐赠税收政策的公告》（2020 年第 9 号，以下简称"9 号公告"）有关规定享受免征增值税、消费税优惠的，可自主进行免税申报，无需办理有关免税备案手续，但应将相关证明材料留存备查。

适用免税政策的纳税人在办理增值税纳税申报时，应当填写增值税纳税申报表及《增值税减免税申报明细表》相应栏次；在办理消费税纳税申报时，应当填写消费税纳税申报表及《本期减（免）税额明细表》相应栏次。

划重点　消痛点

本案例中，H 公司无偿捐赠食品，假定该公司为增值税一般纳税人，当月无销售，当月可以抵扣的进项税额为 3 万元，期初无留抵进项税额，城市维护建设税、教育费附加、地方教育附加等地方附加税费率为 12%。如果该公司捐赠食品需要视同销售缴纳增值税，则按照这些食品的市场价格 50 万元计算，因此产生的销项税额为 6.5 万元（50×13%），扣除可以抵扣的进项税额为 3 万元后，应缴纳增值税 3.5 万元、地方附加税费 0.42 万元（3.5×12%）。

支持新冠肺炎疫情防控和复工复产税费优惠政策专题

财政部、税务总局公告2020年第9号第三条规定，减轻纳税人税收负担，鼓励捐赠，助力疫情防控工作。在享受捐赠免税优惠政策时，应注意以下五点：

（1）享受免税主体是单位和个体工商户，未限定是一般纳税人或者小规模纳税人。

（2）捐赠货物来源包括单位和个体工商户自产、委托加工或购买。

（3）捐赠途径包括：① 通过公益性社会组织和县级以上人民政府及其部门等国家机关捐赠；② 直接向承担疫情防治任务的医院捐赠。

（4）捐赠用途为应对新型冠状病毒感染的肺炎疫情。

（5）免征的税种包括增值税、消费税、城市维护建设税、教育费附加、地方教育附加。

第13集 企业进口用于捐赠新冠肺炎疫情防控的口罩，可以免征进口税收吗

I公司为境内居民企业，2020年2月从境外进口口罩，无偿捐赠给省民政厅用于新冠肺炎疫情防控。

提问：林老师，I公司进口防护用品，需要缴纳进口关税和进口环节增值税吗？

林溪发老师解答

不需要缴纳。

> ◇ 政策依据

财政部　海关总署　税务总局关于
防控新型冠状病毒感染的肺炎疫情进口物资免税政策的公告

2020年2月1日　财政部　海关总署　税务总局公告2020年第6号

根据财政部、海关总署和税务总局联合发布的《慈善捐赠物资免征进口税收暂行办法》（公告2015年第102号）等有关规定，境外捐赠人无偿向受赠人捐赠的用于防控新型冠状病毒感染的肺炎疫情（以下简称疫情）进口物资可免征进口税收。为进一步支持疫情防控工作，自2020年1月1日至3月31日，实行更优惠的进口税收政策，现公告如下：

一、适度扩大《慈善捐赠物资免征进口税收暂行办法》规定的免税进口范围，对捐赠用于疫情防控的进口物资，免征进口关税和进口环节增值税、消费税。

（1）进口物资增加试剂，消毒物品，防护用品，救护车、防疫车、消毒用车、应急指挥车。

（2）免税范围增加国内有关政府部门、企事业单位、社会团体、个人以及来华或在华的外国公民从境外或海关特殊监管区域进口并直接捐赠；境内加工贸易企业捐赠。捐赠物资应直接用于防控疫情且符合前述第（1）项或《慈善捐赠物资免征进口税收暂行办法》规定。

（3）受赠人增加省级民政部门或其指定的单位。省级民政部门将指定的单位名单函告所在地直属海关及省级税务部门。

划重点　消痛点

根据财政部、海关总署、税务总局公告2020年第6号第一条规定，对捐赠用于疫情防控的进口物资实行更优惠的进口税收政策，主要体现在：

1. 扩大免税进口物资范围

增加试剂，消毒物品，防护用品，救护车、防疫车、消毒用车、应急指挥车。

2. 增加免税范围

（1）国内有关政府部门、企事业单位、社会团体、个人以及来华或在华的外国公民从境外或海关特殊监管区域进口并直接捐赠。

（2）境内加工贸易企业捐赠。

3. 增加受赠人

受赠人增加省级民政部门或其指定的单位。

第四节 支持复工复产

第 14 集
受新冠肺炎疫情影响较大的困难行业企业 2020 年度发生的亏损，可以延长最长结转年限吗

扫码学习

J 公司是餐饮企业，属于受新冠肺炎疫情影响较大的困难行业企业，2020 年度"主营业务收入——餐饮服务收入"占收入总额（剔除不征税收入和投资收益）的 90%。

提问：林老师，J 公司 2020 年度发生的亏损，最长结转年限可以延长至 8 年吗？

林溪发老师解答

可以。

◇ 政策依据

财政部　税务总局关于支持新型冠状病毒感染的肺炎疫情防控有关税收政策的公告

2020 年 2 月 6 日　财政部　税务总局公告 2020 年第 8 号

四、受疫情影响较大的困难行业企业 2020 年度发生的亏损，最长结转年限由 5 年延长至 8 年。

困难行业企业，包括交通运输、餐饮、住宿、旅游（指旅行社及相关服务、游览景区管理两类）四大类，具体判断标准按照现行《国民经

济行业分类》执行。困难行业企业2020年度主营业务收入须占收入总额（剔除不征税收入和投资收益）的50%以上。

……

六、本公告自2020年1月1日起实施，截止日期视疫情情况另行公告。

国家税务总局关于支持新型冠状病毒感染的肺炎疫情防控有关税收征收管理事项的公告

2020年2月10日　国家税务总局公告2020年第4号

十、受疫情影响较大的困难行业企业按照8号公告第四条规定，适用延长亏损结转年限政策的，应当在2020年度企业所得税汇算清缴时，通过电子税务局提交《适用延长亏损结转年限政策声明》（见附件）。

附件

适用延长亏损结转年限政策声明

纳税人名称：

纳税人识别号（统一社会信用代码）：

本纳税人符合《财政部　税务总局关于支持新型冠状病毒感染的肺炎疫情防控有关税收政策的公告》（2020年第8号）规定，且主营业务收入占比符合要求，确定适用延长亏损结转年限政策。行业属于（请从下表勾选，只能选择其一）：

行　　业	选　项
交通运输	
餐饮	
住宿	
旅游	—
旅行社及相关服务	
游览景区管理	

以上声明根据实际经营情况作出，我确定它是真实的、准确的、完整的。

年　月　日

（纳税人签章）

> 划重点 消痛点

假定本案例中，J公司的企业所得税税率为25%，2020年度发生的亏损为300万元，2021—2028年企业所得税应纳税所得额如表1所示：

表1　　　　J公司企业所得税应纳税所得额（2021—2028年）

单位：万元

2021年	2022年	2023年	2024年	2025年	2026年	2027年	2028年
10	20	30	45	55	60	60	50

J公司2021—2028年应纳税所得额累计数为330万元，可以弥补2020年度的亏损300万元，弥补亏损后，2028年应纳税所得额为30万元，应缴纳企业所得税为7.5万元（30×25%）。

假定J公司亏损最长结转年限为5年，则2021—2025年应纳税所得额累计数为160万元，可以弥补2020年度的亏损160万元，2020年尚有亏损140万元因为超过5年期限而无法弥补。J公司2026—2028年应纳税所得额累计数为170万元，应缴纳企业所得税为42.5万元（170×25%），比前述应缴纳企业所得税7.5万元，增加了35万元，等于2020年未弥补亏损140万元乘以企业所得税税率25%的乘积。

财政部、税务总局公告2020年第8号第四条规定，受疫情影响较大的困难行业企业2020年度发生的亏损，最长结转年限由5年延长至8年，突破了《中华人民共和国企业所得税法》第十八条"企业纳税年度发生的亏损，准予向以后年度结转，用以后年度的所得弥补，但结转年限最长不得超过五年"的规定，减轻企业税收负担，正面支持疫情防控。

受疫情影响较大的困难行业企业亏损最长结转年限延长，应关注以下五点：

（1）税收优惠力度大。延长亏损最长结转年限幅度大，由5年延长至8年，减税降费效果好。

（2）亏损口径。延长弥补期限的是2020年发生的亏损，亏损应按照

支持新冠肺炎疫情防控和复工复产税费优惠政策 专题

税法口径计算。

（3）行业要求。困难行业企业，包括交通运输、餐饮、住宿、旅游（指旅行社及相关服务、游览景区管理两类）四大类，具体判断标准按照现行《国民经济行业分类》执行，而不是按照《营业税改征增值税试点有关事项的规定》（财税〔2016〕36号印发）执行。

（4）指标要求。困难行业企业2020年度主营业务收入须占收入总额（剔除不征税收入和投资收益）的50%以上。其中：主营业务收入范围为运输、餐饮、住宿、旅游（指旅行社及相关服务、游览景区管理两类）四大类收入，收入总额应剔除不征税收入和投资收益。

（5）纳税申报。适用延长亏损结转年限政策的，应当在2020年度企业所得税汇算清缴时，通过电子税务局提交《适用延长亏损结转年限政策声明》。

第15集

新冠肺炎疫情防控期间，小规模纳税人可以减免增值税吗

扫码学习

L个体工商户是按月纳税的增值税小规模纳税人，2020年3月取得销售收入（含增值税）12万元。

提问：林老师，现在是疫情防控期间，2020年3月至5月，L个体工商户在计算缴纳增值税方面可以享受优惠政策吗？

林溪发老师解答

可以。

◇政策依据

财政部 税务总局关于
支持个体工商户复工复业增值税政策的公告

2020年2月28日 财政部 税务总局公告2020年第13号

为支持广大个体工商户在做好新冠肺炎疫情防控同时加快复工复业，现就有关增值税政策公告如下：

自2020年3月1日至5月31日，对湖北省增值税小规模纳税人，适用3%征收率的应税销售收入，免征增值税；适用3%预征率的预缴增值税项目，暂停预缴增值税。除湖北省外，其他省、自治区、直辖市的增值税小规模纳税人，适用3%征收率的应税销售收入，减按1%征收率征收增值税；适用3%预征率的预缴增值税项目，减按1%预征率预缴增值税。

国家税务总局关于
支持个体工商户复工复业等税收征收管理事项的公告

2020年2月29日 国家税务总局公告2020年第5号

一、增值税小规模纳税人取得应税销售收入，纳税义务发生时间在2020年2月底以前，适用3%征收率征收增值税的，按照3%征收率开具增值税发票；纳税义务发生时间在2020年3月1日至5月31日，适用减按1%征收率征收增值税的，按照1%征收率开具增值税发票。

二、增值税小规模纳税人按照《财政部 税务总局关于支持个体工商户复工复业增值税政策的公告》（2020年第13号，以下简称"13号公告"）有关规定，减按1%征收率征收增值税的，按下列公式计算销售额：

销售额=含税销售额/（1+1%）

支持新冠肺炎疫情防控和复工复产税费优惠政策 专题

划重点 消痛点

新冠肺炎疫情防控期间，小规模纳税人减免增值税，应掌握以下七个关键点：

1. 适用纳税主体范围

增值税小规模纳税人。

2. 减免期限

2020年3月1日至5月31日。

注意，此处的"2020年3月1日至5月31日"，指的是增值税纳税义务发生时间。因此，增值税小规模纳税人取得应税销售收入，纳税义务发生时间在2020年2月底以前，原适用3%征收率的继续按3%征收率征收增值税；小规模纳税人增值税纳税义务发生时间在2020年3月1日至5月31日的，原适用3%征收率的可以享受减免增值税政策。

3. 减免幅度

区分以下两种情况：

（1）湖北省。

自2020年3月1日至5月31日，对湖北省增值税小规模纳税人，适用3%征收率的应税销售收入，免征增值税；适用3%预征率的预缴增值税项目，暂停预缴增值税。

假定L个体工商户属于湖北省的增值税小规模纳税人，则2020年3月取得的销售收入12万元免征增值税。

（2）除湖北省外其他省市（自治区）。

除湖北省外，其他省、自治区、直辖市的增值税小规模纳税人，适用3%征收率的应税销售收入，减按1%征收率征收增值税；适用3%预征率的预缴增值税项目，减按1%预征率预缴增值税。

假定L个体工商户属于除湖北省外其他省市（自治区）的小规模纳税人，则2020年3月取得的销售收入12万元减按1%征收率征收增值税。

4. 开具增值税发票要求

（1）纳税义务发生时间在 2020 年 2 月底以前。

增值税小规模纳税人取得应税销售收入，纳税义务发生时间在 2020 年 2 月底以前，适用 3% 征收率征收增值税的，按照 3% 征收率开具增值税发票。

（2）纳税义务发生时间在 2020 年 3 月至 5 月。

增值税小规模纳税人取得应税销售收入，纳税义务发生时间在 2020 年 3 月 1 日至 5 月 31 日，适用减按 1% 征收率征收增值税的，按照 1% 征收率开具增值税发票。

5. 销售额计算公式

（1）免征增值税的，按下列公式计算销售额：

销售额 = 含税销售额

假定 L 个体工商户属于湖北省的增值税小规模纳税人，2020 年 3 月取得的销售收入免征增值税，则：

销售额 = 含税销售收入 = 12 万元

（2）减按 1% 征收率征收增值税的，按下列公式计算销售额：

销售额 = 含税销售额 / （1 + 1%）

假定 L 个体工商户属于除湖北省外其他省市（自治区）的增值税小规模纳税人，2020 年 3 月取得的销售收入减按 1% 征收率征收增值税，则：

销售额 = 含税销售额 / （1 + 1%）

= 12/（1 + 1%）

= 11.88（万元）

6. 关注小微企业普惠性税收减免政策

假定 L 个体工商户属于除湖北省外其他省市（自治区）的增值税小规模纳税人，2020 年 3 月取得的销售额为 8 万元，也是减按 1% 征收率征收增值税吗？

L 个体工商户按月纳税，销售额低于 10 万元，免征增值税。政策依据为《国家税务总局关于小规模纳税人免征增值税政策有关征管问题的公告》（国家税务总局公告 2019 年第 4 号）第一条第一款规定，小规模纳税人发生增值税应税销售行为,合计月销售额未超过10万元(以1个季度为1个纳税期的,季度销售额未超过30万元)的,免征增值税。

7. 小规模纳税人转让、出租不动产

小规模纳税人转让、出租不动产,原适用5%征收率的应税销售收入,继续适用5%征收率。

第五节　阶段性减免社会保险费

第 16 集

新冠肺炎疫情期间，中小微企业可以减免社会保险费吗

K 公司是一家小型加工厂，符合小微企业的标准。

提问：林老师，现在是疫情期间，2020 年 2 月至 6 月，K 公司在社会保险费缴费方面可以享受优惠政策吗？

林溪发老师解答

可以。

◇ 政策依据

人力资源社会保障部　财政部　税务总局
关于阶段性减免企业社会保险费的通知

2020 年 2 月 20 日　人社部发〔2020〕11 号

一、自 2020 年 2 月起，各省、自治区、直辖市（除湖北省外）及新疆生产建设兵团（以下统称省）可根据受疫情影响情况和基金承受能力，免征中小微企业三项社会保险单位缴费部分，免征期限不超过 5 个月；对大型企业等其他参保单位（不含机关事业单位）三项社会保险单位缴费部分可减半征收，减征期限不超过 3 个月。

二、自 2020 年 2 月起，湖北省可免征各类参保单位（不含机关事业单位）三项社会保险单位缴费部分，免征期限不超过 5 个月。

支持新冠肺炎疫情防控和复工复产税费优惠政策 专题

划重点　消痛点

阶段性减免企业社会保险费，应注意以下要求：

1. **参保单位范围**

企业等各类参保单位，不含机关事业单位。

2. **社会保险费范围**

三项社会保险单位缴费部分，不包括个人缴费部分。

3. **减免期限**

区分下列三种情况：

（1）除湖北省外其他省（市、自治区），可免征中小微企业三项社会保险单位缴费部分，免征期限不超过5个月；

（2）除湖北省外其他省（市、自治区），对大型企业等其他参保单位（不含机关事业单位）三项社会保险单位缴费部分可减半征收，减征期限不超过3个月；

（3）湖北省可免征各类参保单位三项社会保险单位缴费部分，免征期限不超过5个月。

第17集

受新冠肺炎疫情影响生产经营出现严重困难的企业，可以申请缓交社会保险费吗

扫码学习

　　L公司是一家小型旅游服务企业，因受新冠肺炎疫情影响，旅游服务难以开展。

　　提问：林老师，L公司受新冠肺炎疫情影响，生产经营出现严重困难，可以申请缓交社会保险费吗？

林溪发老师解答

可以申请。

◇ 政策依据

人力资源社会保障部　财政部　税务总局
关于阶段性减免企业社会保险费的通知

2020年2月20日　人社部发〔2020〕11号

三、受疫情影响生产经营出现严重困难的企业，可申请缓缴社会保险费，缓缴期限原则上不超过6个月，缓缴期间免收滞纳金。

划重点　消痛点

企业申请缓缴社会保险费，应注意以下要求：

1. 申请参保单位范围

申请缓缴社会保险费的参保单位，为受疫情影响生产经营出现严重困难的企业。

2. 缓缴期限

缓缴期限原则上不超过6个月。

3. 免收滞纳金

缓缴期间免收滞纳金。

第六节　非接触式办税

第 18 集
新冠肺炎疫情期间，出口企业可以通过"非接触式"方式申请出口退税吗

扫码学习

M 公司是产品出口企业，2020 年 2 月需要向税务局申请出口退税。

提问：现在是新冠肺炎疫情期间，M 公司可以通过"非接触式"方式向税务局申请出口退税吗？

林溪发老师解答

可以申请。

◇ **政策依据**

国家税务总局关于做好新型冠状病毒感染的
肺炎疫情防控期间出口退（免）税有关工作的通知

2020 年 2 月 20 日　税总函〔2020〕28 号

一、关于"非接触式"出口退（免）税业务申请

疫情防控期间，纳税人可通过"非接触式"方式申报办理出口退（免）税备案、证明开具和退（免）税申报事项。纳税人办理上述涉税事项时应提交的纸质资料，已实现纸质资料影像化申报的地区，可按现行方式提交；未实现纸质资料影像化申报的地区，暂不要求纳税人提交，

疫情防控结束后再行补报。对于纳税人申报中遇到的问题，各级税务机关要灵活应用12366纳税服务热线、微信、视频等"非接触式"渠道进行辅导解答。

划重点 消痛点

按照"尽可能网上办"的原则，国家税务总局共梳理了185个涉税缴费事项可在网上办理，读者可扫描左侧二维码阅读《"非接触式"网上办税缴费事项清单》。

此外，《国家税务总局关于开展2020年"便民办税春风行动"的意见》（税总发〔2020〕11号）第二条第（一）项第3目规定，大力推广"非接触式"办税缴费服务，具体内容如下：

（1）依托电子税务局、自助办税终端，进一步拓展网上办税缴费事项范围。

（2）推广电子税务局移动端缴纳税费业务的第三方支付。

（3）扩大发票领用和发票代开"网上申请、邮寄配送"的覆盖面，将发票"非接触式"领用比例从2019年的50%提升到2020年的70%。

（4）落实好疫情防控期间出口退（免）税有关工作要求，不断优化和拓展"非接触式"出口退（免）税服务。

（5）充分运用12366纳税服务热线和网站、微信等线上平台，开展互动式政策宣传辅导和办税缴费问题咨询解答，使各项政策易于知晓。

第一章　增值税

第一节　小规模纳税人税收优惠

第1集

月销售额未超过10万元，可以免征增值税吗

2019年1月底，经理召集两个公司的会计开会。

经理：小邓、小张，咱们两个公司这月销售额是多少呢？

小邓：经理，我们这个月淡季，服务收入才6万元。

小张：经理，8万元，很吉利的一个数。

经理：那要缴纳多少增值税呢？

小邓：经理，我们是一般纳税人，这个月没有进项，要缴纳3600元。

小张：我们增值税按月报税，经理，这个月不用缴纳呀！

小邓：你们那么好呀！

小张：我们不一样，你是一般纳税人，我是小规模纳税人，有这个优惠啦！

林溪发老师解答

月销售额不足10万元的小规模纳税人可以免征增值税。

◇ 政策依据

**财政部　税务总局关于实施小微企业
普惠性税收减免政策的通知**

2019年1月17日　财税〔2019〕13号

一、对月销售额10万元以下（含本数）的增值税小规模纳税人，免征增值税。

……

六、本通知执行期限为2019年1月1日至2021年12月31日。……

划重点　消痛点

本案例将小规模纳税人与一般纳税人进行比较：小张所在的公司是小规模纳税人，选择增值税按月报税，月销售收入[①]低于10万元，可以享受免征增值税优惠；小邓所在的公司虽然月销售收入低于10万元，但因为是一般纳税人，不可以享受免征增值税优惠。

第 2 集

按月或按季缴纳增值税，哪个更优惠

我公司是增值税小规模纳税人，2019年1月至3月的销售额分别是12万元、4万元和14万元。

提问：林老师，我公司选择按季还是按月缴纳增值税，可以更优惠？

---

① 本书各集案例（包括延伸案例），除另有说明，销售收入（价格）均为不含增值税销售收入（价格）。

第一章 增值税

> **林溪发老师解答**
>
> 按季纳税更优惠！按固定期限纳税的小规模纳税人可以选择以1个月或1个季度为纳税期限。你公司如果按月纳税，则只有2月的4万元能够享受免税；如果按季纳税，由于第一季度销售额为30万元，未超过免税标准，30万元全部能享受免税。因此，你公司选择按季纳税更优惠。
>
> ◇ 政策依据
>
> **国家税务总局关于小规模纳税人**
> **免征增值税政策有关征管问题的公告**
>
> 2019年1月19日 国家税务总局公告2019年第4号
>
> 三、按固定期限纳税的小规模纳税人可以选择以1个月或1个季度为纳税期限，一经选择，一个会计年度内不得变更。

划重点 消痛点

按固定期限纳税的小规模纳税人，在享受增值税优惠时，计算销售额的上限是与纳税申报期间相对应的：按月纳税是10万元，按季度纳税是30万元，因此小规模纳税人要根据自身情况合理地选择纳税申报期。

把案例的期间和数字换一下，若该公司2019年4月至6月的销售额分别是10万元、4万元和18万元，结果如何呢？

如果该公司选择按月纳税，则4月的10万元和5月的4万元能够享受免征增值税；如果选择按季纳税，由于第二季度销售额为32万元，超过免税标准，需要全额纳税。

这种情况下，选择按月缴纳对该公司更有利。

那么，若该公司2019年第一季度选择按季报税，第二季度选择按月报税，是否可以更多地享受税收优惠呢？

不可以。纳税期限一经选择，一个会计年度内不得变更！

第3集

经营期不满一个季度，可以免征增值税吗

2019年10月的某一天，甲乙二人在办公室聊税。

甲：听说你以前是学财务的，那我可以问你一个问题吗？

乙：可以啊，你说。

甲：今年8月，我朋友成立了一家新公司，是小规模纳税人，增值税按季纳税，8月和9月的收入共28万元，可以免征增值税吗？

乙：这个我也不太清楚。我们去问一下林老师吧！

林溪发老师解答

该公司可以免征增值税。

◇ 政策依据

**国家税务总局关于国内旅客运输服务
进项税抵扣等增值税征管问题的公告**

2019年9月16日　国家税务总局公告2019年第31号

四、关于经营期不足一个纳税期的小规模纳税人免税政策适用

自2019年1月1日起，以1个季度为纳税期限的增值税小规模纳税人，因在季度中间成立或注销而导致当期实际经营期不足1个季度，当期销售额未超过30万元的，免征增值税。……

第一章 增值税

划重点 消痛点

这家公司是按季纳税的增值税小规模纳税人，在季度中间（2019年8月）成立，导致第三季度实际经营期只有两个月，不足1个季度，第三季度销售额为28万元，未超过30万元，可以享受免征增值税优惠。

假设另外一个按季纳税的增值税小规模纳税人，2019年9月注销，7月和8月的销售额合计为28万元，未超过30万元，第三季度也可以享受免征增值税优惠。

第4集　差额征税如何适用免征增值税政策

扫码学习

C公司是按季纳税的旅游行业小规模纳税人，2019年第1季度旅游收入为40万元，支付给其他接团旅行社的旅游费用为11万元。

提问：林老师，C公司第一季度旅游收入为40万元，超过30万元，是否需要缴纳增值税？

林溪发老师解答

C公司无须缴纳增值税。

该公司实行差额征税，差额后的第一季度销售额不到30万元，免征增值税。

47

> ◇ 政策依据
>
> **国家税务总局关于小规模纳税人**
> **免征增值税政策有关征管问题的公告**
>
> 2019年1月19日　国家税务总局公告2019年第4号
>
> 二、适用增值税差额征税政策的小规模纳税人，以差额后的销售额确定是否可以享受本公告规定的免征增值税政策。

划重点　消痛点

适用增值税差额征税政策的小规模纳税人，在享受增值税优惠时，应按照差额后的销售额计算，这进一步减轻了小规模纳税人的税收负担。

相反，在一般纳税人认定时，适用增值税差额征税的纳税人"年销售额"标准应按照差额扣除前的销售额计算。

◇ 政策依据

增值税一般纳税人登记管理办法

2017年12月29日　国家税务总局令第43号

第二条　增值税纳税人（以下简称"纳税人"），年应税销售额超过财政部、国家税务总局规定的小规模纳税人标准（以下简称"规定标准"）的，除本办法第四条规定外，应当向主管税务机关办理一般纳税人登记。

……

销售服务、无形资产或者不动产（以下简称"应税行为"）有扣除项目的纳税人，其应税行为年应税销售额按未扣除之前的销售额计算。纳税人偶然发生的销售无形资产、转让不动产的销售额，不计入应税行为年应税销售额。

第一章 增值税

第 5 集
可以扣除不动产销售额后享受免征增值税吗

扫码学习

我公司是按月纳税的小规模纳税人，2019 年 3 月实现销售服务收入 8 万元，销售商铺收入 90 万元。

提问：林老师，我公司 2019 年 3 月需要缴纳增值税吗？

林溪发老师解答

你公司销售服务收入 8 万元不需要缴纳增值税，销售商铺收入 90 万元应照章纳税。

◇ **政策依据**

国家税务总局关于小规模纳税人免征增值税政策有关征管问题的公告

2019 年 1 月 19 日　国家税务总局公告 2019 年第 4 号

一、……

小规模纳税人发生增值税应税销售行为，合计月销售额超过 10 万元，但扣除本期发生的销售不动产的销售额后未超过 10 万元的，其销售货物、劳务、服务、无形资产取得的销售额免征增值税。

划重点　消痛点

该公司为增值税按月纳税的小规模纳税人，2019 年 3 月销售收入 98 万元，超过了 10 万元，但根据国家税务总局公告 2019 年第 4 号第一条第二款规定，允许扣除不动产销售额 90 万元，扣除后当月销售额 8 万元，未超过

49

10万元，可以享受免征增值税优惠。

与第4集类似，一般纳税人认定时的"年销售额"口径与小规模纳税人计算免征增值税优惠时的"销售额"存在差异：一般纳税人认定时，"纳税人偶然发生的销售无形资产、转让不动产的销售额，不计入应税行为年应税销售额"，"年销售额"不仅可以扣除"转让不动产的销售额"，还可以扣除"销售无形资产的销售额"；但是，小规模纳税人计算免征增值税优惠的销售额，不能扣除"销售无形资产的销售额"，只能扣除"销售不动产的销售额"。

第6集

一次性收取房租可以免征增值税吗

张女士于2019年出租商铺，约定每月租金4万元，租期3年，一次性收取租金144万元。

提问：林老师，张女士出租商铺收取的租金需要缴纳增值税吗？

林溪发老师解答

张女士出租商铺收取的租金不需要缴纳增值税。

◇ 政策依据

国家税务总局关于小规模纳税人免征增值税政策有关征管问题的公告

2019年1月19日　国家税务总局公告2019年第4号

四、《中华人民共和国增值税暂行条例实施细则》第九条所称的其

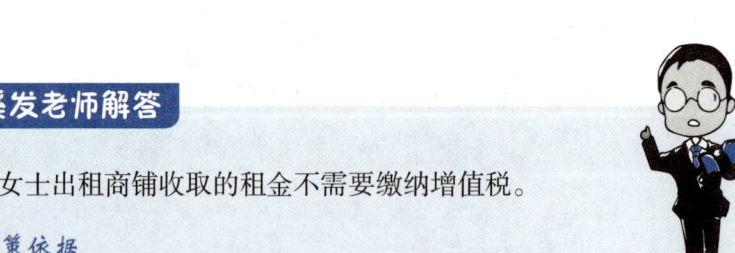

第一章 增值税

他个人，采取一次性收取租金形式出租不动产取得的租金收入，可在对应的租赁期内平均分摊，分摊后的月租金收入未超过10万元的，免征增值税。

划重点 消痛点

本案例中，张女士出租商铺收取租金144万元，属于采取一次性收取租金形式出租不动产取得的租金收入，可在对应的租赁期内平均分摊。享受这项增值税优惠时，需注意以下两点：

（1）享受这项增值税优惠的小规模纳税人只能是自然人。

（2）自然人采取一次性收取租金形式出租不动产，可以在对应的租赁期内平均分摊，其他租金收入不可以平均分摊，如汽车租赁收入。

第7集 开具增值税专用发票可以免征增值税吗

扫码学习

D公司是按月缴纳增值税的管理咨询行业小规模纳税人，2019年3月实现咨询收入9万元，其中开具增值税专用发票8万元。

提问：林老师，D公司开具增值税专用发票部分是否缴纳增值税？

林溪发老师解答

D公司开具增值税专用发票部分需要缴纳增值税。

51

溪发说税之减税降费篇

> ◇ **政策依据**
>
> **国家税务总局关于小规模纳税人**
> **免征增值税政策有关征管问题的公告**
>
> 2019年1月19日　国家税务总局公告2019年第4号
>
> 十、……
> ……已经自行开具增值税专用发票的，可以继续自行开具增值税专用发票，并就开具增值税专用发票的销售额计算缴纳增值税。

划重点　消痛点

D公司为按月纳税的小规模纳税人，本月销售额9万元，虽然月销售额未超过10万元，但是已经开具增值税专用发票8万元，应缴纳增值税；开具增值税普通发票1万元，免征增值税。

第8集

代开增值税普通发票缴纳的税款可以退还吗

扫码学习

2019年4月上旬的某一天，甲乙二人在办公室聊税。

甲：你知道吗，我刚去了一趟税务局，公司马上会多一笔钱。

乙：什么情况？

甲：今年1月8日我们去税务局办税服务厅代开了8万元普通发票，缴了2400元增值税。

乙：啊？

甲：不过没关系，可以退。我们增值税按季纳税，第一季度总销售额29万元，未超过30万元，而且，我们是小规模纳税人。

第一章 增值税

林溪发老师解答

该公司可以申请退还已经缴纳的税款。

◇ 政策依据

国家税务总局关于小规模纳税人
免征增值税政策有关征管问题的公告

2019年1月19日 国家税务总局公告2019年第4号

九、小规模纳税人2019年1月份销售额未超过10万元（以1个季度为1个纳税期的，2019年第一季度销售额未超过30万元），但当期因代开普通发票已经缴纳的税款，可以在办理纳税申报时向主管税务机关申请退还。

划重点 消痛点

本案例中，这户按季纳税的小规模纳税人，2019年第一季度销售额未超过30万元，免征增值税，去税务局代开普通发票缴纳的增值税，可以在办理纳税申报时向主管税务机关申请退还。

第9集

纳税期不同，销售不动产都要预缴税款吗

扫码学习

个体工商户F是小规模纳税人，2019年3月转让车位销售额29万元，除此以外，第一季度没有其他销售收入。

提问：林老师，F要在不动产所在地预缴增值税吗？

53

林溪发老师解答

此情况应区分按月纳税或按季纳税处理：

（1）如果F选择按月纳税，因其转让不动产销售额超过月销售额10万元免税标准，应在不动产所在地预缴税款；

（2）如果F选择按季纳税，因其转让不动产销售额未超过季度销售额30万元的免税标准，无须在不动产所在地预缴税款。

◇ 政策依据

国家税务总局关于小规模纳税人
免征增值税政策有关征管问题的公告

2019年1月19日　国家税务总局公告2019年第4号

六、按照现行规定应当预缴增值税税款的小规模纳税人，凡在预缴地实现的月销售额未超过10万元的，当期无需预缴税款。本公告下发前已预缴税款的，可以向预缴地主管税务机关申请退还。

七、小规模纳税人中的单位和个体工商户销售不动产，应按其纳税期、本公告第六条以及其他现行政策规定确定是否预缴增值税；其他个人销售不动产，继续按照现行规定征免增值税。

划重点　消痛点

本案例中，F转让车位是否需要在不动产所在地预缴增值税，取决于其增值税选择按月纳税还是按季纳税，按月和按季纳增值税的结果是截然不同的。

第10集

小规模纳税人销售不动产差额征税，需要预缴增值税吗

个体工商户 G 是小规模纳税人，2019 年 3 月转让店面，取得价税合计 83 万元，该不动产购置原价 75 万元（含税）。

提问：林老师，假设 G 当月未发生其他销售，需要预缴增值税吗？

林溪发老师解答

G 不需要预缴增值税。

2019 年 3 月销售店面的差额后销售额为 8 万元（83－75），根据《国家税务总局关于小规模纳税人免征增值税政策有关征管问题的公告》（国家税务总局公告 2019 年第 4 号）规定，适用增值税差额征税政策的小规模纳税人，以差额后的销售额确定是否可以享受免征增值税政策。凡在预缴地实现的月销售额未超过 10 万元的，当期无须预缴税款。因此，G 无须在不动产所在地预缴税款。

◇ 政策依据

国家税务总局关于发布
《纳税人转让不动产增值税征收管理暂行办法》的公告

2016 年 3 月 31 日　国家税务总局公告 2016 年第 14 号

第四条　小规模纳税人转让其取得的不动产，除个人转让其购买的住房外，按照以下规定缴纳增值税：

（一）小规模纳税人转让其取得（不含自建）的不动产，以取得的

全部价款和价外费用扣除不动产购置原价或者取得不动产时的作价后的余额为销售额，按照5%的征收率计算应纳税额。

国家税务总局关于小规模纳税人
免征增值税政策有关征管问题的公告

2019年1月19日　国家税务总局公告2019年第4号

六、按照现行规定应当预缴增值税税款的小规模纳税人，凡在预缴地实现的月销售额未超过10万元的，当期无需预缴税款。

七、小规模纳税人中的单位和个体工商户销售不动产，应按其纳税期、本公告第六条以及其他现行政策规定确定是否预缴增值税；其他个人销售不动产，继续按照现行规定征免增值税。

划重点　消痛点

本案例中，G转让店面适用差额征收政策，差额后销售额低于10万元，不需要在不动产所在地预缴增值税。

假定本案例销售的不动产是自建的，就要按照取得的全部价款和价外费用83万元计算销售额，超过了10万元，要在不动产所在地预缴增值税。

◇ 政策依据

国家税务总局关于发布
《纳税人转让不动产增值税征收管理暂行办法》的公告

2016年3月31日　国家税务总局公告2016年第14号

第四条……

（二）小规模纳税人转让其自建的不动产，以取得的全部价款和价外费用为销售额，按照5%的征收率计算应纳税额。

第 11 集

小规模纳税人代开专用发票缴纳增值税可以退还吗

扫码学习

H 公司系增值税小规模纳税人，按月纳税，2019 年 3 月到税务机关代开增值税专用发票，不含税金额为 4 万元，征收率为 3%，预交税额为 1200 元。本月开具普通发票的不含税销售额 5 万元。

提问：林老师，H 公司可以向主管税务机关申请退还增值税吗？

林溪发老师解答

H 公司 2019 年 3 月销售额合计 9 万元（4+5），月销售额未超过 10 万元，免征增值税。

开具增值税专用发票已缴纳 1200 元税款，在增值税专用发票全部联次追回或者按规定开具红字专用发票后，可以向主管税务机关申请退还。

◇ **政策依据**

国家税务总局关于小规模纳税人
免征增值税政策有关征管问题的公告

2019 年 1 月 19 日　国家税务总局公告 2019 年第 4 号

八、小规模纳税人月销售额未超过 10 万元的，当期因开具增值税专用发票已经缴纳的税款，在增值税专用发票全部联次追回或者按规定开具红字专用发票后，可以向主管税务机关申请退还。

划重点 消痛点

这家按月纳税的小规模纳税人,月销售额未超过免征增值税标准,如果要退还代开专用发票而缴纳的增值税,必须满足增值税专用发票全部联次追回或者按规定开具红字专用发票的要求。反之,如果增值税专用发票全部联次无法追回,或者未能按规定开具红字专用发票,就不能退还。

第 12 集
开具普通发票需要缴纳增值税吗

I 公司系增值税小规模纳税人,按月纳税,2019 年 3 月到税务机关代开增值税专用发票,不含税金额为 5 万元,征收率为 3%,预缴税额为 1500 元。同月开具增值税普通发票的不含税销售额 7 万元。

提问:林老师,I 公司需要补缴增值税吗?

林溪发老师解答

I 公司须补缴增值税。

I 公司月销售额合计 12 万元(5+7),月销售额超过 10 万元,不能免征增值税。应补增值税税额 2100 元(120000×3%-1500)。

第一章　增值税

◇ 政策依据

财政部　税务总局关于实施小微企业
普惠性税收减免政策的通知

2019 年 1 月 17 日　财税〔2019〕13 号

一、对月销售额 10 万元以下（含本数）的增值税小规模纳税人，免征增值税。

划重点　消痛点

本案例中，这家按月纳税的小规模纳税人，本月开具增值税普通发票销售额 7 万元，虽低于免征增值税标准 10 万元，但加上开具增值税专用发票销售额 5 万元，合计 12 万元，超过了 10 万元，不能享受免征增值税优惠。因此，除了代开增值税专用发票需要预缴增值税，开具增值税普通发票销售额 7 万元，也要缴纳增值税。

第 13 集

销售货物和服务收入，可以分别免征增值税吗

扫码学习

我公司是按季纳税的小规模纳税人，销售货物和销售服务分别核算，第一季度销售货物收入为 25 万元，销售服务收入为 10 万元，均未超过 30 万元。

提问：林老师，我公司第一季度需要缴纳增值税吗？

溪发说税之减税降费篇

林溪发老师解答

你公司需要缴纳增值税。你公司第一季度销售货物收入25万元，销售服务收入10万元，虽然均未超过30万元，但是合计销售额已经超过30万元，因此需要缴纳增值税。

◇ 政策依据

**国家税务总局关于小规模纳税人
免征增值税政策有关征管问题的公告**

2019年1月19日　国家税务总局公告2019年第4号

一、小规模纳税人发生增值税应税销售行为，合计月销售额未超过10万元（以1个季度为1个纳税期的，季度销售额未超过30万元，下同）的，免征增值税。

划重点　消痛点

2019年起实施小微企业普惠性税收减免政策，小规模纳税人免征增值税计算口径，由此前的"分别享受"改为"合计享受"。

原政策：增值税小规模纳税人销售货物或者加工、修理修配劳务月销售额不超过3万元（按季纳税9万元），销售服务、无形资产月销售额不超过3万元（按季纳税9万元）的，可分别享受小微企业暂免征收增值税优惠政策。

新政策：增值税小规模纳税人发生增值税应税销售行为，合计月销售额未超过10万元（以1个季度为1个纳税期的，季度销售额未超过30万元）的，免征增值税。

第一章　增值税

第 14 集
一般纳税人可以免征增值税吗

扫码学习

J 公司为按月申报的增值税一般纳税人，2019 年 3 月的销售额为 8 万元。

提问：林老师，2019 年 3 月 J 公司是否缴纳增值税？

林溪发老师解答

J 公司 2019 年 3 月须缴纳增值税。该公司不是小规模纳税人，即使 3 月销售收入低于 10 万元，也需要缴纳增值税。

划重点　消痛点

本案例中，J 公司月销售额虽低于 10 万元，但因为是一般纳税人，不能适用免征增值税政策。纳税主体是小规模纳税人，才能享受免征增值税。

知识链接

什么是增值税一般纳税人

1. 年应税销售额超过 500 万元

61

◇ 政策依据

增值税一般纳税人登记管理办法

2017年12月29日　国家税务总局令第43号

第二条　增值税纳税人（以下简称"纳税人"），年应税销售额超过财政部、国家税务总局规定的小规模纳税人标准（以下简称"规定标准"）的，除本办法第四条规定外，应当向主管税务机关办理一般纳税人登记。

本办法所称年应税销售额，是指纳税人在连续不超过12个月或四个季度的经营期内累计应征增值税销售额，包括纳税申报销售额、稽查查补销售额、纳税评估调整销售额。

销售服务、无形资产或者不动产（以下简称"应税行为"）有扣除项目的纳税人，其应税行为年应税销售额按未扣除之前的销售额计算。纳税人偶然发生的销售无形资产、转让不动产的销售额，不计入应税行为年应税销售额。

2. 会计核算健全

◇ 政策依据

增值税一般纳税人登记管理办法

2017年12月29日　国家税务总局令第43号

第三条　年应税销售额未超过规定标准的纳税人，会计核算健全，能够提供准确税务资料的，可以向主管税务机关办理一般纳税人登记。

本办法所称会计核算健全，是指能够按照国家统一的会计制度规定设置账簿，根据合法、有效凭证进行核算。

3. 不办理一般纳税人登记的情形

◇ 政策依据

增值税一般纳税人登记管理办法

2017年12月29日　国家税务总局令第43号

第四条　下列纳税人不办理一般纳税人登记：

（一）按照政策规定，选择按照小规模纳税人纳税的；

（二）年应税销售额超过规定标准的其他个人。

什么是小规模纳税人

◇ 政策依据

财政部　税务总局关于统一增值税小规模纳税人标准的通知

2018年4月4日　财税〔2018〕33号

一、增值税小规模纳税人标准为年应征增值税销售额500万元及以下。

第15集
属于营改增行业的一般纳税人可以转登记为小规模纳税人吗

K公司是按月纳税的餐饮行业一般纳税人，2018年3月至2019年2月的累计销售额为490万元。

提问：林老师，K公司属于营改增行业，2019年3月可以转登记为小规模纳税人吗？

林溪发老师解答

K 公司可以转登记为小规模纳税人。

◇ 政策依据

**国家税务总局关于小规模纳税人
免征增值税政策有关征管问题的公告**

2019 年 1 月 19 日　国家税务总局公告 2019 年第 4 号

五、转登记日前连续 12 个月（以 1 个月为 1 个纳税期）或者连续 4 个季度（以 1 个季度为 1 个纳税期）累计销售额未超过 500 万元的一般纳税人，在 2019 年 12 月 31 日前，可选择转登记为小规模纳税人。

划重点　消痛点

　　这户按月纳税的餐饮业一般纳税人，属于营改增行业，转登记前连续 12 个月累计销售额未超过 500 万元；根据国家税务总局公告 2019 年第 4 号第五条的规定，符合条件的营改增行业一般纳税人可选择转登记为小规模纳税人，因此该公司可以申请转登记为小规模纳税人。

第二节　增值税税率降低

第 16 集
设备租赁适用的增值税税率是多少

扫码学习

L 公司是按月纳税的一般纳税人，2019 年 4 月出租一台机器设备。

提问：林老师，L 公司租赁设备适用的增值税税率是多少？

林溪发老师解答

机器设备租赁属于有形动产租赁服务，原适用 16% 的税率，现在税率调整为 13%。

◇ 政策依据

财政部　税务总局　海关总署
关于深化增值税改革有关政策的公告

2019 年 3 月 20 日　财政部　税务总局　海关总署公告 2019 年第 39 号

一、增值税一般纳税人（以下称纳税人）发生增值税应税销售行为或者进口货物，原适用 16% 税率的，税率调整为 13%。

溪发说税之减税降费篇

划重点 消痛点

从 2019 年 4 月 1 日开始，增值税一般纳税人发生增值税应税销售行为或者进口货物，原适用 16% 税率的，税率调整为 13%；原适用 10% 税率的，税率调整为 9%。

增值税一般纳税人提供有形动产租赁服务，属于营改增项目，从 2019 年 4 月 1 日开始税率调整为 13%。小规模纳税人征收率不变。

注意"2019 年 4 月 1 日"这个时间点，指的是增值税纳税义务发生时间：

（1）增值税纳税义务发生时间在 2019 年 4 月 1 日前的，按照原适用税率；

（2）增值税纳税义务发生时间在 2019 年 4 月 1 日及以后的，适用新税率。

延伸案例

商业企业增值税税率下降

扫码学习

我公司是商业企业增值税一般纳税人。

提问：林老师，听说 2019 年 4 月 1 日起，制造业增值税税率从 16% 下降到 13%，我公司是商业企业，税率是否下降？

林溪发老师解答

你公司增值税税率下降了！

第一章　增值税

> ◇ 政策依据
>
> **财政部　税务总局　海关总署**
> **关于深化增值税改革有关政策的公告**
>
> 2019年3月20日　财政部　税务总局　海关总署公告2019年第39号
>
> 一、增值税一般纳税人（以下称纳税人）发生增值税应税销售行为或者进口货物，原适用16%税率的，税率调整为13%；……

第17集

增值税税率下降了，税负降低了吗

扫码学习

A公司为从事机械制造业的一般纳税人，2019年4月购进原材料120万元（不含税金额），取得了增值税专用发票，当月销售货物150万元（不含税金额）。

提问： 林老师，增值税税率下降后，A公司的税负降低了吗？

林溪发老师解答

A公司的税负比以前降低了。计算公式如下：

新税率下：

销项税额＝150×13%＝19.5（万元）

进项税额＝120×13%＝15.6（万元）

应纳税额＝19.5－15.6＝3.9（万元）

税负率＝3.9÷150＝2.6%

原税率下：

销项税额＝150×16%＝24（万元）

进项税额＝120×16%＝19.2（万元）

应纳税额＝24－19.2＝4.8（万元）

税负率＝4.8÷150＝3.2%

增值税税率下降后，A公司2019年4月的应纳增值税减少0.9万元，税负率下降0.6个百分点。

◇ 政策依据

财政部　税务总局　海关总署
关于深化增值税改革有关政策的公告

2019年3月20日　财政部　税务总局　海关总署公告2019年第39号

一、增值税一般纳税人（以下称纳税人）发生增值税应税销售行为或者进口货物，原适用16%税率的，税率调整为13%；原适用10%税率的，税率调整为9%。

划重点　消痛点

以上计算过程，仅考虑了增值税税负变化情况。而从企业整体经济利益的角度，在比较税负时，各种税收均要考虑。

延伸案例

企业所得税及附加税税负的变化

假设本集案例中A公司盈利，当年度企业所得税税率为25%，城市维护建设税等附加税（费）率为10%，当月购买的原材料全部领用，形

第一章 增值税

成的产品当月销售完毕,除此以外,不考虑其他变动因素。

提问:林老师,增值税税率下降后,A公司的税负如何变化?

林溪发老师解答

增值税税率下降后,税收变化如下:

增值税应纳税额下降数 =4.8－3.9=0.9(万元)

附加税(费)应纳税额下降数 =0.9×10%=0.09(万元)

企业所得税应纳税所得额增加数 = 附加税应纳税额下降数 =0.09万元

应纳企业所得税额增加数 =0.09×25%=0.0225(万元)

应纳税总额下降数 =0.9+0.09－0.0225=0.9675(万元)

A公司的销售收入、销售成本均为不含税价,增值税税率的调整对销售利润(销售利润 = 销售收入 － 销售成本)无影响,但是应纳增值税额减少,导致应纳附加税额降低,利润增加,进而影响到企业所得税。[1]

购进原材料及销售货物为含税金额时税负的变化

假设将本集案例中的不含税金额改为含税金额,即购进原材料的120万元为含税金额,取得了增值税专用发票,当月销售货物的150万元也为含税金额,其余情况同上。

提问:林老师,增值税税率下降后,A公司的税负如何变化?

---

[1] 为便于计算比较,本案例中的应纳税总额包括增值税应纳税额、附加税费应纳税额、应纳企业所得税额,下同。

> **林溪发老师解答**
>
> 新税率下：
> 销项税额 = 150 ÷ （1+13%）× 13% = 17.26（万元）
> 进项税额 = 120 ÷ （1+13%）× 13% = 13.81（万元）
> 应纳增值税额 = 17.26 - 13.81 = 3.45（万元）
> 原税率下：
> 销项税额 = 150 ÷ （1+16%）× 16% = 20.69（万元）
> 进项税额 = 120 ÷ （1+16%）× 16% = 16.55（万元）
> 应纳增值税额 = 20.69 - 16.55 = 4.14（万元）
> 增值税应纳税额下降数 = 4.14 - 3.45 = 0.69（万元）
> 附加税应纳税额下降数 = 0.69 × 10% = 0.069（万元）
> 当月购买的原材料全部领用，形成的产品当月销售完毕，则：
> 销售收入增加数 = 150 ÷ （1+13%）- 150 ÷ （1+16%）= 132.74 - 129.31 = 3.43（万元）
> 销售成本增加数 = 120 ÷ （1+13%）- 120 ÷ （1+16%）= 106.19 - 103.45 = 2.74（万元）
> 企业所得税应纳税所得额增加数 = 销售收入增加数 - 销售成本增加数 + 附加税应纳税额下降数 = 3.43 - 2.74 + 0.069 = 0.759（万元）
> 应纳企业所得税额增加数 = 0.759 × 25% = 0.18975（万元）
> 应纳税总额下降数 = 增值税应纳税额下降数 + 附加税应纳税额下降数 - 应纳企业所得税额增加数 = 0.69 + 0.069 - 0.18975 = 0.56925（万元）
>
> 　　从上述计算过程看，在含税价交易的情况下，增值税税率调整，对企业的销售收入、销售成本、税金及附加均有影响，并进一步影响会计利润，以及企业所得税。

第一章 增值税

第 18 集
销售商品补开发票，适用增值税税率是多少

B 公司为从事食品生产加工的一般纳税人，2019 年 3 月 15 日销售食品并收到了货款，3 月未开具发票，于 4 月 3 日补开了发票。

提问：林老师，这批食品适用的增值税税率为多少？

林溪发老师解答

这批食品的增值税税率应按照 16% 计算。

B 公司 2019 年 3 月 15 日销售食品并收到了货款，纳税义务发生在 2019 年 4 月 1 日前，增值税税率应按照 16% 计算。

◇ 政策依据

财政部　税务总局　海关总署
关于深化增值税改革有关政策的公告

2019 年 3 月 20 日　财政部　税务总局　海关总署公告 2019 年第 39 号

一、增值税一般纳税人（以下称纳税人）发生增值税应税销售行为或者进口货物，原适用 16% 税率的，税率调整为 13%；原适用 10% 税率的，税率调整为 9%。

……

九、本公告自 2019 年 4 月 1 日起执行。

中华人民共和国增值税暂行条例

2017 年 11 月 19 日　国务院令第 691 号修改

第十九条　增值税纳税义务发生时间：

（一）发生应税销售行为，为收讫销售款项或者取得索取销售款项凭据的当天；先开具发票的，为开具发票的当天。

划重点　消痛点

本案例中，B 公司销售商品时间是 2019 年 3 月 15 日，同时也收到了货款，应以 2019 年 3 月 15 日为增值税纳税义务发生时间，适用税率为 16%。

纳税人销售结算方式不同，增值税纳税义务发生时间不一样。请看以下两个延伸案例：

延伸案例

分期付款采购原材料，如何确定增值税抵扣税率

扫码学习

物流部小张：小王，我们公司（一般纳税人）2019 年 3 月 2 日与供应商（一般纳税人）签订原材料采购合同，含税价为 320 万元，合同约定分两期付款，2019 年 3 月 20 日付款 160 万元，2019 年 8 月 20 日付款 160 万元。现在找供应商开发票，对方说只能开具 13% 的发票，怎么办？

财务小王：林老师，分期付款采购原材料的税率是多少？

第一章　增值税

> **林溪发老师解答**
>
> 　　小王，你公司应按照纳税义务发生时间确定适用税率。
>
> 　　合同约定2019年3月20日付款的，适用16%税率；合同约定2019年8月20日付款的，适用13%税率。
>
> ◇ **政策依据**
>
> ### 中华人民共和国增值税暂行条例实施细则
>
> 2011年10月28日　财政部令第65号修改
>
> 第三十八条　条例第十九条第一款第（一）项规定的收讫销售款项或者取得索取销售款项凭据的当天，按销售结算方式的不同，具体为：
>
> ……
>
> （三）采取赊销和分期收款方式销售货物，为书面合同约定的收款日期的当天，无书面合同的或者书面合同没有约定收款日期的，为货物发出的当天。

分期收款销售商品，如何确定增值税销项税率

扫码学习

法务部小郑：小王，我们公司2019年3月1日与客户签订销售合同，含税价为32万元，合同约定分两期付款，2019年3月2日收款16万元，2019年8月2日收款16万元。现在要开发票给客户，税率已经降低为13%，怎么办？

财务小王：林老师，税率降低了，应按哪个税率开发票？

73

林溪发老师解答

小王，你公司应按照纳税义务发生时间确定适用税率。

2019年4月1日之前签订适用税率为16%的合同，具体业务的增值税纳税义务发生时间在2019年4月1日之后的，应适用变更后的税率。

合同约定2019年3月2日收款16万元适用16%税率，2019年8月2日收款16万元适用13%税率。

第三节　发票开具

第 19 集

补开发票，需要办理临时开票权限吗

扫码学习

C 公司为增值税一般纳税人，2019 年 3 月销售商品并收讫款项，已申报缴纳税款但未开具发票。9 月 26 日，需要补开原适用税率为 16% 的蓝字增值税发票。

提问：林老师，C 公司可以自行开具发票吗？

林溪发老师解答

C 公司需办理临时开票权限后才能开具。

2019 年 9 月 26 日，C 公司需要开具原适用税率为 16% 的蓝字发票，应向主管税务机关提交《开具原适用税率发票承诺书》，办理临时开票权限。

◇ 政策依据

**国家税务总局关于国内旅客运输服务
进项税抵扣等增值税征管问题的公告**

2019 年 9 月 16 日　国家税务总局公告 2019 年第 31 号

十三、关于开具原适用税率发票

（一）自 2019 年 9 月 20 日起，纳税人需要通过增值税发票管理系统开具 17%、16%、11%、10% 税率蓝字发票的，应向主管税务

机关提交《开具原适用税率发票承诺书》（附件2），办理临时开票权限。……

划重点　消痛点

C公司2019年3月销售商品并收讫款项，增值税纳税义务发生时间是2019年3月，在2019年4月1日之前适用16%税率，但未能及时开具发票。2019年9月26日，该公司要补开原适用税率为16%的蓝字发票，应向主管税务机关办理临时开票权限。特别需要注意的是，此处开具的发票是"蓝字发票"。

第20集

临时开票权限的有效期限为多久

接第19集案例，D公司2019年9月26日办理临时开票权限后，可以在9月29日开具发票吗？

林溪发老师解答

不可以。

D公司2019年9月26日办理临时开票权限后，应在获取临时开票权限的规定期限24小时内开具原适用税率发票，9月29日已经超过了24小时，不能开具原适用税率发票。

第一章 增值税

◇ 政策依据

**国家税务总局关于国内旅客运输服务
进项税抵扣等增值税征管问题的公告**

2019年9月16日 国家税务总局公告2019年第31号

十三、关于开具原适用税率发票

（一）……临时开票权限有效期限为24小时，纳税人应在获取临时开票权限的规定期限内开具原适用税率发票。

划重点 消痛点

本案例中，D公司已超过临时开票权限有效期限24小时，不能开具原适用税率发票。怎么办？该公司可以重新办理临时开票权限，然后在有效期限内开具蓝字发票。

第21集

办理临时开票权限，需要提交证明资料吗

扫码学习

接第20集案例，D公司办理临时开票权限，需要提交主管税务机关证明资料吗？

林溪发老师解答

证明资料不需要提交主管税务机关，但要留存备查。

D公司2019年9月26日办理临时开票权限，应保留交

易合同、收讫款项证明等相关材料，以备查验。

◇ 政策依据

国家税务总局关于国内旅客运输服务
进项税抵扣等增值税征管问题的公告

2019 年 9 月 16 日　国家税务总局公告 2019 年第 31 号

十三、关于开具原适用税率发票

……

（二）纳税人办理临时开票权限，应保留交易合同、红字发票、收讫款项证明等相关材料，以备查验。

划重点　消痛点

一般纳税人通过增值税发票管理系统开具原适用税率蓝字发票，需要关注以下两点：

（1）根据《财政部　税务总局关于调整增值税税率的通知》（财税〔2018〕32 号）的规定，从 2018 年 5 月 1 日起，纳税人发生增值税应税销售行为或者进口货物，原适用 17% 和 11% 税率的，税率分别调整为 16%、10%。因此，要开具 17%、11% 税率的蓝字发票的，纳税义务发生时间应在 2018 年 5 月 1 日之前，纳税人应保留交易合同、红字发票、收讫款项证明等相关材料，以备查验。

（2）根据《财政部　税务总局　海关总署关于深化增值税改革有关政策的公告》（财政部　税务总局　海关总署公告 2019 年第 39 号）的规定，从 2019 年 4 月 1 日起，纳税人发生增值税应税销售行为或者进口货物，原适用 16% 和 10% 税率的，税率分别调整为 13%、9%。因此，要开具 16%、10% 税率的蓝字发票的，纳税义务发生时间应在 2018 年 5 月 1 日之后及 2019 年 4 月 1 日之前，纳税人应保留交易合同、红字发票、收讫款项证明等相关材料，以备查验。

第一章　增值税

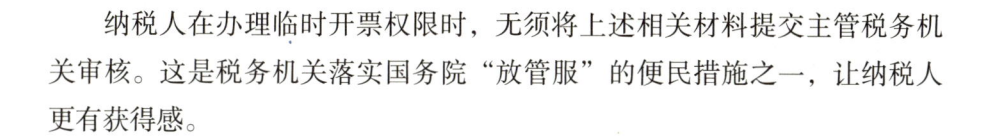

纳税人在办理临时开票权限时，无须将上述相关材料提交主管税务机关审核。这是税务机关落实国务院"放管服"的便民措施之一，让纳税人更有获得感。

延伸案例

商品已经销售，可以在以后月份开发票吗

扫码学习

销售部小朱：小王，我们公司2018年6月销售产品，当月发货且收讫货款，客户通知在以后月份开发票，这样可以吗？

财务小王：林老师，产品已经销售，可以在以后月份开发票吗？

林溪发老师解答

小王，你公司不按规定时间开发票，存在税收风险。

纳税人在发生增值税纳税义务时，应开具增值税发票。如果不依照增值税纳税义务时间开具发票，则存在税收风险。

国家税务总局发布的《增值税发票开具指南》第二章第一节第四条规定："纳税义务人应在增值税纳税义务时间发生时开具发票。"

第 22 集

补开发票，需要补充申报或更正申报增值税吗

E 公司为增值税一般纳税人，2018 年 3 月销售商品并收讫款项，未申报缴纳税款。2019 年 10 月，E 公司补开了原适用税率为 17% 的增值税发票。

提问：林老师，E 公司补开这张发票，能否以 2019 年 10 月为税款所属期，申报缴纳税款？

林溪发老师解答

不能，E 公司应补充申报或者更正申报。

该公司 2018 年 3 月销售商品并收讫款项，纳税义务发生时间在 2018 年 3 月，未进行申报，应对 2018 年 3 月进行补充申报或者更正申报，涉及缴纳滞纳金的，按规定缴纳。

◇ 政策依据

**国家税务总局关于国内旅客运输服务
进项税抵扣等增值税征管问题的公告**

2019 年 9 月 16 日　国家税务总局公告 2019 年第 31 号

十三、关于开具原适用税率发票

……

（三）纳税人未按规定开具原适用税率发票的，主管税务机关应按照现行有关规定进行处理。

第一章 增值税

◇ 权威解读

关于《国家税务总局关于国内旅客运输服务进项税抵扣等增值税征管问题的公告》的解读

2019年9月18日　来源：国家税务总局网站

纳税人若未按规定开具原适用税率发票，由主管税务机关按照现行有关规定进行处理：若纳税义务发生时间在2019年4月1日前，未进行申报而开具发票的，纳税人应进行补充申报或者更正申报，涉及缴纳滞纳金的，按规定缴纳；……

划重点　消痛点

E公司为增值税一般纳税人，2018年3月销售商品并收讫款项，增值税纳税义务发生时间为2018年3月，但该公司并未在当月申报，因此要进行补充申报或者更正申报。

2018年3月应缴纳的增值税补充申报或者更正申报后，如果因此出现税款未能及时缴纳的，按照《中华人民共和国税收征收管理法》第三十二条"纳税人未按照规定期限缴纳税款的，扣缴义务人未按照规定期限解缴税款的，税务机关除责令限期缴纳外，从滞纳税款之日起，按日加收滞纳税款万分之五的滞纳金"的规定，该公司应缴纳税收滞纳金。

第 23 集
增值税税率下降后，可以开具原适用税率发票吗

F 公司为增值税一般纳税人，2019 年 10 月销售商品并收讫款项，开具了适用税率为 16% 的增值税发票。

提问：林老师，F 公司这样开发票是否正确？

林溪发老师解答

F 公司这样开发票不正确。

该公司 2019 年 10 月销售商品并收讫款项，纳税义务发生时间在 2019 年 4 月 1 日之后，不得开具原适用税率发票。

该公司已经开具的 16% 税率发票，应按规定作废；不符合作废条件的，按规定开具红字发票后，应按照新适用税率开具正确的蓝字发票。

◇ 政策依据

**国家税务总局关于国内旅客运输服务
进项税抵扣等增值税征管问题的公告**

2019 年 9 月 16 日　国家税务总局公告 2019 年第 31 号

十三、关于开具原适用税率发票

……

（三）纳税人未按规定开具原适用税率发票的，主管税务机关应按照现行有关规定进行处理。

第一章　增值税

◇ **权威解读**

关于《国家税务总局关于国内旅客运输服务进项税抵扣等增值税征管问题的公告》的解读

2019年9月18日　　来源：国家税务总局网站

纳税人若未按规定开具原适用税率发票，由主管税务机关按照现行有关规定进行处理：若纳税义务发生时间在2019年4月1日前，未进行申报而开具发票的，纳税人应进行补充申报或者更正申报，涉及缴纳滞纳金的，按规定缴纳；若纳税义务发生时间在2019年4月1日后，不得开具原适用税率发票，已经开具的，按规定作废，不符合作废条件的，按规定开具红字发票后，按照新适用税率开具正确的蓝字发票。

划重点　消痛点

F公司为增值税一般纳税人，2019年10月销售商品并收讫款项，增值税纳税义务发生时间为2019年10月，适用税率为13%，不能开具原适用税率16%增值税发票，应开具13%税率发票。

该公司错误开具16%税率发票，应按规定改正，重新开具13%税率的蓝字发票。

第24集　补开发票，需要手工选择税率吗

我公司为商业企业增值税一般纳税人，2019年5月要补开2019年3月未开具的销售货物发票。

提问：林老师，现在税率下降了，我公司开票时，还可以选择16%的税率吗？

溪发说税之减税降费篇

> **林溪发老师解答**
>
> 你公司可以在补开发票时手工选择 16% 的税率。
>
> ◇ 政策依据
>
> **国家税务总局关于深化增值税改革有关事项的公告**
>
> 2019 年 3 月 21 日　国家税务总局公告 2019 年第 14 号
>
> 二、纳税人在增值税税率调整前未开具增值税发票的增值税应税销售行为，需要补开增值税发票的，应当按照原适用税率补开。
>
> 三、增值税发票税控开票软件税率栏次默认显示调整后税率，纳税人发生本公告第一条、第二条所列情形的，可以手工选择原适用税率开具增值税发票。

划重点　消痛点

本案例中，F 公司为增值税一般纳税人，2019 年 3 月未及时开具销售货物发票，而后在 2019 年 5 月补开发票时，应按照原适用税率 16% 开具。

《财政部　税务总局　海关总署关于深化增值税改革有关政策的公告》（财政部　税务总局　海关总署公告 2019 年第 39 号）规定，从 2019 年 4 月 1 日起，纳税人发生增值税应税销售行为或者进口货物，原适用 16% 和 10% 税率的，税率分别调整为 13%、9%。2019 年 5 月补开增值税发票时，税控开票软件税率栏次默认显示调整后税率，因此该公司补开增值税发票时，原适用税率 16% 要手工选择。

第四节　不动产进项税额抵扣

> **第 25 集**
> 购买写字楼，进项税额需要分两年抵扣吗

H 公司为增值税一般纳税人，2019 年 4 月购入一层写字楼用于办公。

提问：林老师，H 公司购入写字楼，取得的进项税额要分两年抵扣吗？

林溪发老师解答

在取得进项税额的当期一次性抵扣。

◇ **政策依据**

财政部　税务总局　海关总署
关于深化增值税改革有关政策的公告

2019 年 3 月 20 日　财政部　税务总局　海关总署公告 2019 年第 39 号

五、自 2019 年 4 月 1 日起，《营业税改征增值税试点有关事项的规定》（财税〔2016〕36 号印发）第一条第（四）项第 1 点、第二条第（一）项第 1 点停止执行，纳税人取得不动产或者不动产在建工程的进项税额不再分 2 年抵扣。此前按照上述规定尚未抵扣完毕的待抵扣进项税额，可自 2019 年 4 月税款所属期起从销项税额中抵扣。

> **划重点　消痛点**

增值税一般纳税人的不动产进项抵扣政策如下：

1. 不能抵扣

2016年5月1日以前，增值税一般纳税人取得不动产或不动产在建工程，不能抵扣进项税额。

2. 分两年抵扣

2016年5月1日至2019年3月31日，增值税一般纳税人取得不动产或不动产在建工程，可以抵扣进项税额，但要分两年抵扣。

3. 一次性抵扣

自2019年4月1日起，纳税人取得不动产或者不动产在建工程的进项税额，按照规定可以抵扣的，可以一次性抵扣，不再分两年抵扣。

已抵扣进项税额的不动产，发生非正常损失等需要转出进项税额的情形，应按规定计算不得抵扣的进项税额。按照规定不得抵扣进项税额的不动产，发生用途改变，用于允许抵扣进项税额项目，应按规定计算可抵扣的进项税额。

◇ 政策依据

国家税务总局关于发布
《不动产进项税额分期抵扣暂行办法》的公告

2016年3月31日　国家税务总局公告2016年第15号

第二条　增值税一般纳税人（以下称纳税人）2016年5月1日后取得并在会计制度上按固定资产核算的不动产，以及2016年5月1日后发生的不动产在建工程，其进项税额应按照本办法有关规定分2年从销项税额中抵扣，第一年抵扣比例为60%，第二年抵扣比例为40%。

第一章 增值税

国家税务总局关于深化增值税改革有关事项的公告

2019 年 3 月 21 日　国家税务总局公告 2019 年第 14 号

六、已抵扣进项税额的不动产，发生非正常损失，或者改变用途，专用于简易计税方法计税项目、免征增值税项目、集体福利或者个人消费的，按照下列公式计算不得抵扣的进项税额，并从当期进项税额中扣减：

不得抵扣的进项税额 = 已抵扣进项税额 × 不动产净值率

不动产净值率 =（不动产净值 ÷ 不动产原值）× 100%

七、按照规定不得抵扣进项税额的不动产，发生用途改变，用于允许抵扣进项税额项目的，按照下列公式在改变用途的次月计算可抵扣进项税额。

可抵扣进项税额 = 增值税扣税凭证注明或计算的进项税额 × 不动产净值率

第 26 集

未抵扣完的厂房进项税额，必须在 2019 年 4 月抵扣吗

扫码学习

I 公司为增值税一般纳税人，于 2018 年 6 月购入一栋厂房，2019 年 3 月 31 日还有 40% 的进项税额未抵扣。

提问：林老师，未抵扣的进项税额一定要在 2019 年 4 月抵扣吗？

林溪发老师解答

可以从 2019 年 4 月税款所属期起，自行选择申报月份抵扣。

溪发说税之减税降费篇

◇ 政策依据

财政部　税务总局　海关总署
关于深化增值税改革有关政策的公告

2019年3月20日　财政部　税务总局　海关总署公告2019年第39号

　　五、自2019年4月1日起，《营业税改征增值税试点有关事项的规定》（财税〔2016〕36号印发）第一条第（四）项第1点、第二条第（一）项第1点停止执行，纳税人取得不动产或者不动产在建工程的进项税额不再分2年抵扣。此前按照上述规定尚未抵扣完毕的待抵扣进项税额，可自2019年4月税款所属期起从销项税额中抵扣。

划重点　消痛点

　　从2019年4月1日起取消了增值税一般纳税人购入不动产的进项税额分两年抵扣的规定。

　　根据财政部、税务总局、海关总署公告2019年第39号的规定，该公司待抵扣进项税额，既可以在2019年4月税款所属期一次性抵扣，也可以在2019年4月之后的任意税款所属期抵扣。

第 27 集

厂房装修的进项税额需要分两年抵扣吗

　　我公司是增值税一般纳税人，2019年4月对厂房进行装修，增加不动产原值超过50%。

　　提问：林老师，我公司厂房装修购进的材料及设备等进项税额，需要分两年抵扣吗？

第一章　增值税

林溪发老师解答

不需要分两年抵扣。

◇ 政策依据

财政部　税务总局　海关总署
关于深化增值税改革有关政策的公告

2019年3月20日　财政部　税务总局　海关总署公告2019年第39号

五、自2019年4月1日起,《营业税改征增值税试点有关事项的规定》(财税〔2016〕36号印发)第一条第(四)项第1点、第二条第(一)项第1点停止执行,纳税人取得不动产或者不动产在建工程的进项税额不再分2年抵扣。此前按照上述规定尚未抵扣完毕的待抵扣进项税额,可自2019年4月税款所属期起从销项税额中抵扣。

划重点　消痛点

2019年4月1日起,纳税人取得不动产或者不动产在建工程的进项税额不再分两年抵扣。因此,该公司厂房装修购进的材料及设备等进项税额,可以一次性抵扣,不需要分两年。

第28集

购入写字楼的待抵扣进项税额，如何结转抵扣

A公司为一般纳税人，2018年6月购置一层写字楼，不含税价1000万元，取得了增值税专用发票，进项税额100万元，目前还有不动产进项税额40万元未抵扣。

提问：林老师，待抵扣进项税额应如何处理？

林溪发老师解答

A公司在2019年3月31日前尚未抵扣的不动产进项税额40万元，自2019年4月税款所属期起可从销项税额中抵扣。

◇ 政策依据

财政部　税务总局　海关总署
关于深化增值税改革有关政策的公告

2019年3月20日　财政部　税务总局　海关总署公告2019年第39号

五、自2019年4月1日起，《营业税改征增值税试点有关事项的规定》（财税〔2016〕36号印发）第一条第（四）项第1点、第二条第（一）项第1点停止执行，纳税人取得不动产或者不动产在建工程的进项税额不再分2年抵扣。此前按照上述规定尚未抵扣完毕的待抵扣进项税额，可自2019年4月税款所属期起从销项税额中抵扣。

第一章　增值税

> 划重点　消痛点

A 公司购置办公楼的进项税额还有 40 万元未抵扣。2019 年 4 月 1 日起，此前取得不动产或者不动产在建工程的进项税额尚未抵扣完毕的，既可以选择在 2019 年 4 月税款所属期一次性抵扣，也可以选择在 2019 年 4 月之后的任意税款所属期抵扣。

第 29 集
写字楼未抵扣的进项税额结转抵扣，如何申报增值税

扫码学习

假设第 28 集案例中 A 公司 2019 年 4 月将未抵扣完的不动产进项税额 40 万元转入进项税额，增值税申报表如何填写？

> 林溪发老师解答

A 公司待抵扣不动产进项税额 40 万元，应可结转填入《增值税纳税申报表附列资料（二）》第 8b 栏"其他"（见表 1）。

表 1　　　　　增值税纳税申报表附列资料（二）

单位：元

一、申报抵扣的进项税额				
项　目	栏次	份数	金额	税额
（二）其他扣税凭证	4=5+6+7+8a+8b			
其他	8b	—	—	400000

91

溪发说税之减税降费篇

◇ 政策依据

国家税务总局关于调整增值税纳税申报有关事项的公告

2019年3月21日　国家税务总局公告2019年第15号

二、截至2019年3月税款所属期，《国家税务总局关于全面推开营业税改征增值税试点后增值税纳税申报有关事项的公告》（国家税务总局公告2016年第13号）附件1中《增值税纳税申报表附列资料（五）》第6栏"期末待抵扣不动产进项税额"的期末余额，可以自本公告施行后结转填入《增值税纳税申报表附列资料（二）》第8b栏"其他"。

划重点　消痛点

上述规定解决了不动产进项税额可以一次性抵扣后，原来待抵扣不动产进项税额如何申报的问题。若填写错误，可能导致无法结转抵扣进项等纳税风险。

A公司选择在2019年4月结转抵扣，参照财政部《增值税会计处理规定》（财会〔2016〕22号）第二条第（一）项第3点"购进不动产或不动产在建工程按规定进项税额分年抵扣的账务处理"，结转抵扣进项税额会计分录如下：

借：应交税费——应交增值税（进项税额）　　　400000
　　贷：应交税费——待抵扣进项税额　　　　　　400000

第 30 集

不动产发生非正常损失，进项税额需要转出吗

假设上述 A 公司购入的写字楼折旧年限为 20 年，不留残值，2019 年 6 月发生非正常损失。

提问：林老师，购入该写字楼的进项税额将如何处理？

林溪发老师解答

A 公司应计算不得抵扣的进项税额，并从当期进项税额中扣减，计算过程及公式如下：

累计折旧 = 1000 ÷ 20 × 1 = 50（万元）

不动产净值 = 1000 − 50 = 950（万元）

不动产净值率 =（不动产净值 ÷ 不动产原值）× 100% =（950 ÷ 1000）× 100% = 95%

不得抵扣的进项税额 = 已抵扣进项税额 × 不动产净值率 =（60 + 40）× 95% = 95（万元）

◇ 政策依据

国家税务总局关于深化增值税改革有关事项的公告

2019 年 3 月 21 日　国家税务总局公告 2019 年第 14 号

六、已抵扣进项税额的不动产，发生非正常损失，或者改变用途，专用于简易计税方法计税项目、免征增值税项目、集体福利或者个人消费的，按照下列公式计算不得抵扣的进项税额，并从当期进项税额中扣减：

不得抵扣的进项税额 = 已抵扣进项税额 × 不动产净值率

不动产净值率 =（不动产净值 ÷ 不动产原值）×100%

中华人民共和国增值税暂行条例

2017 年 11 月 19 日　国务院令第 691 号修改

第十条　下列项目的进项税额不得从销项税额中抵扣：

……

（二）非正常损失的购进货物，以及相关的劳务和交通运输服务；

中华人民共和国增值税暂行条例实施细则

2011 年 10 月 28 日　财政部令第 65 号修改

第二十四条　条例第十条第（二）项所称非正常损失，是指因管理不善造成被盗、丢失、霉烂变质的损失。

划重点　消痛点

根据上述规定，本案例中不动产发生非正常损失，要做进项税额转出处理。

转出进项税额时，应按照国家税务总局公告 2019 年第 14 号第六条的规定处理，第六条列示的计算公式中，不动产净值率是关键指标，这个指标越高，需要转出的进项税额越多。

第五节　国内旅客运输服务进项税额抵扣

第 31 集
未注明旅客身份信息的车票可以抵扣进项税额吗

扫码学习

2019 年 4 月的某一天，B 公司小张出差回来，拿着一张动车票和一张市内公交车票找财务小王报销。

小张：听说自 2019 年 4 月 1 日起，车票可以作为进项抵扣凭证啦！

财务小王：票拿来我瞧瞧！

财务小王：动车票可以抵扣，公交车票可不行！

小张：不是吧，why？

财务小王：车票要注明旅客身份信息，才可以抵扣。你看，这张公交车票没有这些信息，无法抵扣；而这张动车票就可以啦！

林溪发老师解答

取得注明旅客身份信息的航空运输电子客票行程单、铁路车票、公路、水路等其他客票的，可以计算抵扣进项税额。

> ◇ 政策依据
>
> **财政部　税务总局　海关总署**
> **关于深化增值税改革有关政策的公告**
>
> 2019年3月20日　财政部　税务总局　海关总署公告2019年第39号
>
> 　　六、纳税人购进国内旅客运输服务，其进项税额允许从销项税额中抵扣。
>
> 　　（一）纳税人未取得增值税专用发票的，暂按照以下规定确定进项税额：
>
> 　　1.取得增值税电子普通发票的，为发票上注明的税额；
>
> 　　2.取得注明旅客身份信息的航空运输电子客票行程单的，为按照下列公式计算进项税额：
>
> 　　航空旅客运输进项税额 =（票价 + 燃油附加费）÷（1+9%）×9%
>
> 　　3.取得注明旅客身份信息的铁路车票的，为按照下列公式计算的进项税额：
>
> 　　铁路旅客运输进项税额 = 票面金额 ÷（1+9%）×9%
>
> 　　4.取得注明旅客身份信息的公路、水路等其他客票的，按照下列公式计算进项税额：
>
> 　　公路、水路等其他旅客运输进项税额 = 票面金额 ÷（1+3%）×3%

划重点　消痛点

　　从2019年4月1日起，增值税一般纳税人购买国内旅客运输服务，可以抵扣进项税额。如果取得航空运输电子客票行程单，铁路车票，公路、水路等其他客票的，要注明旅客身份信息，才能抵扣。因此，本案例中B公司员工出差报销，公交车票没有旅客身份信息，不能抵扣；公司员工的动车票注明了旅客身份信息，可以抵扣。

第一章 增值税

第 32 集
注明旅客身份信息的动车票，都可以抵扣进项税额吗

扫码学习

2019年9月底，甲乙二人在办公室聊税。

甲：听说，现在动车票都可以抵扣进项税额了。我和客户的动车票，都可以抵扣吗？

乙：这个我不知道啊。

林溪发老师解答

甲是与公司签订了劳动合同的员工，甲的动车票可以抵扣；客户的动车票不可以抵扣。

◇ 政策依据

**国家税务总局关于国内旅客运输服务
进项税抵扣等增值税征管问题的公告**

2019年9月16日　国家税务总局公告2019年第31号

一、关于国内旅客运输服务进项税抵扣

（一）《财政部　税务总局　海关总署关于深化增值税改革有关政策的公告》（财政部　税务总局　海关总署公告2019年第39号）第六条所称"国内旅客运输服务"，限于与本单位签订了劳动合同的员工，以及本单位作为用工单位接受的劳务派遣员工发生的国内旅客运输服务。

97

划重点 消痛点

本案例中，两张动车票都注明了旅客身份信息，但并非都能抵扣进项税额：

（1）与公司签订了劳动合同的员工甲，因陪同客户考察，以公司经营活动为目的发生国内旅客运输服务，取得的动车票可以抵扣进项税额。

（2）客户不是公司员工，注明其身份信息的动车票不可以抵扣进项税额。

第 33 集 滴滴出行电子普通发票可以抵扣进项税额吗

2019 年 9 月底，甲乙二人在办公室聊税。

甲：我要去报销本月的滴滴出行电子普通发票。

乙：你这个发票，购买方名称填你的名字，可以抵扣进项税额吗？

林溪发老师解答

这张发票左上角购买方名称填写甲的姓名，不能抵扣进项税额。

第一章　增值税

> ◇ **政策依据**
>
> **国家税务总局关于国内旅客运输服务**
> **进项税抵扣等增值税征管问题的公告**
>
> 2019年9月16日　国家税务总局公告2019年第31号
>
> 一、关于国内旅客运输服务进项税抵扣
>
> ……
>
> （二）纳税人购进国内旅客运输服务，以取得的增值税电子普通发票上注明的税额为进项税额的，增值税电子普通发票上注明的购买方"名称""纳税人识别号"等信息，应当与实际抵扣税款的纳税人一致，否则不予抵扣。

划重点　消痛点

本案例中，甲取得的滴滴出行电子普通发票不能抵扣进项的原因，是电子普通发票购买方名称不是该公司，与实际抵扣税款的纳税人不一致。

第 34 集
航空运输电子客票行程单可以抵扣进项税额吗

扫码学习

A公司为增值税一般纳税人，2019年9月20日其销售部员工黄女士陪同客户代表张女士出差考察市场。返程后，黄女士拿自己和客户代表的两张国内航空运输电子客票行程单向公司报销。

提问：林老师，这两张航空运输电子客票行程单，注明了旅客身份信息，都可以抵扣增值税进项税额吗？

99

林溪发老师解答

黄女士的航空运输电子客票行程单，可以抵扣进项税额；客户代表张女士的航空运输电子客票行程单，不可以抵扣进项税额。

黄女士是与A公司签订了劳动合同的员工，陪同客户代表张女士考察市场，以A公司经营活动为目的发生旅客运输服务，与本单位生产经营相关，因此黄女士的航空运输电子客票行程单可以抵扣进项税额。

客户代表不是A公司员工，航空运输电子客票行程单不可以抵扣进项税额。

◇ 政策依据

国家税务总局关于国内旅客运输服务进项税抵扣等增值税征管问题的公告

2019年9月16日　国家税务总局公告2019年第31号

一、关于国内旅客运输服务进项税抵扣

（一）《财政部　税务总局　海关总署关于深化增值税改革有关政策的公告》（财政部　税务总局　海关总署公告2019年第39号）第六条所称"国内旅客运输服务"，限于与本单位签订了劳动合同的员工，以及本单位作为用工单位接受的劳务派遣员工发生的国内旅客运输服务。

财政部　税务总局　海关总署关于深化增值税改革有关政策的公告

2019年3月20日　财政部　税务总局　海关总署公告2019年第39号

六、纳税人购进国内旅客运输服务，其进项税额允许从销项税额中抵扣。

（一）纳税人未取得增值税专用发票的，暂按照以下规定确定进项

第一章 增值税

税额：

1.取得增值税电子普通发票的，为发票上注明的税额；

2.取得注明旅客身份信息的航空运输电子客票行程单的，为按照下列公式计算进项税额：

航空旅客运输进项税额 =（票价 + 燃油附加费）÷（1+9%）×9%

3.取得注明旅客身份信息的铁路车票的，为按照下列公式计算的进项税额：

铁路旅客运输进项税额 = 票面金额 ÷（1+9%）×9%

4.取得注明旅客身份信息的公路、水路等其他客票的，按照下列公式计算进项税额：

公路、水路等其他旅客运输进项税额 = 票面金额 ÷（1+3%）×3%

划重点 消痛点

本案例中，两张国内航空运输电子客票行程单，同样都注明了旅客身份信息，但黄女士是与 A 公司签订了劳动合同的员工，她的航空运输电子客票行程单能抵扣进项税额；客户代表不是 A 公司员工，她的航空运输电子客票行程单，不可以抵扣进项税额。

第 35 集
劳务派遣人员的车票，可以抵扣进项税额吗

扫码学习

B 公司为增值税一般纳税人，其接受的劳务派遣员工魏先生，2019 年 9 月 21 日因工作需要国内出差，取得了注明旅客身份信息的动车票。

提问：林老师，这张车票可以抵扣增值税吗？

101

溪发说税之减税降费篇

> **林溪发老师解答**

这张车票可以抵扣进项税额。

魏先生是 B 公司接受的劳务派遣员工，因工作需要国内出差，以 B 公司经营活动为目的发生旅客运输服务，与本单位生产经营相关，因此这张车票可以抵扣进项。

◇ **政策依据**

国家税务总局关于国内旅客运输服务
进项税抵扣等增值税征管问题的公告

2019 年 9 月 16 日　国家税务总局公告 2019 年第 31 号

一、关于国内旅客运输服务进项税抵扣

（一）《财政部　税务总局　海关总署关于深化增值税改革有关政策的公告》（财政部　税务总局　海关总署公告 2019 年第 39 号）第六条所称"国内旅客运输服务"，限于与本单位签订了劳动合同的员工，以及本单位作为用工单位接受的劳务派遣员工发生的国内旅客运输服务。

> **划重点　消痛点**

本案例中，魏先生虽然不是与 B 公司签订劳动合同的员工，但为该公司接受的劳务派遣员工，同样也服务于该公司，他的动车票可以抵扣进项。

对于劳务派遣的用工形式，劳务派遣人员发生的国内旅客运输费用，由用工单位抵扣进项税额，而不是劳务派遣单位抵扣。

第一章　增值税

第 36 集
购买方名称是个人的普通发票，可以抵扣进项税额吗

扫码学习

C公司为增值税一般纳税人，其行政部蔡女士因工作需要出差，2019年9月22日取得了国内旅客运输服务电子普通发票，发票购买方名称为蔡女士的名字。

提问：林老师，这张发票可以抵扣增值税吗？

林溪发老师解答

这张发票购买方名称是个人姓名，不是公司名称，与实际抵扣税款的纳税人不一致，因此不能抵扣进项税额。

◇ 政策依据

国家税务总局关于国内旅客运输服务进项税抵扣等增值税征管问题的公告

2019年9月16日　国家税务总局公告2019年第31号

一、关于国内旅客运输服务进项税抵扣

……

（二）纳税人购进国内旅客运输服务，以取得的增值税电子普通发票上注明的税额为进项税额的，增值税电子普通发票上注明的购买方"名称""纳税人识别号"等信息，应当与实际抵扣税款的纳税人一致，否则不予抵扣。

划重点　消痛点

蔡女士虽然是 C 公司员工，因工作需要购买国内旅客运输服务，也取得了电子普通发票，但发票的购买方名称写的是个人姓名，不可以抵扣进项税额。

购买国内旅客运输服务增值税电子普通发票上注明的购买方"名称""纳税人识别号"等信息非常重要，应与实际抵扣税款纳税人一致，才能抵扣。

第 37 集

2019 年 4 月前开具的普通发票，可以抵扣进项税额吗

C 公司是增值税一般纳税人，其生产部陈先生因工作需要出差，取得了国内旅客运输服务增值税电子普通发票，发票开具时间为 2019 年 3 月。

提问：林老师，这张发票可以抵扣增值税吗？

林溪发老师解答

这张发票不可以抵扣进项税额。

这张电子普通发票是 2019 年 4 月前开具的，不能抵扣进项税额。

第一章 增值税

◇ 政策依据

国家税务总局关于国内旅客运输服务
进项税抵扣等增值税征管问题的公告

2019年9月16日　国家税务总局公告2019年第31号

一、关于国内旅客运输服务进项税抵扣

……

（三）纳税人允许抵扣的国内旅客运输服务进项税额，是指纳税人2019年4月1日及以后实际发生，并取得合法有效增值税扣税凭证注明的或依据其计算的增值税税额。以增值税专用发票或增值税电子普通发票为增值税扣税凭证的，为2019年4月1日及以后开具的增值税专用发票或增值税电子普通发票。

划重点　消痛点

本案例中，C公司购买国内旅客运输服务取得的增值税电子普通发票开具时间是2019年3月，在2019年4月1日之前，故不能抵扣进项税额。

溪发说税之减税降费篇

第 38 集
网约车电子普通发票可以抵扣进项税额吗

2019年9月底，甲乙二人在办公室聊税。

乙：吃饭啦。

甲：等等，报销比较重要，我在补打印网约车的电子普通发票。

乙：几月的啊？

甲：3月的。

乙：这张发票可以抵扣进项税额吗？

林溪发老师解答

这张发票不能抵扣进项税额，因为该费用是2019年4月1日前发生的。

◇ 政策依据

国家税务总局关于国内旅客运输服务
进项税抵扣等增值税征管问题的公告

2019年9月16日　国家税务总局公告2019年第31号

一、关于国内旅客运输服务进项税抵扣

……

（三）纳税人允许抵扣的国内旅客运输服务进项税额，是指纳税人2019年4月1日及以后实际发生，并取得合法有效增值税扣税凭证注明的或依据其计算的增值税税额。以增值税专用发票或增值税电子普通发

106

第一章 增值税

票为增值税扣税凭证的，为 2019 年 4 月 1 日及以后开具的增值税专用发票或增值税电子普通发票。

划重点　消痛点

本案例中，甲取得的网约车电子普通发票，虽然开票时间是 2019 年 4 月 1 日之后，但业务发生时间是 2019 年 3 月，在 2019 年 4 月 1 日之前，不能抵扣进项税额。

第 39 集　国内机票抵扣进项税额如何计算

D 公司为增值税一般纳税人，2019 年 4 月 D 公司员工报销国内出差的注明旅客信息的飞机票费用，包括票价、燃油附加费及人身意外保险。

提问：林老师，飞机票计算进项税额时，票价、燃油附加费及人身意外保险这些都可以计算吗？

林溪发老师解答

在计算进项税额时，票价、燃油附加费可以计入，但是人身意外保险不能计入。

> ◇ 政策依据
>
> **财政部　税务总局　海关总署**
> **关于深化增值税改革有关政策的公告**
>
> 2019年3月20日　财政部　税务总局　海关总署公告2019年第39号
>
> 六、纳税人购进国内旅客运输服务，其进项税额允许从销项税额中抵扣。
>
> （一）纳税人未取得增值税专用发票的，暂按照以下规定确定进项税额：
>
> 1. 取得增值税电子普通发票的，为发票上注明的税额；
>
> 2. 取得注明旅客身份信息的航空运输电子客票行程单的，为按照下列公式计算进项税额：
>
> 航空旅客运输进项税额＝（票价＋燃油附加费）÷（1+9%）×9%
>
> 3. 取得注明旅客身份信息的铁路车票的，为按照下列公式计算的进项税额：
>
> 铁路旅客运输进项税额＝票面金额÷（1+9%）×9%
>
> 4. 取得注明旅客身份信息的公路、水路等其他客票的，按照下列公式计算进项税额：
>
> 公路、水路等其他旅客运输进项税额＝票面金额÷（1+3%）×3%

划重点　消痛点

本案例中，人身意外保险费不能参与计算进项税额。

财政部、税务总局、海关总署公告2019年第39号第六条第（一）项，列举了航空运输电子客票行程单、铁路车票、公路、水路等其他客票计算进项税额的公式，公式里面没有列明的项目，如未取得专用发票的改签退票等费用，不能计算抵扣进项税额。

第40集

国际机票可以计算抵扣进项税额吗

我公司为增值税一般纳税人，2019年5月公司员工报销业务发生的国际机票费用。

提问：林老师，我公司员工因业务发生的国际机票费用可以抵扣增值税吗？

林溪发老师解答

国际机票费用不属于购进国内旅客运输服务，不能抵扣增值税。

划重点　消痛点

国际机票，属于购进国际旅客运输服务，《财政部　税务总局　海关总署关于深化增值税改革有关政策的公告》（财政部　税务总局　海关总署公告2019年第39号）第六条中未将国际旅客运输服务纳入抵扣范围。

《中国民用航空国内航线经营许可规定》（中国民用航空局令第225号）第三条规定："国内航线"，是指运输的始发地、经停地和目的地均在中华人民共和国境内的航线。

因此，一般纳税人购进起点至终点均在境内的机票费用，其进项税额才可以抵扣。

第41集 国内旅客运输服务专用发票抵扣进项税额如何计算

A公司为增值税一般纳税人，2019年4月销售人员因营销需要国内出差，购买国内旅客运输服务，取得增值税专用发票一张，不含税金额10000元，发票上注明的税额为900元。

提问：林老师，该发票可以抵扣进项税额吗？如何计算和申报？

林溪发老师解答

该发票可以抵扣进项税额。

1. 计算抵扣

A公司应按照增值税专用发票上注明的税额900元抵扣增值税。

2. 申报填写

取得了增值税专用发票的，填入《增值税纳税申报表附列资料（二）》"（一）认证相符的增值税专用发票"对应栏次（见表1）。

表1　　　　增值税纳税申报表附列资料（二）

单位：元

一、申报抵扣的进项税额				
项目	栏次	份数	金额	税额
（一）认证相符的增值税专用发票	1=2+3			
其中：本期认证相符且本期申报抵扣	2	1	10000	900

第一章 增值税

◇ **政策依据**

财政部　税务总局　海关总署
关于深化增值税改革有关政策的公告

2019年3月20日　财政部　税务总局　海关总署公告2019年第39号

六、纳税人购进国内旅客运输服务，其进项税额允许从销项税额中抵扣。

划重点　消痛点

本案例中，A公司是增值税一般纳税人，2019年4月销售人员因营销需要发生国内差旅费，与该公司生产经营业务相关，取得了增值税专用发票，专用发票注明的税额是纳税人购进国内旅客运输服务支付的增值税额，属于可以抵扣的进项税额。

第42集
国内旅客运输服务普通发票抵扣进项税额如何计算

扫码学习

B公司为增值税一般纳税人，2019年4月技术人员因业务需要发生国内差旅费，取得增值税电子普通发票，发票上注明的税额为5400元。

提问：林老师，该发票可以抵扣进项税额吗？如何计算和申报？

111

林溪发老师解答

该发票可以用于抵扣进项税额。

1. 计算抵扣

B公司应按照增值税电子普通发票上注明的税额5400元计算可抵扣的进项税额。

2. 申报填写

B取得增值税电子普通发票,填入《增值税纳税申报表附列资料(二)》第8b栏"其他"(见表1)。

表1　　　　　增值税纳税申报表附列资料(二)

单位:元

一、申报抵扣的进项税额					
项　目	栏次	份数	金额	税额	
(二)其他扣税凭证	4=5+6+7+8a+8b				
其他	8b	—	—	5400	

◇ 政策依据

财政部　税务总局　海关总署
关于深化增值税改革有关政策的公告

2019年3月20日　财政部　税务总局　海关总署公告2019年第39号

六、纳税人购进国内旅客运输服务,其进项税额允许从销项税额中抵扣。

(一)纳税人未取得增值税专用发票的,暂按照以下规定确定进项税额:

1.取得增值税电子普通发票的,为发票上注明的税额;

第一章　增值税

划重点　消痛点

本案例中，B公司是增值税一般纳税人，2019年4月技术人员因业务需要发生的国内差旅费，与该公司生产经营业务相关，取得了增值税电子普通发票，虽不是专用发票，但根据财政部、税务总局、海关总署公告2019年第39号第六条第（一）项第1目的规定，可以按照发票上注明的税额计算抵扣进项。

但需要注意的是，《国家税务总局关于国内旅客运输服务进项税抵扣等增值税征管问题的公告》（国家税务总局公告2019年第31号）规定，纳税人购进国内旅客运输服务，以取得的增值税电子普通发票上注明的税额为进项税额的，增值税电子普通发票上注明的购买方"名称""纳税人识别号"等信息，应当与实际抵扣税款的纳税人一致，否则不予抵扣。

第43集

铁路车票抵扣进项税额如何计算

扫码学习

C公司为增值税一般纳税人，2019年5月行政人员因工作需要发生国内差旅费，取得了注明行政人员信息的铁路车票6540元。

提问：林老师，该铁路车票可以抵扣进项税额吗？如何计算和申报？

113

> **林溪发老师解答**

可以抵扣进项税额。

1. 计算抵扣

C 公司 2019 年 5 月购进国内旅客运输服务，取得了注明行政人员信息的铁路车票 6540 元，应按照下列公式计算进项税额：

铁路旅客运输进项税额 = 票面金额 ÷（1+9%）×9% = 6540 ÷（1+9%）×9% = 540（元）

2. 申报填写

取得铁路车票，填入《增值税纳税申报表附列资料（二）》第 8b 栏"其他"（见表1）。

表1　　　　　增值税纳税申报表附列资料（二）

单位：元

一、申报抵扣的进项税额				
项目	栏次	份数	金额	税额
（二）其他扣税凭证	4=5+6+7+8a+8b			
其他	8b	—	—	540

◇ **政策依据**

财政部　税务总局　海关总署
关于深化增值税改革有关政策的公告

2019 年 3 月 20 日　财政部　税务总局　海关总署公告 2019 年第 39 号

六、纳税人购进国内旅客运输服务，其进项税额允许从销项税额中抵扣。

（一）纳税人未取得增值税专用发票的，暂按照以下规定确定进项税额：

第一章　增值税

> ......
> 3.取得注明旅客身份信息的铁路车票的,为按照下列公式计算的进项税额:
> 铁路旅客运输进项税额 = 票面金额 ÷ (1+9%) × 9%

划重点　消痛点

　　本案例中,C公司是增值税一般纳税人,2019年5月行政人员因工作需要发生国内差旅费,与该公司生产经营业务相关,取得了注明行政人员信息的铁路车票,虽未取得专用发票,但根据财政部、税务总局、海关总署公告2019年第39号第六条第(一)项第3目的规定,可以按照规定的公式计算抵扣进项税额。

第六节　加计抵减

第44集　加计抵减执行期限到何时

D公司为从事管理咨询服务的一般纳税人。

提问：林老师，D公司2021年12月31日结余的加计抵减额，可以在2022年继续抵减应纳税额吗？

林溪发老师解答

不可以，2021年12月31日加计抵减政策执行到期后，结余的加计抵减额停止抵减。

◇ 政策依据

财政部　税务总局　海关总署
关于深化增值税改革有关政策的公告

2019年3月20日　财政部　税务总局　海关总署公告2019年第39号

七、自2019年4月1日至2021年12月31日，允许生产、生活性服务业纳税人按照当期可抵扣进项税额加计10%，抵减应纳税额（以下称加计抵减政策）。

……

（六）加计抵减政策执行到期后，纳税人不再计提加计抵减额，结余的加计抵减额停止抵减。

第一章　增值税

> 划重点　消痛点

根据财政部、税务总局、海关总署公告 2019 年第 39 号第七条规定，生产、生活性服务业纳税人可以按照当期可抵扣进项税额加计 10%，抵减应纳税额，该政策有效期为 2019 年 4 月 1 日至 2021 年 12 月 31 日。

《财政部　税务总局关于明确生活性服务业增值税加计抵减政策的公告》（财政部　税务总局公告 2019 年第 87 号）规定，从 2019 年 10 月 1 日起，生活性服务业纳税人加计抵减比例提高至 15%，该政策有效期截至 2021 年 12 月 31 日。

根据该规定，自 2019 年 10 月 1 日起，加计抵减比例有了 10% 和 15% 两种，实行 10% 加计抵减政策的只有生产性服务业纳税人（邮政服务、电信服务、现代服务）了，本案例中的管理咨询服务也继续实行 10% 的加计抵减比例。

第 45 集　律师事务所可以适用加计抵减政策吗

扫码学习

E 律师事务所于 2016 年 12 月成立，2018 年 1 月登记为一般纳税人。

提问：林老师，2018 年 4 月至 2019 年 3 月，E 律师事务所的法律服务收入占总销售额的 95%，何时可适用加计抵减政策？

林溪发老师解答

E 律师事务所提供现代服务的销售额占全部销售额的比重超过 50%，从 2019 年 4 月 1 日起适用加计抵减政策。

◇ 政策依据

财政部　税务总局　海关总署
关于深化增值税改革有关政策的公告

2019 年 3 月 20 日　财政部　税务总局　海关总署公告 2019 年第 39 号

七、自 2019 年 4 月 1 日至 2021 年 12 月 31 日，允许生产、生活性服务业纳税人按照当期可抵扣进项税额加计 10%，抵减应纳税额（以下称加计抵减政策）。

（一）本公告所称生产、生活性服务业纳税人，是指提供邮政服务、电信服务、现代服务、生活服务（以下称四项服务）取得的销售额占全部销售额的比重超过 50% 的纳税人。四项服务的具体范围按照《销售服务、无形资产、不动产注释》（财税〔2016〕36 号印发）执行。

2019 年 3 月 31 日前设立的纳税人，自 2018 年 4 月至 2019 年 3 月期间的销售额（经营期不满 12 个月的，按照实际经营期的销售额）符合上述规定条件的，自 2019 年 4 月 1 日起适用加计抵减政策。

划重点　消痛点

本案例中，E 律师事务所成立时间在 2019 年 3 月 31 日之前，按照 2018 年 4 月至 2019 年 3 月期间提供现代服务销售额占全部销售额的比重是否超过 50%，来确定 2019 年 4 月 1 日至 2019 年 12 月 31 日是否适用加计抵减政策。

纳税人确定适用加计抵减政策后，当年内不再调整，以后年度是否适用，根据上年度销售额计算确定。

第 46 集

多业经营可以适用加计抵减政策吗

我公司于 2018 年 4 月成立并登记为一般纳税人，从事信息技术服务及管理咨询服务。2018 年 4 月至 2019 年 3 月信息技术服收入占全部销售额的 40%，管理咨询服务收入占全部销售额的 45%。

提问：林老师，我公司可以适用加计抵减政策吗？

林溪发老师解答

你公司可以适用加计抵减政策。

你公司从事信息技术服务及管理咨询服务，属于提供现代服务，2018 年 4 月至 2019 年 3 月两项收入占全部销售额的比重 =40%+45%=85%，超过 50%，从 2019 年 4 月起适用加计抵减政策。

◇ **政策依据**

财政部　税务总局　海关总署
关于深化增值税改革有关政策的公告

2019 年 3 月 20 日　财政部　税务总局　海关总署公告 2019 年第 39 号

七、自 2019 年 4 月 1 日至 2021 年 12 月 31 日，允许生产、生活性服务业纳税人按照当期可抵扣进项税额加计 10%，抵减应纳税额（以下称加计抵减政策）。

（一）本公告所称生产、生活性服务业纳税人，是指提供邮政服务、

溪发说税 之 减税降费篇

电信服务、现代服务、生活服务（以下称四项服务）取得的销售额占全部销售额的比重超过50%的纳税人。四项服务的具体范围按照《销售服务、无形资产、不动产注释》（财税〔2016〕36号印发）执行。

划重点 消痛点

本案例中的信息技术服务和管理咨询服务，根据《销售服务、无形资产、不动产注释》（财税〔2016〕36号印发）均属于现代服务，在计算生产、生活性服务销售额是否超过全部销售额50%时，信息技术服务收入和管理咨询服务收入要合并计算。

第47集
厂房租赁可以适用加计抵减政策吗

我公司于2019年4月成立并登记为一般纳税人，从事不动产租赁服务。2019年4月至2019年6月厂房租赁收入占全部销售额的90%。

提问：林老师，我公司可以适用加计抵减政策吗？

林溪发老师解答

你公司可以适用加计抵减政策。

你公司从事厂房租赁服务，属于提供现代服务，2019年4月至2019年6月厂房租赁收入占全部销售额的90%，从2019年4月登记为一般纳税人之日起适用加计抵减政策。

120

第一章 增值税

◇政策依据

财政部 税务总局 海关总署
关于深化增值税改革有关政策的公告

2019年3月20日 财政部 税务总局 海关总署公告2019年第39号

七、自2019年4月1日至2021年12月31日，允许生产、生活性服务业纳税人按照当期可抵扣进项税额加计10%，抵减应纳税额（以下称加计抵减政策）。

（一）本公告所称生产、生活性服务业纳税人，是指提供邮政服务、电信服务、现代服务、生活服务（以下称四项服务）取得的销售额占全部销售额的比重超过50%的纳税人。四项服务的具体范围按照《销售服务、无形资产、不动产注释》（财税〔2016〕36号印发）执行。

……

2019年4月1日后设立的纳税人，自设立之日起3个月的销售额符合上述规定条件的，自登记为一般纳税人之日起适用加计抵减政策。

划重点 消痛点

本案例中，该公司2019年4月1日后设立，2019年4月至2019年6月厂房租赁收入占全部销售额的90%，符合规定条件，可以适用加计抵减政策。该政策从该公司登记为一般纳税人之日起适用。

该公司2019年4月至6月的销售收入，7月初才能计算出来，因此在6月申报期（7月初），以4月至6月可以抵扣进项税额为基数，计算可抵减加计抵减额。

第48集 如何计提加计抵减额

我公司于2019年4月成立，5月登记为一般纳税人，从事物流辅助服务。2019年4月至2019年6月物流辅助服务收入占全部销售额的70%。

提问：林老师，我公司要如何计提加计抵减额？

林溪发老师解答

你公司可以在2019年6月一并计提加计抵减额。

你公司2019年5月登记为一般纳税人，2019年6月适用加计抵减政策，可一并计提5月至6月的加计抵减额。

◇ 政策依据

财政部　税务总局　海关总署
关于深化增值税改革有关政策的公告

2019年3月20日　财政部　税务总局　海关总署公告2019年第39号

七、自2019年4月1日至2021年12月31日，允许生产、生活性服务业纳税人按照当期可抵扣进项税额加计10%，抵减应纳税额（以下称加计抵减政策）。

（一）本公告所称生产、生活性服务业纳税人，是指提供邮政服务、电信服务、现代服务、生活服务（以下称四项服务）取得的销售额占全部销售额的比重超过50%的纳税人。四项服务的具体范围按照《销售服务、无形资产、不动产注释》（财税〔2016〕36号印发）执行。

第一章　增值税

......

纳税人可计提但未计提的加计抵减额，可在确定适用加计抵减政策当期一并计提。

划重点　消痛点

本案例中，该公司于 2019 年 4 月设立，2019 年 4 月至 6 月物流辅助收入占全部销售额的 70%，符合规定条件，可以适用加计抵减政策。

该政策从该公司登记为一般纳税人之日，即 2019 年 5 月起适用，但因为到 6 月设立满 3 个月，才能判断适用加计抵减政策，所以在 6 月一并计提 5 月至 6 月的加计抵减额。

第 49 集

进项税额转出了，加计抵减额要调减吗

扫码学习

我公司为增值税一般纳税人，从 2019 年 4 月起适用加计抵减政策，5 月购进一台电脑，抵扣了进项税额并计提了加计抵减额。

提问：林老师，我公司购买的这台电脑在 6 月发生了非正常损失而报废，加计抵减额如何处理？

林溪发老师解答

你公司应调减加计抵减额。

你公司购买的电脑在 6 月发生了非正常损失，2019 年

123

6月要作进项税额转出，并相应调减加计抵减额。

◇政策依据

中华人民共和国增值税暂行条例

2017年11月19日　国务院令第691号修改

第十条　下列项目的进项税额不得从销项税额中抵扣：

（一）用于简易计税方法计税项目、免征增值税项目、集体福利或者个人消费的购进货物、劳务、服务、无形资产和不动产；

（二）非正常损失的购进货物，以及相关的劳务和交通运输服务；

（三）非正常损失的在产品、产成品所耗用的购进货物（不包括固定资产）、劳务和交通运输服务；

（四）国务院规定的其他项目。

财政部　税务总局　海关总署
关于深化增值税改革有关政策的公告

2019年3月20日　财政部　税务总局　海关总署公告2019年第39号

七、自2019年4月1日至2021年12月31日，允许生产、生活性服务业纳税人按照当期可抵扣进项税额加计10%，抵减应纳税额（以下称加计抵减政策）。

……

（二）纳税人应按照当期可抵扣进项税额的10%计提当期加计抵减额。按照现行规定不得从销项税额中抵扣的进项税额，不得计提加计抵减额；已计提加计抵减额的进项税额，按规定作进项税额转出的，应在进项税额转出当期，相应调减加计抵减额。计算公式如下：

当期计提加计抵减额 = 当期可抵扣进项税额 × 10%

当期可抵减加计抵减额 = 上期末加计抵减额余额 + 当期计提加计抵减额 − 当期调减加计抵减额

第一章 增值税

划重点 消痛点

本案例中，该公司 2019 年 6 月电脑发生了非正常损失而报废，原来已经抵扣的进项税额要转出。

财政部、税务总局、海关总署公告 2019 年第 39 号第七条规定的"当期可抵扣进项税额"是加计抵减的基数，不能抵扣的进项税额不能作为加计抵减的基数。因此在进项税额转出的当期，应对此前已经计提的加计抵减额予以调减。

第 50 集

2019 年 4 月前的经营期不满 12 个月，可以适用加计抵减政策吗

扫码学习

A 公司于 2018 年 11 月成立并登记为一般纳税人，主要从事企业管理咨询业务。2018 年 11 月至 2019 年 3 月，该公司的总销售收入为 800 万元，其中管理咨询收入为 640 万元。

提问：林老师，A 公司自 2019 年 4 月 1 日起，可以适用加计抵减政策吗？

林溪发老师解答

A 公司自 2019 年 4 月 1 日起可以适用加计抵减政策。
（1）该公司取得管理咨询收入，属于现代服务收入。
（2）该公司于 2018 年 11 月成立，在 2019 年 3 月 31 日前；2018 年 11 月至 2019 年 3 月，该公司管理咨询收入 640 万元，占

125

总销售收入 800 万元的比重为 80%，超过 50%，自 2019 年 4 月 1 日起可适用加计抵减政策。

◇ 政策依据

财政部　税务总局　海关总署
关于深化增值税改革有关政策的公告

2019 年 3 月 20 日　财政部　税务总局　海关总署公告 2019 年第 39 号

七、自 2019 年 4 月 1 日至 2021 年 12 月 31 日，允许生产、生活性服务业纳税人按照当期可抵扣进项税额加计 10%，抵减应纳税额（以下称加计抵减政策）。

（一）本公告所称生产、生活性服务业纳税人，是指提供邮政服务、电信服务、现代服务、生活服务（以下称四项服务）取得的销售额占全部销售额的比重超过 50% 的纳税人。四项服务的具体范围按照《销售服务、无形资产、不动产注释》（财税〔2016〕36 号印发）执行。

2019 年 3 月 31 日前设立的纳税人，自 2018 年 4 月至 2019 年 3 月期间的销售额（经营期不满 12 个月的，按照实际经营期的销售额）符合上述规定条件的，自 2019 年 4 月 1 日起适用加计抵减政策。

2019 年 4 月 1 日后设立的纳税人，自设立之日起 3 个月的销售额符合上述规定条件的，自登记为一般纳税人之日起适用加计抵减政策。

纳税人确定适用加计抵减政策后，当年内不再调整，以后年度是否适用，根据上年度销售额计算确定。

纳税人可计提但未计提的加计抵减额，可在确定适用加计抵减政策当期一并计提。

划重点　消痛点

生产、生活性服务业一般纳税人，成立时间在 2019 年 3 月 31 日之前，按照 2018 年 4 月至 2019 年 3 月的提供现代服务销售额占全部销售额的比重来判断从 2019 年 4 月 1 日起是否可以适用加计抵减政策。

本案例中，A 公司 2018 年 11 月成立，到 2019 年 3 月 31 日实际经营期不满 12 个月，按照财政部、税务总局、海关总署公告 2019 年第 39 号第七条第（一）项第二款规定，按照实际经营期的销售额来判断。

第 51 集 增值税加计抵减如何计算

第 50 集案例中的 A 公司，2019 年 7 月管理咨询服务收入为 500 万元（一般计税项目），除此以外没有其他销售收入。当月可以抵扣的进项税额为 20 万元，上期留抵税额为 9 万元，上期结转的加计抵减额余额为 2 万元。

提问：林老师，A 公司 7 月需要缴纳多少增值税？

林溪发老师解答

A 公司 7 月需要缴纳增值税计算如下：

销项税额 = 500 × 6% = 30（万元）

抵减前的应纳税额 = 销项税额 − 进项税额 − 上期留抵税额 = 30 − 20 − 9 = 1（万元）

当期可抵减的加计抵减额 = 20 × 10% + 2 = 4（万元）

抵减后的应纳税额 = 1 − 1 = 0

加计抵减额余额 = 4 − 1 = 3（万元）

溪发说税之减税降费篇

◇ 政策依据

财政部　税务总局　海关总署
关于深化增值税改革有关政策的公告

2019年3月20日　财政部　税务总局　海关总署公告2019年第39号

七、自2019年4月1日至2021年12月31日，允许生产、生活性服务业纳税人按照当期可抵扣进项税额加计10%，抵减应纳税额（以下称加计抵减政策）。

……

（三）纳税人应按照现行规定计算一般计税方法下的应纳税额（以下称抵减前的应纳税额）后，区分以下情形加计抵减：

1. 抵减前的应纳税额等于零的，当期可抵减加计抵减额全部结转下期抵减；

2. 抵减前的应纳税额大于零，且大于当期可抵减加计抵减额的，当期可抵减加计抵减额全额从抵减前的应纳税额中抵减；

3. 抵减前的应纳税额大于零，且小于或等于当期可抵减加计抵减额的，以当期可抵减加计抵减额抵减应纳税额至零。未抵减完的当期可抵减加计抵减额，结转下期继续抵减。

划重点　消痛点

本案例中，A公司当期可抵减加计抵减额为4万元，大于抵减前的应纳税额1万元，以1万元抵减，抵减后的应纳税额为0。

1. 会计处理

财政部会计司于2019年4月发布的《关于〈关于深化增值税改革有关政策的公告〉适用〈增值税会计处理规定〉有关问题的解读》明确，生产、生活性服务业纳税人取得资产或接受劳务时，应当按照《增值税会计处理规定》的相关规定对增值税相关业务进行会计处理；实际缴纳增值税时，

第一章 增值税

按应纳税额借记"应交税费——未交增值税"等科目，按实际纳税金额贷记"银行存款"科目，按加计抵减的金额贷记"其他收益"科目。

该公司加计抵减的1万元，应计入其他收益，会计处理如下：

借：应交税费——未交增值税　　　　　　　　10000
　　贷：其他收益　　　　　　　　　　　　　　10000

2. 纳税申报

（1）《增值税纳税申报表附列资料（四）》填写。

该公司在进行纳税申报时，应填写《增值税纳税申报表附列资料（四）》的相应栏目（见表1）。

表1　　　　　　　　增值税纳税申报表附列资料（四）

金额单位：元

二、加计抵减情况						
序号	加计抵减项目	期初余额	本期发生额	本期调减额	本期可抵减额	本期实际抵减额	期末余额
		1	2	3	4=1+2-3	5	6=4-5
...	...	...	...	...	...	...	...
6	一般项目加计抵减额计算	20000	20000		40000	10000	30000
7	即征即退项目加计抵减额计算						
8	合计	20000	20000		40000	10000	30000

该公司适用加计抵减政策，2019年7月税款所属期可抵扣进项税额合计20万元，按10%计算当期可加计抵减的税额即为2万元，填写在申报表《增值税纳税申报表附列资料（四）》第2列"本期发生额"中。

本案例"实际抵减额"1万元，按照规定可从本期适用一般计税方法计算的应纳税额中抵减的加计抵减额，对应《增值税纳税申报表附列资料（四）》第6行"一般项目加计抵减额计算"的"本期实际抵减额"列1万元。

（2）《增值税纳税申报表（一般纳税人适用）》主表填写。

加计抵减额体现在主表第19栏"应纳税额"，按以下公式填写：

129

本栏"一般项目"列"本月数"
= 第 11 栏"销项税额""一般项目"列"本月数" −
第 18 栏"实际抵扣税额""一般项目"列"本月数" −
"实际抵减额"
= 30 −（20 + 9）− 1
= 0

延伸案例

抵减前的应纳税额大于当期可抵减加计抵减额

接上述案例，假设 A 公司的销售收入改为 600 万元，其余条件不变。

提问：林老师，A 公司 7 月应缴纳多少增值税？

林溪发老师解答

A 公司 2019 年 7 月加计抵减及应纳税额计算过程如下：

销项税额 = 600 × 6% = 36（万元）

抵减前的应纳税额 = 销项税额 − 进项税额 − 上期留抵 = 36 − 20 − 9 = 7（万元）

当期可抵减加计抵减额 = 20 × 10% + 2 = 4（万元）

抵减后的应纳税额 = 7 − 4 = 3（万元）

加计抵减额余额 = 4 − 4 = 0

1. 会计处理

会计处理如下：

借：应交税费——未交增值税	70000
贷：其他收益	40000
银行存款	30000

2.纳税申报

（1）《增值税纳税申报表附列资料（四）》的填报。

该公司加计抵减的情况，填写《增值税纳税申报表附列资料（四）》的相应栏目（见表2）。

表2　　　　　增值税纳税申报表附列资料（四）

金额单位：元

二、加计抵减情况								
序号	加计抵减项目	期初余额	本期发生额	本期调减额	本期可抵减额	本期实际抵减额	期末余额
		1	2	3	4=1+2-3	5	6=4-5
6	一般项目加计抵减额计算	20000	20000		40000	40000	0
7	即征即退项目加计抵减额计算						
8	合计	20000	20000		40000	40000	0

本案例"实际抵减额"4万元，按照规定可从本期适用一般计税方法计算的应纳税额中抵减的加计抵减额，对应《增值税纳税申报表附列资料（四）》第6行"一般项目加计抵减额计算"的"本期实际抵减额"列4万元。

（2）《增值税纳税申报表（一般纳税人适用）》主表的填报。

加计抵减额体现在主表第19栏"应纳税额"，按以下公式填写：

本栏"一般项目"列"本月数"

= 第11栏"销项税额""一般项目"列"本月数"－

第18栏"实际抵扣税额""一般项目"列"本月数"－

"实际抵减额"

=36－（20+9）－4

=3（万元）

抵减前的应纳税额为负

接上述案例，假设 A 公司的销售收入改为 400 万元，其余条件不变化。

提问：林老师，A 公司 7 月应缴纳多少增值税？

林溪发老师解答

A 公司 2019 年 7 月加计抵减及应纳税额计算过程如下：

销项税额 = 400 × 6% = 24（万元）

抵减前的应纳税额 = 销项税额 − 进项税额 − 上期留抵 = 24 − 20 − 9 = −5（万元）

因为计算结果为负数，所以只能抵扣 24 万元进项税额，应纳税额为 0，未抵扣完的 5 万元进项结转到下期继续抵扣。

当期可抵减加计抵减额 = 20 × 10% + 2 = 4（万元）

当期实际抵减加计抵减额为 0。

加计抵减额余额 = 4 − 0 = 4（万元）

纳税申报如下：

（1）《增值税纳税申报表附列资料（四）》填报。

该公司应根据加计抵减的情况，填写《增值税纳税申报表附列资料（四）》的相应栏目（见表 3）。

表3　　　　　　　增值税纳税申报表附列资料（四）

金额单位：元

二、加计抵减情况							
序号	加计抵减项目	期初余额	本期发生额	本期调减额	本期可抵减额	本期实际抵减额	期末余额
		1	2	3	4=1+2-3	5	6=4-5
6	一般项目加计抵减额计算	20000	20000		40000	0	40000
7	即征即退项目加计抵减额计算						
8	合计	20000	20000		40000	0	40000

本案例"实际抵减额"为0，按照规定可从本期适用一般计税方法计算的应纳税额中抵减的加计抵减额，对应《增值税纳税申报表附列资料（四）》第6行"一般项目加计抵减额计算"的"本期实际抵减额"列0。

（2）《增值税纳税申报表（一般纳税人适用）》主表填报。

加计抵减额体现在主表第19栏"应纳税额"，按以下公式填写：

本栏"一般项目"列"本月数"

= 第11栏"销项税额""一般项目"列"本月数"－

第18栏"实际抵扣税额""一般项目"列"本月数"－

"实际抵减额"

= 24－24－0

= 0

133

第 52 集
简易计税方法销售额，需要计入加计抵减政策适用的"销售额"吗

扫码学习

B 公司于 2019 年 7 月 1 日成立，主要经营范围是提供企业管理咨询服务，2019 年 9 月 1 日从增值税小规模纳税人转为一般纳税人。

B 公司 2019 年 7 月 1 日至 9 月 30 日实现销售收入 800 万元，全部为管理咨询服务收入，其中：

（1）2019 年 7 月 1 日至 8 月 31 日适用简易计税办法的收入 600 万元；

（2）2019 年 9 月 1 日至 9 月 30 日适用一般计税办法的收入 200 万元。

提问：林老师，B 公司 2019 年 7 月 1 日至 9 月 30 日适用一般计税办法的收入 200 万元，未超过总销售收入的 50%，可以适用加计抵减政策吗？

林溪发老师解答

B 公司可以适用加计抵减政策。

该公司提供企业管理咨询服务，属于提供现代服务。

该公司 2019 年 7 月 1 日至 8 月 31 日适用简易计税办法的收入 600 万元，2019 年 9 月 1 日至 9 月 30 日适用一般计税办法的收入 200 万元，都要计入加计抵减政策适用的"销售额"。

因此，该公司从 2019 年 7 月 1 日至 9 月 30 日管理咨询服务收入 800 万元，占总销售收入的 100%，超过 50%，属于生产、生活性服务

第一章 增值税

业纳税人，从登记为一般纳税人之日（2019年9月1日）起至2019年12月31日适用加计抵减政策。

◇ 政策依据

国家税务总局关于国内旅客运输服务
进项税抵扣等增值税征管问题的公告

2019年9月16日　国家税务总局公告2019年第31号

二、关于加计抵减

（一）《财政部　税务总局　海关总署关于深化增值税改革有关政策的公告》（财政部　税务总局　海关总署公告2019年第39号）第七条关于加计抵减政策适用所称"销售额"，包括纳税申报销售额、稽查查补销售额、纳税评估调整销售额。其中，纳税申报销售额包括一般计税方法销售额，简易计税方法销售额，免税销售额，税务机关代开发票销售额，免、抵、退办法出口销售额，即征即退项目销售额。

划重点　消痛点

在计算加计抵减政策中所称的"销售额"时，其中的"纳税申报销售额"，不仅包括一般计税方法销售额，还包括简易计算方法销售额。

此外，还应注意以下几点：

（1）一般纳税人并不一定全部采用一般计税方法，一般纳税人特定销售项目也有可能采用简易计税办法。

（2）采用一般计税方法的纳税人销售货物、劳务、服务、无形资产、不动产等应税销售行为，应纳税额为当期销项税额抵扣当期进项税额后的余额。

应纳税额计算公式：

应纳税额 = 当期销项税额 − 当期进项税额

当期销项税额 = 销售额 × 适用税率

当期销项税额小于当期进项税额不足抵扣时，其不足部分可以结转下期继续抵扣。

（3）使用简易计税方法的纳税人发生应税销售行为，实行按照销售额和征收率计算应纳税额的简易办法，并不得抵扣进项税额。

应纳税额计算公式：

应纳税额 = 销售额 × 征收率

第 53 集

纳税评估调整销售额，需要计入加计抵减政策适用的"销售额"吗

C 公司于 2019 年 7 月 1 日成立并登记为增值税一般纳税人，主要经营范围是提供广告服务及商品销售。

C 公司 2019 年 7 月 1 日至 9 月 30 日的账面销售收入为 600 万元，其中广告服务收入为 320 万元，商品销售收入为 280 万元。

C 公司 2019 年 9 月底被纳税评估，调整增加 8 月至 9 月商品销售收入 70 万元。

提问：林老师，C 公司可以适用加计抵减政策吗？

林溪发老师解答

C 公司不能适用加计抵减政策。

该公司提供广告服务，属于提供现代服务。

该公司纳税评估调整增加商品销售收入 70 万元，要计入加计抵减政策适用的"销售额"。

总销售收入 = 600 + 70 = 670（万元）

第一章 增值税

该公司2019年7月1日至9月30日实现广告服务收入320万元，占总销售收入670万元的47.8%，未超过50%，不属于生产、生活性服务业纳税人，因此，该公司自2019年7月1日至12月31日不能适用加计抵减政策。

◇ 政策依据

国家税务总局关于国内旅客运输服务
进项税抵扣等增值税征管问题的公告

2019年9月16日　国家税务总局公告2019年第31号

二、关于加计抵减

（一）《财政部　税务总局　海关总署关于深化增值税改革有关政策的公告》（财政部　税务总局　海关总署公告2019年第39号）第七条关于加计抵减政策适用所称"销售额"，包括纳税申报销售额、稽查查补销售额、纳税评估调整销售额。其中，纳税申报销售额包括一般计税方法销售额，简易计税方法销售额，免税销售额，税务机关代开发票销售额，免、抵、退办法出口销售额，即征即退项目销售额。

稽查查补销售额和纳税评估调整销售额，计入查补或评估调整当期销售额确定适用加计抵减政策；适用增值税差额征收政策的，以差额后的销售额确定适用加计抵减政策。

划重点　消痛点

本案例中，C公司被税务机关纳税评估调整增加销售额70万元，为商品销售收入，不属于《销售服务、无形资产、不动产注释》（财税〔2016〕36号印发）规定的四项服务（即邮政服务、电信服务、现代服务、生活服务）的范围，只能计入加计抵减政策计算比例公式的分母"总销售收入"。

纳税评估调整销售额，要关注以下两点：

（1）加计抵减政策适用所称"销售额"，不只是纳税申报销售额，还包括稽查查补销售额和纳税评估调整销售额。

（2）调整的销售额计入查补或评估调整当期销售额。

第 54 集
免税销售额，需要计入加计抵减政策适用的"销售额"吗

D公司于2019年7月1日成立并登记为增值税一般纳税人，主要经营范围是提供社区家政服务及商品销售。

D公司2019年7月1日至9月30日实现销售收入700万元，其中：社区家政服务收入420万元（免缴增值税），商品销售收入280万元。

提问：林老师，D公司提供社区家政服务收入免税，是否适用加计抵减政策？

林溪发老师解答

D公司可以适用加计抵减政策。

该公司提供社区家政服务，属于提供生活服务。

该公司2019年7月1日至9月30日的免税收入为420万元，应计入加计抵减政策适用的"销售额"。

该公司2019年7月1日至9月30日实现的社区家政服务收入为420万元，占总销售收入的60%，超过50%，属于生产、生活性服务业纳税人，因此，从登记为一般纳税人之日即2019年7月1日起至12月31日适用加计抵减政策。

第一章 增值税

◇政策依据

国家税务总局关于国内旅客运输服务
进项税抵扣等增值税征管问题的公告

2019年9月16日　国家税务总局公告2019年第31号

二、关于加计抵减

（一）《财政部　税务总局　海关总署关于深化增值税改革有关政策的公告》（财政部　税务总局　海关总署公告2019年第39号）第七条关于加计抵减政策适用所称"销售额"，包括纳税申报销售额、稽查查补销售额、纳税评估调整销售额。其中，纳税申报销售额包括一般计税方法销售额，简易计税方法销售额，免税销售额，税务机关代开发票销售额，免、抵、退办法出口销售额，即征即退项目销售额。

财政部　税务总局　海关总署
关于深化增值税改革有关政策的公告

2019年3月20日　财政部　税务总局　海关总署公告2019年第39号

七、自2019年4月1日至2021年12月31日，允许生产、生活性服务业纳税人按照当期可抵扣进项税额加计10%，抵减应纳税额（以下称加计抵减政策）。

（一）本公告所称生产、生活性服务业纳税人，是指提供邮政服务、电信服务、现代服务、生活服务（以下称四项服务）取得的销售额占全部销售额的比重超过50%的纳税人。四项服务的具体范围按照《销售服务、无形资产、不动产注释》（财税〔2016〕36号印发）执行。

……

2019年4月1日后设立的纳税人，自设立之日起3个月的销售额符合上述规定条件的，自登记为一般纳税人之日起适用加计抵减政策。

> **财政部　税务总局　发展改革委**
> **民政部　商务部　卫生健康委**
> **关于养老、托育、家政等社区家庭服务业税费优惠政策的公告**
>
> 2019年6月28日　财政部公告2019年第76号
>
> 一、为社区提供养老、托育、家政等服务的机构，按照以下规定享受税费优惠政策：
> （一）提供社区养老、托育、家政服务取得的收入，免征增值税。

划重点　消痛点

本案例中，D公司取得免税销售额，要关注以下两点：

（1）免税销售额，要计入加计抵减政策中的"销售额"。此处有两个数据之间的包含关系：第一，免税销售额，是纳税申报销售额的组成部分；第二，纳税申报销售额，属于加计抵减政策所称的"销售额"的组成部分。

（2）本案例中，该公司2019年7月1日至9月30日社区家政服务收入420万元，按照财政部公告2019年第76号第一条第（一）项规定，可以免征增值税。既然可以免征增值税，那就不用计算销项税额，以含税价格420万元作为销售额。

第一章 增值税

第 55 集
税务机关代开发票销售额，
需要计入加计抵减政策适用的"销售额"吗

扫码学习

E公司于2019年7月1日成立，主要经营范围是提供广告服务，2019年8月1日从小规模纳税人转登记为增值税一般纳税人。

E公司2019年7月1日至9月30日实现销售收入700万元，全部为广告收入，其中：税务机关代开发票收入380万元，自开发票收入320万元。

提问： 林老师，E公司自开发票收入未超过销售收入的50%，可以适用加计抵减政策吗？

林溪发老师解答

E公司可以适用加计抵减政策。

该公司提供广告服务，属于提供现代服务。

税务机关代开发票收入380万元，要计入加计抵减政策适用的"销售额"。

该公司2019年7月1日至9月30日广告服务收入700万元，占总销售收入的100%，超过50%，属于生产、生活性服务业纳税人，因此，从登记为一般纳税人之日即2019年8月1日起至2019年12月31日适用加计抵减政策。

141

◇ 政策依据

国家税务总局关于国内旅客运输服务
进项税抵扣等增值税征管问题的公告

2019年9月16日　国家税务总局公告2019年第31号

二、关于加计抵减

（一）《财政部　税务总局　海关总署关于深化增值税改革有关政策的公告》（财政部　税务总局　海关总署公告2019年第39号）第七条关于加计抵减政策适用所称"销售额"，包括纳税申报销售额、稽查查补销售额、纳税评估调整销售额。其中，纳税申报销售额包括一般计税方法销售额，简易计税方法销售额，免税销售额，税务机关代开发票销售额，免、抵、退办法出口销售额，即征即退项目销售额。

财政部　税务总局　海关总署
关于深化增值税改革有关政策的公告

2019年3月20日　财政部　税务总局　海关总署公告2019年第39号

七、自2019年4月1日至2021年12月31日，允许生产、生活性服务业纳税人按照当期可抵扣进项税额加计10%，抵减应纳税额（以下称加计抵减政策）。

（一）本公告所称生产、生活性服务业纳税人，是指提供邮政服务、电信服务、现代服务、生活服务（以下称四项服务）取得的销售额占全部销售额的比重超过50%的纳税人。四项服务的具体范围按照《销售服务、无形资产、不动产注释》（财税〔2016〕36号印发）执行。

……

2019年4月1日后设立的纳税人，自设立之日起3个月的销售额符合上述规定条件的，自登记为一般纳税人之日起适用加计抵减政策。

第一章　增值税

划重点　消痛点

本案例中，E公司到税务机关代开发票，取得的收入也属于销售收入，是纳税申报销售额的一部分，因此要计入适用加计抵减政策所称的"销售额"。

第56集

免、抵、退办法出口销售额，需要计入加计抵减政策适用的"销售额"吗

扫码学习

F公司于2019年8月1日成立并登记为增值税一般纳税人，主要经营范围是产品出口及不动产经营租赁服务。

F公司2019年8月1日至10月31日实现销售收入1000万元，其中：免、抵、退办法出口销售收入700万元，不动产经营租赁收入300万元。

提问：林老师，扣掉免、抵、退办法出口销售收入后，F公司租赁服务收入占销售收入的100%，超过50%，可以适用加计抵减政策吗？

林溪发老师解答

F公司不能适用加计抵减政策。

该公司提供不动产经营租赁服务，属于提供现代服务。

免、抵、退办法出口销售收入700万元，要计入加计抵减政策适用的"销售额"。

该公司2019年8月1日至10月31日不动产经营租赁收入300万元，占总销售收入的30%，未超过50%，不属于符合规定的生产、生活性服务业纳税人，因此，该公司自2019年8月1日至2019年12月31日不能适用加计抵减政策。

◇ 政策依据

国家税务总局关于国内旅客运输服务
进项税抵扣等增值税征管问题的公告

2019年9月16日　国家税务总局公告2019年第31号

二、关于加计抵减

（一）《财政部　税务总局　海关总署关于深化增值税改革有关政策的公告》（财政部　税务总局　海关总署公告2019年第39号）第七条关于加计抵减政策适用所称"销售额"，包括纳税申报销售额、稽查查补销售额、纳税评估调整销售额。其中，纳税申报销售额包括一般计税方法销售额，简易计税方法销售额，免税销售额，税务机关代开发票销售额，免、抵、退办法出口销售额，即征即退项目销售额。

划重点　消痛点

本案例中，F公司适用免、抵、退办法的出口销售取得的收入，也属于销售收入，是纳税申报销售额的一部分，因此应计入适用加计抵减政策所称的"销售额"。

第57集 即征即退项目销售额，需要计入加计抵减政策适用的"销售额"吗

G公司于2019年8月1日成立并登记为增值税一般纳税人，主要经营范围是开发生产软件产品及提供信息系统服务。

G公司销售自行开发生产的软件产品，对增值税实际税负超过3%的部分实行即征即退。

G公司2019年8月1日至10月31日实现销售收入2000万元，其中：即征即退软件产品销售收入1200万元，信息系统服务收入800万元。

提问：林老师，扣掉即征即退软件产品销售收入后，信息系统服务收入占销售收入的100%，超过50%，G公司可以适用加计抵减政策吗？

林溪发老师解答

G公司不能适用加计抵减政策。

该公司提供信息系统服务，属于提供现代服务。

即征即退软件产品的销售收入为1200万元，要计入加计抵减政策适用的"销售额"。

该公司2019年8月1日至10月31日实现信息系统服务收入800万元，占总销售收入的40%，未超过50%，不属于生产、生活性服务业纳税人，因此，该公司自2019年8月1日至2019年12月31日不能适用加计抵减政策。

溪发说税之减税降费篇

◇ 政策依据

国家税务总局关于国内旅客运输服务进项税抵扣等增值税征管问题的公告

2019年9月16日　国家税务总局公告2019年第31号

二、关于加计抵减

（一）《财政部　税务总局　海关总署关于深化增值税改革有关政策的公告》（财政部　税务总局　海关总署公告2019年第39号）第七条关于加计抵减政策适用所称"销售额"，包括纳税申报销售额、稽查查补销售额、纳税评估调整销售额。其中，纳税申报销售额包括一般计税方法销售额，简易计税方法销售额，免税销售额，税务机关代开发票销售额，免、抵、退办法出口销售额，即征即退项目销售额。

划重点　消痛点

本案例中，G公司即征即退软件产品取得的销售收入1200万元也属于销售收入，是纳税申报销售额的一部分，因此要计入适用加计抵减政策所称的"销售额"。

知识链接

什么是软件产品增值税即征即退

按照《财政部　国家税务总局关于软件产品增值税政策的通知》（财税〔2011〕100号）第一条第（一）项规定，增值税一般纳税人销售其自行开发生产的软件产品，按17%税率征收增值税后，对其增值税实际税负超过3%的部分实行即征即退政策。

第一章 增值税

软件产品增值税即征即退税额的计算方法：

即征即退税额 = 当期软件产品增值税应纳税额 − 当期软件产品销售额 ×3%

当期软件产品增值税应纳税额 = 当期软件产品销项税额 − 当期软件产品可抵扣进项税额

当期软件产品销项税额 = 当期软件产品销售额 × 适用税率

第58集 增值税差额征收，如何计算加计抵减政策适用的"销售额"

H公司2019年7月1日成立并登记为增值税一般纳税人，主要经营范围是提供旅游服务及商品销售。

H公司自2019年7月1日至9月30日实现旅游服务收入600万元（差额扣除前的含税收入），商品销售收入300万元（不含税收入）。

H公司旅游服务适用增值税差额征收政策，自2019年7月1日至9月30日可以扣除向旅游服务购买方收取并支付给其他单位或者个人的住宿费、餐饮费等335万元。

提问：林老师，H公司可以适用加计抵减政策吗？

林溪发老师解答

H公司不能适用加计抵减政策。

该公司提供旅游服务，属于提供生活服务。

该公司适用增值税差额征收政策，以差额后的销售额确定适用加计抵减政策：

差额后的旅游服务收入＝（600－335）÷1.06＝250（万元）
总销售收入＝250＋300＝550（万元）

该公司自2019年7月1日至9月30日差额后的旅游服务收入为250万元，占总销售收入550万元的45.5%，未超过50%，不属于生产、生活性服务业纳税人，因此，自2019年7月1日至12月31日不能适用加计抵减政策。

◇ 政策依据

国家税务总局关于国内旅客运输服务进项税抵扣等增值税征管问题的公告

2019年9月16日　国家税务总局公告2019年第31号

二、关于加计抵减

（一）《财政部　税务总局　海关总署关于深化增值税改革有关政策的公告》（财政部　税务总局　海关总署公告2019年第39号）第七条关于加计抵减政策适用所称"销售额"，包括纳税申报销售额、稽查查补销售额、纳税评估调整销售额。其中，纳税申报销售额包括一般计税方法销售额，简易计税方法销售额，免税销售额，税务机关代开发票销售额，免、抵、退办法出口销售额，即征即退项目销售额。

财政部　国家税务总局关于全面推开营业税改征增值税试点的通知

2016年3月23日　财税〔2016〕36号

附件2：营业税改征增值税试点有关事项的规定

一、营改增试点期间，试点纳税人[指按照《营业税改征增值税试

点实施办法》(以下称《试点实施办法》)缴纳增值税的纳税人]有关政策

......

(三)销售额。

......

8.试点纳税人提供旅游服务,可以选择以取得的全部价款和价外费用,扣除向旅游服务购买方收取并支付给其他单位或者个人的住宿费、餐饮费、交通费、签证费、门票费和支付给其他接团旅游企业的旅游费用后的余额为销售额。

划重点 消痛点

本案例中,H公司差额扣除前的旅游服务收入,在计算适用加计抵减政策所称的"销售额"时,因为公司选择增值税差额征税政策,应按差额后的销售额来计算,也就是说要扣除向旅游服务购买方收取并支付给其他单位或者个人的住宿费、餐饮费后计算。

适用增值税差额征收政策,计税销售额按取得的全部价款和价外费用扣除支付给规定范围纳税人的规定项目价款后的不含税余额来计算:

1. 一般纳税人

销售额 =(取得的全部价款和价外费用—支付给规定范围纳税人的规定项目价款)÷(1+适用税率或征收率)

2. 小规模纳税人

销售额 =(取得的全部价款和价外费用－支付给规定范围纳税人的规定项目价款)÷(1+征收率)

第 59 集
首次产生销售额，如何计算加计抵减政策适用的"销售额"

I 公司 2019 年 4 月 1 日成立并登记为增值税一般纳税人，主要经营范围是提供非学历教育服务。

I 公司 2019 年 4 月至 6 月连续 3 个月销售收入均为 0；2019 年 7 月 1 日至 9 月 30 日销售收入为 200 万元，全部为非学历教育服务收入。

提问：林老师，I 公司可以适用加计抵减政策吗？

林溪发老师解答

I 公司可以适用加计抵减政策。

该公司提供非学历教育服务，属于提供生活服务。

该公司 2019 年 4 月至 6 月连续 3 个月销售收入均为 0，以首次产生销售额当月起连续 3 个月的销售额确定适用加计抵减政策。

2019 年 7 月 1 日至 9 月 30 日非学历教育服务收入 200 万元，占总销售收入 200 万元的 100%，超过 50%，属于生产、生活性服务业纳税人，因此，从登记为增值税一般纳税人之日即 2019 年 4 月 1 日起至 2019 年 12 月 31 日适用加计抵减政策。

◇ 政策依据

国家税务总局关于国内旅客运输服务进项税抵扣等增值税征管问题的公告

2019 年 9 月 16 日　国家税务总局公告 2019 年第 31 号

二、关于加计抵减

第一章 增值税

> ……
>
> （二）2019年3月31日前设立，且2018年4月至2019年3月期间销售额均为零的纳税人，以首次产生销售额当月起连续3个月的销售额确定适用加计抵减政策。
>
> 2019年4月1日后设立，且自设立之日起3个月的销售额均为零的纳税人，以首次产生销售额当月起连续3个月的销售额确定适用加计抵减政策。

划重点　消痛点

《增值税一般纳税人登记管理办法》（国家税务总局令第43号）第三条规定："年应税销售额未超过规定标准的纳税人，会计核算健全，能够提供准确税务资料的，可以向主管税务机关办理一般纳税人登记。本办法所称会计核算健全，是指能够按照国家统一的会计制度规定设置账簿，根据合法、有效凭证进行核算。"因此，企业刚设立不久，即使收入不多甚至为零收入，会计核算健全，能够准确核算销项税额和进项税额的，可以向主管税务机关申请登记为一般纳税人。

《财政部　税务总局　海关总署关于深化增值税改革有关政策的公告》（财政部　税务总局　海关总署公告2019年第39号）第七条第（一）项第三款规定："2019年4月1日后设立的纳税人，自设立之日起3个月的销售额符合上述规定条件的，自登记为一般纳税人之日起适用加计抵减政策。"

根据国家税务总局公告2019年第31号规定，设立后连续3个月收入均为零的生产、生活性服务业增值税一般纳税人，以首次产生销售额当月为起点，连续3个月的销售额符合规定条件的，可以适用加计抵减政策，充分享受减税降费红利。但要注意的是，纳税人确定适用加计抵减政策后，当年内不再调整，以后年度是否适用，根据上年度销售额计算确定。

本案例中，I公司适用加计抵减政策，大家应关注以下三点：

（1）公司设立时间：2019年4月1日；

（2）两个"3个月"要区分："自设立之日起3个月的销售额均为零""首次产生销售额当月起连续3个月的销售额"；

（3）零销售收入的月份，自设立之日起3个月均要满足。比如在这3个月中，出现2个月零收入，1个月有收入，就不能适用本政策。

延伸案例

首次产生销售额当月起连续3个月的非学历教育服务收入占总销售收入50%以上，可以适用加计抵减政策吗

扫码学习

　　J公司2018年4月1日成立并登记为增值税一般纳税人，主要经营范围是提供非学历教育服务。

　　J公司自2018年4月至2019年3月每个月销售收入均为0；2019年7月1日首次产生销售额，2019年7月1日至9月30日销售收入为200万元，全部为非学历教育服务收入。

　　提问：林老师，J公司可以适用加计抵减政策吗？

林溪发老师解答

　　J公司可以适用加计抵减政策。

　　该公司提供非学历教育服务，属于提供生活服务。

　　该公司自2018年4月至2019年3月每个月销售收入均为0，以2019年7月1日首次产生销售额当月算起，根据连续3个月的销售额确定适用加计抵减政策。

　　2019年7月1日至9月30日非学历教育服务收入为200万元，占总销售收入200万元的100%，超过50%，属于生产、生活性服务业纳税人，因此，2019年4月1日至12月31日适用加计抵减政策。

◇ **政策依据**

国家税务总局关于国内旅客运输服务
进项税抵扣等增值税征管问题的公告

2019年9月16日　国家税务总局公告2019年第31号

二、关于加计抵减

……

（二）2019年3月31日前设立，且2018年4月至2019年3月期间销售额均为零的纳税人，以首次产生销售额当月起连续3个月的销售额确定适用加计抵减政策。

第七节　农产品进项税额扣除

第 60 集
增值税税率下降了，农产品进项税额的扣除率是多少

K 公司为增值税一般纳税人，未采用农产品增值税进项税额核定扣除试点实施办法，生产的麻笋罐头增值税适用 13% 的税率。

提问：林老师，K 公司 2019 年 4 月购进用于生产罐头的麻笋，应按多少扣除率计算进项税额？

林溪发老师解答

生产的麻笋罐头适用 13% 的税率，因此麻笋按 10% 的扣除率计算进项税额。

财政部　税务总局　海关总署
关于深化增值税改革有关政策的公告

2019 年 3 月 20 日　财政部　税务总局　海关总署公告 2019 年第 39 号

二、纳税人购进农产品，原适用 10% 扣除率的，扣除率调整为 9%。纳税人购进用于生产或者委托加工 13% 税率货物的农产品，按照 10% 的扣除率计算进项税额。

第一章　增值税

划重点　消痛点

本案例中，K 公司生产的麻笋罐头适用 13% 的增值税税率，购进用于生产罐头的麻笋，按 10% 扣除率计算进项税额。

假设本案例中，该公司生产的麻笋罐头增值税适用 10% 税率，购进用于生产罐头的麻笋，按 9% 扣除率计算进项税额。

第 61 集

加计扣除农产品进项税额如何计算

扫码学习

L 公司为从事食品加工的一般纳税人，进项税额采用据实扣除，2019 年 4 月购进水果的含税价为 218 万元，取得增值税专用发票 10 张，当月全部领用于生产加工成水果罐头对外销售，除此以外没有其他进项，水果罐头的增值税税率为 13%。

提问：林老师，K 公司 4 月计算进项税额的扣除率为多少？

林溪发老师解答

L 公司应按照 10% 的扣除率计算进项税额。

水果罐头的增值税税率为 13%，4 月购进的水果当月全部领用，可以加计扣除，按照 10% 的扣除率计算进项税额。

进项税额 = 218 ÷（1 + 9%）× 9% = 18（万元）

加计扣除 = 218 ÷（1 + 9%）×（10% − 9%）= 2（万元）

4 月允许抵扣的进项税额 = 18 + 2 = 20（万元）

155

◇ 政策依据

财政部　税务总局　海关总署
关于深化增值税改革有关政策的公告

2019年3月20日　财政部　税务总局　海关总署公告2019年第39号

二、纳税人购进用于生产或者委托加工13%税率货物的农产品，按照10%的扣除率计算进项税额。

划重点　消痛点

本案例中，L公司购进农产品加计扣除进项税额，应注意两个环节：

1. 购进

2019年4月购进水果的含税价为218万元，取得增值税专用发票，按照9%抵扣进项税额18万元。

2. 领用

2019年4月将购进的水果全部用于生产加工成水果罐头对外销售，除此以外没有其他进项，而且水果罐头的增值税税率为13%，领用水果用于加工时加计1%，即加计扣除农产品进项税额2万元。

综上，允许抵扣的进项税额为20万元。

第62集
加计扣除农产品进项税额如何申报

案例第61集中，加计扣除进项税额，增值税申报表如何填写？

第一章 增值税

林溪发老师解答

在《增值税纳税申报表附列资料（二）》第8a栏填写。

纳税人购进用于生产或者委托加工13%税率货物的农产品，在生产领用时按照1%加计的进项税额，填写在《增值税纳税申报表附列资料（二）》第8a栏"加计扣除农产品进项税额"（见表1）。

表1　　　　　增值税纳税申报表附列资料（二）

单位：元

一、申报抵扣的进项税额					
项　目	栏次	份数	金额	税额	
（一）认证相符的增值税专用发票	1=2+3				
其中：本期认证相符且本期申报抵扣	2	10	2000000	180000	
前期认证相符且本期申报抵扣	3				
（二）其他扣税凭证	4=5+6+7+8a+8b			20000	
其中：海关进口增值税专用缴款书	5				
农产品收购发票或者销售发票	6				
代扣代缴税收缴款凭证	7			—	
加计扣除农产品进项税额	8a	—	—	20000	
其他	8b				
（三）本期用于购建不动产的扣税凭证	9				
（四）本期用于抵扣的旅客运输服务扣税凭证	10				
（五）外贸企业进项税额抵扣证明	11				
当期申报抵扣进项税额合计	12=1+4+11			200000	

溪发说税之减税降费篇

◇ 政策依据

国家税务总局关于调整增值税纳税申报有关事项的公告

2019年3月21日　国家税务总局公告2019年第15号

附件：2.《增值税纳税申报表（一般纳税人适用）》及其附列资料填写说明

四、《增值税纳税申报表附列资料（二）》（本期进项税额明细）填写说明

……

（二）第1至12栏"一、申报抵扣的进项税额"：分别反映纳税人按税法规定符合抵扣条件，在本期申报抵扣的进项税额。

……

8.第8a栏"加计扣除农产品进项税额"：填写纳税人将购进的农产品用于生产销售或委托受托加工13%税率货物时加计扣除的农产品进项税额。该栏不填写"份数""金额"。

划重点　消痛点

本案例讲解的是纳税申报，那会计应如何处理呢？

（1）购进时：

借：原材料　　　　　　　　　　　　　　　　　　　　2000000

　　应交税费——应交增值税（进项税额）——9%税率　180000

　贷：银行存款　　　　　　　　　　　　　　　　　　2180000

（2）领用时：

借：生产成本　　　　　　　　　　　　　　　　　　　1980000

　　应交税费——应交增值税（进项税额）——加计扣除　20000

　贷：原材料　　　　　　　　　　　　　　　　　　　2000000

本案例取得增值税专用发票，价税合计218万元。假设该公司2019年4月购进水果，取得农产品收购发票10张，发票上注明的农产品买价200

第一章 增值税

万元，其余条件不变，应如何填写申报表呢？

林溪发老师解答

（1）进项税额 = 200 × 9% = 18（万元）

（2）加计扣除 = 18 ÷ 9% ×（10% – 9%）= 2（万元）

（3）4月允许抵扣的进项税额 = 18 + 2 = 20（万元）

申报表的填写如表2所示。

表2　　　　　　增值税纳税申报表附列资料（二）

单位：元

一、申报抵扣的进项税额					
项目	栏次	份数	金额	税额
（一）认证相符的增值税专用发票	1=2+3			
其中：本期认证相符且本期申报抵扣	2			
前期认证相符且本期申报抵扣	3			
（二）其他扣税凭证	4=5+6+7+8a+8b			200000
其中：海关进口增值税专用缴款书	5			
农产品收购发票或者销售发票	6	10	2000000	180000
代扣代缴税收缴款凭证	7		—	
加计扣除农产品进项税额	8a	—	—	20000
其他	8b			
（三）本期用于购建不动产的扣税凭证	9			
（四）本期用于抵扣的旅客运输服务扣税凭证	10			
（五）外贸企业进项税额抵扣证明	11	—	—	
当期申报抵扣进项税额合计	12=1+4+11			200000

◇政策依据

国家税务总局关于调整增值税纳税申报有关事项的公告

2019年3月21日　国家税务总局公告2019年第15号

附件：2.《增值税纳税申报表（一般纳税人适用）》及其附列资料填写说明

四、《增值税纳税申报表附列资料（二）》（本期进项税额明细）填写说明

……

（二）第1至12栏"一、申报抵扣的进项税额"：分别反映纳税人按税法规定符合抵扣条件，在本期申报抵扣的进项税额。

……

6. 第6栏"农产品收购发票或者销售发票"：反映纳税人本期购进农业生产者自产农产品取得（开具）的农产品收购发票或者销售发票情况。从小规模纳税人处购进农产品时取得增值税专用发票情况填写在本栏，但购进农产品未分别核算用于生产销售13%税率货物和其他货物服务的农产品进项税额情况除外。

"税额"栏=农产品销售发票或者收购发票上注明的农产品买价×9%+增值税专用发票上注明的金额×9%。

上述公式中的"增值税专用发票"是指纳税人从小规模纳税人处购进农产品时取得的专用发票。

第一章 增值税

第 63 集

农产品核定扣除的扣除率如何确定

我公司是适用农产品核定扣除方法的增值税一般纳税人，2019 年 4 月销售农产品的增值税税率为 13%。

提问：林老师，2019 年 4 月 1 日起，我公司适用的扣除率有调整吗？

林溪发老师解答

你公司适用的扣除率有调整。

你公司 2019 年 4 月 1 日起，销售货物的适用税率由 16% 调整为 13%，扣除率也应由 16% 调整为 13%。

◇ 政策依据

财政部　国家税务总局关于在部分行业试行农产品增值税进项税额核定扣除办法的通知

2012 年 4 月 6 日　财税〔2012〕38 号

一、自 2012 年 7 月 1 日起，以购进农产品为原料生产销售液体乳及乳制品、酒及酒精、植物油的增值税一般纳税人，纳入农产品增值税进项税额核定扣除试点范围，其购进农产品无论是否用于生产上述产品，增值税进项税额均按照《农产品增值税进项税额核定扣除试点实施办法》（附件 1）的规定抵扣。

……

> 附件1：农产品增值税进项税额核定扣除试点实施办法
>
> ……
>
> 七、本办法规定的扣除率为销售货物的适用税率。

划重点 消痛点

本案例中，该公司为一般纳税人，农产品进项采用核定扣除办法，扣除率为销售货物的适用税率13%。

延伸案例

农产品增值税进项税额核定扣除，期初库存农产品进项税额需要转出吗

扫码学习

M公司是农产品加工企业，属于增值税一般纳税人，以龙眼为主要原料，加工生产成龙眼罐头，自2019年9月1日起选择纳入农产品增值税进项税额核定扣除试点范围。

提问：林老师，假设M公司2019年9月1日期初库存农产品增值税进项税额为1万元，应如何处理？

林溪发老师解答

M公司自2019年9月1日起执行农产品增值税进项税额核定扣除办法，9月1日期初库存农产品进项税额1万元，应作转出处理。

第一章 增值税

◇政策依据

财政部 国家税务总局关于在部分行业试行农产品增值税进项税额核定扣除办法的通知

2012 年 4 月 6 日 财税〔2012〕38 号

附件 1：农产品增值税进项税额核定扣除试点实施办法

九、试点纳税人应自执行本办法之日起，将期初库存农产品以及库存半成品、产成品耗用的农产品增值税进项税额作转出处理。

农产品增值税进项税额核定扣除，其他增值税进项税额也要核定扣除吗

扫码学习

接上述延伸案例，M 公司 2019 年 9 月支付律师服务费，取得增值税专用发票，发票注明的增值税税额为 600 元。

提问：林老师，M 公司支付的律师服务费，也要采用核定扣除办法抵扣进项税额吗？

林溪发老师解答

M 公司 2019 年 9 月支付律师服务费，属于购进除农产品以外的应税项目，仍按现行规定抵扣进项税额，600 元进项税额可以据实扣除。

溪发说税之减税降费篇

> ◇ 政策依据
>
> **财政部 国家税务总局关于在部分行业**
> **试行农产品增值税进项税额核定扣除办法的通知**
>
> 2012年4月6日 财税〔2012〕38号
>
> 附件1：农产品增值税进项税额核定扣除试点实施办法
>
> 三、试点纳税人购进农产品不再凭增值税扣税凭证抵扣增值税进项税额，购进除农产品以外的货物、应税劳务和应税服务，增值税进项税额仍按现行有关规定抵扣。

农产品进项税额核定扣除采用投入产出法，允许抵扣的农产品进项税额如何计算

扫码学习

接上述延伸案例，M公司2019年9月销售龙眼罐头10000千克，适用税率为13%。假设2019年9月1日龙眼期初库存数量为8000千克，单价16元/千克，9月购入龙眼24000千克，单价18元/千克。

M公司农产品增值税进项税额按照投入产出法计算，龙眼罐头的产品单耗数量为2.9。

提问：林老师，M公司2019年9月允许抵扣农产品增值税进项税额如何计算？

> **林溪发老师解答**
>
> M公司2019年9月允许抵扣农产品增值税进项税额，按照投入产出法计算，计算过程如下：

1. 龙眼期末平均买价

期末平均买价=（期初库存农产品数量×期初平均买价+当期购进农产品数量×当期买价）/（期初库存农产品数量+当期购进农产品数量）

=（8000×16+24000×18）/（8000+24000）

=560000/32000=17.50（元/千克）

2. 当期农产品耗用数量

该公司龙眼罐头的产品单耗数量为2.9，因此：

当期农产品耗用数量=当期销售货物数量×农产品单耗数量

=10000×2.9=29000（千克）

3. 允许抵扣农产品增值税进项税额

该公司销售龙眼罐头的适用税率为13%，扣除率为销售货物的适用税率13%，因此：

9月允许抵扣农产品增值税进项税额=当期农产品耗用数量×农产品平均购买单价×扣除率/（1+扣除率）

=29000×17.50×13%/（1+13%）

=58384.96（元）

◇ **政策依据**

财政部 国家税务总局关于在部分行业试行农产品增值税进项税额核定扣除办法的通知

2012年4月6日 财税〔2012〕38号

附件1：农产品增值税进项税额核定扣除试点实施办法

四、农产品增值税进项税额核定方法

（一）试点纳税人以购进农产品为原料生产货物的，农产品增值税进项税额可按照以下方法核定：

1. 投入产出法：参照国家标准、行业标准（包括行业公认标准和行业平均耗用值）确定销售单位数量货物耗用外购农产品的数量

（以下称农产品单耗数量）。

当期允许抵扣农产品增值税进项税额依据农产品单耗数量、当期销售货物数量、农产品平均购买单价（含税，下同）和农产品增值税进项税额扣除率（以下简称"扣除率"）计算。公式为：

当期允许抵扣农产品增值税进项税额 = 当期农产品耗用数量 × 农产品平均购买单价 × 扣除率 / (1+ 扣除率)

当期农产品耗用数量 = 当期销售货物数量（不含采购除农产品以外的半成品生产的货物数量）× 农产品单耗数量

……

平均购买单价是指购买农产品期末平均买价，不包括买价之外单独支付的运费和入库前的整理费用。期末平均买价计算公式：

期末平均买价 =（期初库存农产品数量 × 期初平均买价 + 当期购进农产品数量 × 当期买价）/（期初库存农产品数量 + 当期购进农产品数量）

……

七、本办法规定的扣除率为销售货物的适用税率。

划重点　消痛点

财税〔2012〕38号文件规定了农产品增值税进项税额的三种核定方法，以下介绍成本法和参照法：

1. 成本法

依据试点纳税人年度会计核算资料，计算确定耗用农产品的外购金额占生产成本的比例（以下称农产品耗用率）。当期允许抵扣农产品增值税进项税额依据当期主营业务成本、农产品耗用率以及扣除率计算。公式为：

当期允许抵扣农产品增值税进项税额 = 当期主营业务成本 × 农产品耗用率 × 扣除率 / (1+ 扣除率)

农产品耗用率 = 上年投入生产的农产品外购金额 / 上年生产成本

农产品外购金额（含税）不包括不构成货物实体的农产品（包括包装物、辅助材料、燃料、低值易耗品等）和在购进农产品之外单独支付的运费、入库前的整理费用。

对以单一农产品原料生产多种货物或者多种农产品原料生产多种货物的，在核算当期主营业务成本以及核定农产品耗用率时，试点纳税人应依据合理的方法进行归集和分配。

农产品耗用率由试点纳税人向主管税务机关申请核定。

年度终了，主管税务机关应根据试点纳税人本年实际对当年已抵扣的农产品增值税进项税额进行纳税调整，重新核定当年的农产品耗用率，并作为下一年度的农产品耗用率。

2. 参照法

新办的试点纳税人或者试点纳税人新增产品的，试点纳税人可参照所属行业或者生产结构相近的其他试点纳税人确定农产品单耗数量或者农产品耗用率。次年，试点纳税人向主管税务机关申请核定当期的农产品单耗数量或者农产品耗用率，并据此计算确定当年允许抵扣的农产品增值税进项税额，同时对上一年增值税进项税额进行调整。核定的进项税额超过实际抵扣增值税进项税额的，其差额部分可以结转下期继续抵扣；核定的进项税额低于实际抵扣增值税进项税额的，其差额部分应按现行增值税的有关规定将进项税额做转出处理。

第八节　留抵退税

第64集　增量留抵税额如何计算

N公司为提供建筑服务的一般纳税人，2019年5月要计算增量留抵税额。

提问：林老师，2019年5月增量留抵税额，是与4月底相比新增加的期末留抵税额吗？

林溪发老师解答

自2019年4月1起，计算某个月的增量留抵税额，是指与2019年3月底相比新增加的期末留抵税额，不能按照与上月底相比新增加的期末留抵税额来计算。

◇ 政策依据

财政部　税务总局　海关总署
关于深化增值税改革有关政策的公告

2019年3月20日　财政部　税务总局　海关总署公告2019年第39号

八、自2019年4月1日起，试行增值税期末留抵税额退税制度。

……

（二）本公告所称增量留抵税额，是指与2019年3月底相比新增加的期末留抵税额。

第一章　增值税

> **第 65 集**
>
> 增量留抵税额可以全部退还吗

扫码学习

O 公司为提供机械加工的一般纳税人，2019 年 9 月满足申请退还增量留抵税额条件。

提问：林老师，O 公司 2019 年 9 月的增量留抵税额为 70 万元，可以全部退还吗？

林溪发老师解答

不能全部退还。

◇ 政策依据

财政部　税务总局　海关总署
关于深化增值税改革有关政策的公告

2019 年 3 月 20 日　财政部　税务总局　海关总署公告 2019 年第 39 号

八、自 2019 年 4 月 1 日起，试行增值税期末留抵税额退税制度。

……

（三）纳税人当期允许退还的增量留抵税额，按照以下公式计算：

允许退还的增量留抵税额 = 增量留抵税额 × 进项构成比例 × 60%

进项构成比例，为 2019 年 4 月至申请退税前一税款所属期内已抵扣的增值税专用发票（含税控机动车销售统一发票）、海关进口增值税专用缴款书、解缴税款完税凭证注明的增值税额占同期全部已抵扣进项税额的比重。

169

划重点　消痛点

允许退还的增量留抵税额，并不是直接等于增量留抵税额，而应在增量留抵税额的基础上乘以两个比例：进项构成比例和60%。

进项构成比例，是指2019年4月至申请退税前一税款所属期内已抵扣的增值税专用发票（含税控机动车销售统一发票）、海关进口增值税专用缴款书、解缴税款完税凭证注明的增值税额占同期全部已抵扣进项税额的比重。

符合条件的部分先进制造业纳税人，自2019年6月1日起，允许退还的增量留抵税额计算方式更优惠，取消了60%这个比例，加大了退税力度。《财政部　税务总局关于明确部分先进制造业增值税期末留抵退税政策的公告》（财政部　税务总局公告2019年第84号）第四条规定，部分先进制造业纳税人当期允许退还的增量留抵税额，按照以下公式计算：

允许退还的增量留抵税额 = 增量留抵税额 × 进项构成比例

假定本案例的提供机械加工的一般纳税人，符合部分先进制造业纳税人的条件，也可以享受这项优惠，计算允许退还的增量留抵税额时，不需要乘以60%。

为进一步做好新型冠状病毒感染的肺炎疫情防控工作，支持相关企业发展，《财政部　税务总局关于支持新型冠状病毒感染的肺炎疫情防控有关税收政策的公告》（财政部　税务总局公告2020年第8号）第二条规定，疫情防控重点保障物资生产企业可以按月向主管税务机关申请全额退还增值税增量留抵税额；增量留抵税额，是指与2019年12月底相比新增加的期末留抵税额；疫情防控重点保障物资生产企业名单，由省级及以上发展改革部门、工业和信息化部门确定。此项政策自2020年1月1日起实施，截止日期视疫情情况另行公告。

延伸案例

增量留抵退税条件如何掌握

扫码学习

A公司为农产品加工企业,2019年3月底留抵税额55万元,4月、5月、6月、7月、8月、9月底留抵税额分别为71万元、78万元、91万元、98万元、102万元、110万元,同时符合留抵退税要求的其他条件。

提问: 林老师,A公司可以向主管税务机关申请退还增量留抵税额吗?

林溪发老师解答

A公司可以向主管税务机关申请退还留抵税额。

A公司4—9月增量留底税额计算如下:

4月:71-55=16(万元)>0

5月:78-55=23(万元)>0

6月:91-55=36(万元)>0

7月:98-55=43(万元)>0

8月:102-55=47(万元)>0

9月:110-55=55(万元)>0且>50(万元)

该公司4—9月的增量留抵税额满足连续6个月(按季纳税的,连续2个季度)增量留抵税额均大于零,且第6个月增量留抵税额不低于50万元的条件,同时符合留抵退税要求的其他条件,因此A公司可以向主管税务机关申请退还留抵税额。

> ◇ 政策依据
>
> **财政部　税务总局　海关总署**
> **关于深化增值税改革有关政策的公告**
>
> 2019 年 3 月 20 日　财政部　税务总局　海关总署公告 2019 年第 39 号
>
> 八、自 2019 年 4 月 1 日，试行增值税期末留抵退税制度。
>
> （一）同时符合以下条件的纳税人，可以向主管税务机关申请退还增量留抵税额：
>
> 1. 自 2019 年 4 月税款所属期起，连续六个月（按季纳税的，连续两个季度）增量留抵税额均大于零，且第六个月增量留抵税额不低于 50 万元；
>
> 2. 纳税信用等级为 A 级或者 B 级；
>
> 3. 申请退税前 36 个月未发生骗取留抵退税、出口退税或虚开增值税专用发票情形的；
>
> 4. 申请退税前 36 个月未因偷税被税务机关处罚两次及以上的；
>
> 5. 自 2019 年 4 月 1 日起未享受即征即退、先征后返（退）政策的。
>
> （二）本公告所称增量留抵税额，是指与 2019 年 3 月底相比新增加的期末留抵税额。

增量留抵退税时间如何确定

扫码学习

接上述案例，A 公司应何时办理退税？

第一章　增值税

> **林溪发老师解答**
>
> A公司应在符合条件的次月起，在纳税申报期内申请退税。
>
> 该公司申请办理留抵退税，应于符合留抵退税条件的次月起，在增值税纳税申报期内，完成本期增值税纳税申报后，通过电子税务局或办税服务厅提交《退（抵）税申请表》。
>
> ◇ 政策依据
>
>
>
> **财政部　税务总局　海关总署**
> **关于深化增值税改革有关政策的公告**
>
>
>
> 2019年3月20日　财政部　税务总局　海关总署公告2019年第39号
>
> 八、自2019年4月1日起，试行增值税期末留抵税额退税制度。
>
> ……
>
> （四）纳税人应在增值税纳税申报期内，向主管税务机关申请退还留抵税额。
>
>
>
> **国家税务总局关于办理**
> **增值税期末留抵税额退税有关事项的公告**
>
>
>
> 2019年4月30日　国家税务总局公告2019年第20号
>
> 三、纳税人申请办理留抵退税，应于符合留抵退税条件的次月起，在增值税纳税申报期（以下称申报期）内，完成本期增值税纳税申报后，通过电子税务局或办税服务厅提交《退（抵）税申请表》（见附件）。

增量留抵退税金额如何计算

接上述案例，A公司2019年4—9月已抵扣进项税金为150万元，其中专用发票、海关进口增值税专用缴款书和完税凭证三种票注明的进项税额为120万元，农产品收购发票对应进项税额为28万元，国内旅客运输服务对应税额为2万元。

提问：林老师，A公司允许退还的增量留抵税额是多少？

林溪发老师解答

按照增量留抵税额×进项构成比例×60%计算。

增量留抵税额＝110－55＝55（万元）

进项构成比例＝120÷150×100%＝80%

允许退还的增量留抵税额＝增量留抵税额×进项构成比例×60%＝55×80%×60%＝26.40（万元）

◇ 政策依据

财政部 税务总局 海关总署
关于深化增值税改革有关政策的公告

2019年3月20日 财政部 税务总局 海关总署公告2019年第39号

八、自2019年4月1日起，试行增值税期末留抵税额退税制度。

……

（三）纳税人当期允许退还的增量留抵税额，按照以下公式计算：

允许退还的增量留抵税额＝增量留抵税额×进项构成比例×60%

第一章 增值税

> 进项构成比例，为2019年4月至申请退税前一税款所属期内已抵扣的增值税专用发票（含税控机动车销售统一发票）、海关进口增值税专用缴款书、解缴税款完税凭证注明的增值税额占同期全部已抵扣进项税额的比重。

第66集 增值税即征即退，可以申请退还增量留抵税额吗

B公司2019年8月可以享受增值税即征即退优惠政策。

提问：林老师，B公司可以向主管税务机关申请退还增量留抵税额吗？

林溪发老师解答

不可以申请退还增量留抵税额。

◇ 政策依据

国家税务总局关于办理
增值税期末留抵税额退税有关事项的公告

2019年4月30日 国家税务总局公告2019年第20号

一、同时符合以下条件（以下称符合留抵退税条件）的纳税人，可以向主管税务机关申请退还增量留抵税额：

……

（五）自2019年4月1日起未享受即征即退、先征后返（退）政策的。……

175

溪发说税之减税降费篇

> **划重点 消痛点**

增值税一般纳税人自 2019 年 4 月 1 日起，如果享受即征即退、先征后返（退）政策，则不能申请退还增量留抵税额。因此，纳税人应在申请退还增量留抵税额与享受增值税即征即退、先征后返（退）政策之间作取舍。

第 67 集
同一申报期内，可以办理免抵退税和留抵退税吗

C 公司为产品出口企业，适用免抵退税办法，2019 年 9 月满足申请退还增量留抵税额条件。

提问：林老师，C 公司在同一申报期内，只能申报免抵退税，可以申请办理留抵退税吗？

> **林溪发老师解答**

C 公司可以申报免抵退税和申请办理留抵退税。

◇ 政策依据

国家税务总局关于办理
增值税期末留抵税额退税有关事项的公告

2019 年 4 月 30 日　国家税务总局公告 2019 年第 20 号

四、纳税人出口货物劳务、发生跨境应税行为，适用免抵退税办法的，可以在同一申报期内，既申报免抵退税又申请办理留抵退税。

第一章 增值税

> 划重点 消痛点

本案例中，C公司在同一增值税申报期内，不仅可以申报免抵退税，符合申请退还增量留抵税额条件的，还可以申请办理留抵退税。

第 68 集

同一申报期内，办理免抵退税和留抵退税有先后顺序吗

D公司为食品出口企业，适用免抵退税办法，2019年9月符合留抵退税条件。

提问：林老师，D公司可以先申请退还增量留抵税额，再申请免抵退税吗？

林溪发老师解答

不可以，D公司应先办理免抵退税。

◇ 政策依据

**国家税务总局关于办理
增值税期末留抵税额退税有关事项的公告**

2019年4月30日 国家税务总局公告2019年第20号

六、纳税人既申报免抵退税又申请办理留抵退税的，税务机关应先办理免抵退税。办理免抵退税后，纳税人仍符合留抵退税条件的，再办理留抵退税。

177

> **划重点　消痛点**

本案例中，D 公司应先申报免抵退税，办理免抵退税后，符合留抵退税条件的，才能申请留抵退税。也就是说，在同一增值税申报期内，办理免抵退税在先，申请留抵退税在后。

第 69 集

M 级纳税人可以申请留抵退税吗

E 公司为增值税一般纳税人，纳税信用等级为 M 级。

提问：林老师，E 公司可以申请留抵退税吗？

林溪发老师解答

E 公司不可以申请留抵退税。

◇ 政策依据

财政部　税务总局　海关总署
关于深化增值税改革有关政策的公告

2019 年 3 月 20 日　财政部　税务总局　海关总署公告 2019 年第 39 号

八、自 2019 年 4 月 1 日起，试行增值税期末留抵税额退税制度。

（一）同时符合以下条件的纳税人，可以向主管税务机关申请退还增量留抵税额：

……

2.纳税信用等级为 A 级或者 B 级；

第一章 增值税

划重点 消痛点

《国家税务总局关于取消增值税扣税凭证认证确认期限等增值税征管问题的公告》（国家税务总局公告 2019 年第 45 号）第二条第二款规定，纳税人适用增值税留抵退税政策，有纳税信用级别条件要求的，以纳税人向主管税务机关申请办理增值税留抵退税提交《退（抵）税申请表》时的纳税信用级别确定。

纳税信用级别较低的企业，税收优惠可能无法享受，本案例中 E 公司就是典型的例子。

《国家税务总局关于纳税信用评价有关事项的公告》（国家税务总局公告 2018 年第 8 号）第三条规定，增设 M 级纳税信用级别，纳税信用级别由 A、B、C、D 四级变更为 A、B、M、C、D 五级。未发生《纳税信用管理办法（试行）》第二十条所列失信行为的下列企业适用 M 级纳税信用：

（1）新设立企业；

（2）评价年度内无生产经营业务收入且年度评价指标得分 70 分以上的企业。

第四条规定，对纳税信用评价为 M 级的企业，税务机关实行适时进行税收政策和管理规定的辅导的激励措施。

第 70 集
部分先进制造业纳税人留抵退税，有行业要求吗

F 公司主要经营范围为生产并销售隔热材料，2016 年 1 月成立，是增值税一般纳税人。

F 公司在 2019 年 9 月申请退还增量留抵税额，2018 年 9 月 1 日至 2019 年 8 月 31 日的销售收入为 2500 万元，其中：隔热材料的销售收入为 2000 万元。

提问：林老师，F 公司可以适用《财政部　税务总局关于明确部分先进制造业增值税期末留抵退税政策的公告》（财政部　税务总局公告 2019 年第 84 号）规定的部分先进制造业纳税人的规定吗？

林溪发老师解答

可以适用。

F 公司生产并销售隔热材料，属于《国民经济行业分类》非金属矿物制品业。

该公司 2018 年 9 月 1 日至 2019 年 8 月 31 日生产并销售隔热材料收入 2000 万元，占总销售收入的 80%，超过 50%，属于财政部、税务总局公告 2019 年第 84 号规定的部分先进制造业纳税人。

第一章 增值税

◇政策依据

财政部 税务总局关于明确部分
先进制造业增值税期末留抵退税政策的公告

2019年8月31日 财政部 税务总局公告2019年第84号

二、本公告所称部分先进制造业纳税人,是指按照《国民经济行业分类》,生产并销售非金属矿物制品、通用设备、专用设备及计算机、通信和其他电子设备销售额占全部销售额的比重超过50%的纳税人。

上述销售额比重根据纳税人申请退税前连续12个月的销售额计算确定;申请退税前经营期不满12个月但满3个月的,按照实际经营期的销售额计算确定。

划重点 消痛点

判断是否属于部分先进制造业纳税人时,应关注以下三点:

(1)行业。按照《国民经济行业分类》,生产并销售非金属矿物制品、通用设备、专用设备及计算机、通信和其他电子设备这些行业。

(2)比例。上述规定行业的销售额占全部销售额的比重,要超过50%。

(3)期间。上述销售额比重根据纳税人申请退税前连续12个月的销售额计算确定;申请退税前经营期不满12个月但满3个月的,按照实际经营期的销售额计算确定。

第 71 集

部分先进制造业纳税人留抵退税，有申请条件吗

接第 70 集案例，F 公司 2019 年 3 月底的留抵税额为 10 万元，8 月底的留抵税额为 40 万，同时符合以下条件：

（1）纳税信用等级为 A 级；

（2）申请退税前 36 个月未发生骗取留抵退税、出口退税或虚开增值税专用发票情形；

（3）申请退税前 36 个月未因偷税被税务机关处罚两次及以上；

（4）自 2019 年 4 月 1 日起未享受即征即退、先征后返（退）政策。

提问：林老师，F 公司可以申请退还增量留抵税额吗？

林溪发老师解答

F 公司可以申请退税。

该公司 2019 年 8 月增量留抵税额 ＝2019 年 8 月 31 日留抵税额 －2019 年 3 月 31 日留抵税额 ＝40－10＝30（万元）

该公司 2019 年 8 月增量留抵税额大于零，同时符合留抵退税要求的其他条件，因此可以申请退还增量留抵税额。

◇政策依据

财政部 税务总局关于明确部分
先进制造业增值税期末留抵退税政策的公告

2019年8月31日 财政部 税务总局公告2019年第84号

一、自2019年6月1日起，同时符合以下条件的部分先进制造业纳税人，可以自2019年7月及以后纳税申报期向主管税务机关申请退还增量留抵税额：

1. 增量留抵税额大于零；

2. 纳税信用等级为A级或者B级；

3. 申请退税前36个月未发生骗取留抵退税、出口退税或虚开增值税专用发票情形；

4. 申请退税前36个月未因偷税被税务机关处罚两次及以上；

5. 自2019年4月1日起未享受即征即退、先征后返（退）政策。

......

三、本公告所称增量留抵税额，是指与2019年3月31日相比新增加的期末留抵税额。

国家税务总局关于办理
增值税期末留抵税额退税有关事项的公告

2019年4月30日 国家税务总局公告2019年第20号

三、纳税人申请办理留抵退税，应于符合留抵退税条件的次月起，在增值税纳税申报期（以下称申报期）内，完成本期增值税纳税申报后，通过电子税务局或办税服务厅提交《退（抵）税申请表》（见附件）。

国家税务总局关于国内旅客运输服务进项税抵扣等增值税征管问题的公告

2019年9月16日　国家税务总局公告2019年第31号

三、关于部分先进制造业增值税期末留抵退税

自2019年6月1日起，符合《财政部　税务总局关于明确部分先进制造业增值税期末留抵退税政策的公告》（财政部　税务总局公告2019年第84号）规定的纳税人申请退还增量留抵税额，应按照《国家税务总局关于办理增值税期末留抵税额退税有关事项的公告》（国家税务总局公告2019年第20号）的规定办理相关留抵退税业务。《退（抵）税申请表》（国家税务总局公告2019年第20号附件）修订并重新发布（附件1）。

划重点　消痛点

部分先进制造业一般纳税人，与其他一般纳税人相比，留抵退税的门槛降低了，取消了增量留抵税额大于50万元的要求：

（1）部分先进制造业一般纳税人。

根据财政部、税务总局公告2019年第84号规定，部分先进制造业纳税人申请留抵退税的条件之一是增量留抵税额大于零。

（2）其他一般纳税人。

《财政部　税务总局　海关总署关于深化增值税改革有关政策的公告》（财政部　税务总局　海关总署公告2019年第39号）第八条第（一）项第1点规定："自2019年4月税款所属期起，连续六个月（按季纳税的，连续两个季度）增量留抵税额均大于零，且第六个月增量留抵税额不低于50万元。"

细心的读者还会发现，部分先进制造业一般纳税人，与其他一般纳税

第一章　增值税

人相比，申请退税的时间也存在差异：

（1）部分先进制造业纳税人。

按照财政部、税务总局公告2019年第84号的规定，从2019年6月1日开始，符合留抵退税条件的，从7月开始的申报期就可以退税；而且，下一次的申报期跟上一次的申报期最少可以间隔1个月。

（2）其他纳税人。

按照财政部、税务总局、海关总署公告2019年第39号的规定，从2019年4月1日开始实施，符合留抵退税条件的，最早从10月开始的申报期就可以退税。

根据财政部、税务总局、海关总署公告2019年第39号第八条第（六）项的规定："纳税人取得退还的留抵税额后，应相应调减当期留抵税额。按照本条规定再次满足退税条件的，可以继续向主管税务机关申请退还留抵税额，但本条第（一）项第1点规定的连续期间，不得重复计算。"

因此，其他纳税人下一次的申报期跟上一次的申报期最少间隔6个月。

第72集

部分先进制造业纳税人允许退还的留抵税额如何计算

接第71集案例，F公司2019年4月至8月已抵扣进项税金为100万元，其中专用发票注明的进项税额为97万元，国内旅客运输服务对应税额为3万元。

提问：林老师，F公司允许退还的增量留抵税额是多少？

扫码学习

185

溪发说税之减税降费篇

林溪发老师解答

F公司应按照增量留抵税额乘以进项构成比例计算允许退还的增量留抵税额。

增量留抵税额 = 40 - 10 = 30（万元）

进项构成比例 = 97 ÷ 100 × 100% = 97%

允许退还的增量留抵税额 = 增量留抵税额 × 进项构成比例 = 30 × 97% = 29.10（万元）

◇ 政策依据

财政部　税务总局关于明确部分先进制造业增值税期末留抵退税政策的公告

2019年8月31日　财政部　税务总局公告2019年第84号

三、本公告所称增量留抵税额，是指与2019年3月31日相比新增加的期末留抵税额。

四、部分先进制造业纳税人当期允许退还的增量留抵税额，按照以下公式计算：

允许退还的增量留抵税额 = 增量留抵税额 × 进项构成比例

进项构成比例，为2019年4月至申请退税前一税款所属期内已抵扣的增值税专用发票（含税控机动车销售统一发票）、海关进口增值税专用缴款书、解缴税款完税凭证注明的增值税额占同期全部已抵扣进项税额的比重。

划重点　消痛点

自2019年6月1日起，部分先进制造业增值税纳税人相较其他纳税人期末留抵退税政策更优惠了：

第一章 增值税

（1）部分先进制造业纳税人。

按照财政部、税务总局公告 2019 年第 84 号第四条的规定，符合留抵退税条件的，计算公式取消了 60% 的折扣，即：

允许退还的增量留抵税额 = 增量留抵税额 × 进项构成比例

另外，财政部、税务总局公告 2019 年第 84 号仅要求增量留抵税额大于零，取消了 50 万元的门槛。

（2）其他纳税人。

《财政部　税务总局　海关总署关于深化增值税改革有关政策的公告》（财政部　税务总局　海关总署公告 2019 年第 39 号）第八条第（三）项规定，符合留抵退税条件的，计算公式要打 60% 的折扣，即：

允许退还的增量留抵税额 = 增量留抵税额 × 进项构成比例 ×60%

财政部、税务总局、海关总署公告 2019 年第 39 号要求自 2019 年 4 月税款所属期起，连续 6 个月（按季纳税的，连续两个季度）增量留抵税额均大于 0，且第 6 个月增量留抵税额不低于 50 万元。

无论是部分先进制造业纳税人，还是其他纳税人，符合留抵退税条件的，计算公式都要乘以进项构成比例；而关于"进项构成比例"的规定，上述两个文件是一致的：

进项构成比例，为 2019 年 4 月至申请退税前一税款所属期内已抵扣的增值税专用发票（含税控机动车销售统一发票）、海关进口增值税专用缴款书、解缴税款完税凭证注明的增值税额占同期全部已抵扣进项税额的比重。

由此可见，进项构成比例计算的期间是"2019 年 4 月至申请退税前一税款所属期"，而不是按照申请退税前一税款所属期来计算。

第 73 集

取得退还留抵税额后，可以再申请退还增量留抵税额吗

接第 72 集案例，F 公司 2019 年 9 月取得退还的留抵税额为 29.10 万元，未调整退还留抵税额前的 9 月底留抵税额为 45 万元，同时符合留抵退税要求的其他条件。

提问： 林老师，F 公司可以申请退还增量留抵税额吗？

林溪发老师解答

F 公司可以申请退还增量留抵税额。

2019 年 9 月取得退还的留抵税额后：

调整后的留抵税额 = 45 − 29.1 = 15.9（万元）

2019 年 9 月增量留抵税额 = 15.9 − 10 = 5.90（万元）> 0

该公司 2019 年 9 月增量留抵税额大于零，同时符合留抵退税要求的其他条件，因此可以申请退还增量留抵税额。

◇ 政策依据

财政部　税务总局　海关总署
关于深化增值税改革有关政策的公告

2019 年 3 月 20 日　财政部　税务总局　海关总署公告 2019 年第 39 号

八、自 2019 年 4 月 1 日起，试行增值税期末留抵税额退税制度。

……

（六）纳税人取得退还的留抵税额后，应相应调减当期留抵税额。……

第一章　增值税

财政部　税务总局关于明确部分先进制造业增值税期末留抵退税政策的公告

2019年8月31日　财政部　税务总局公告2019年第84号

一、自2019年6月1日起，同时符合以下条件的部分先进制造业纳税人，可以自2019年7月及以后纳税申报期向主管税务机关申请退还增量留抵税额：

1. 增量留抵税额大于零；
2. 纳税信用等级为A级或者B级；
3. 申请退税前36个月未发生骗取留抵退税、出口退税或虚开增值税专用发票情形；
4. 申请退税前36个月未因偷税被税务机关处罚两次及以上；
5. 自2019年4月1日起未享受即征即退、先征后返（退）政策。

划重点　消痛点

关于该案例中F公司如何填写纳税申报表的问题，根据《国家税务总局关于办理增值税期末留抵税额退税有关事项的公告》（国家税务总局公告2019年第20号）第十五条规定，纳税人应在收到税务机关准予留抵退税的《税务事项通知书》当期，以税务机关核准的允许退还的增量留抵税额冲减期末留抵税额，并在办理增值税纳税申报时，相应填写《增值税纳税申报表附列资料（二）（本期进项税额明细）》第22栏"上期留抵税额退税"。

因此，该公司2019年9月取得退还的留抵税额29.10万元时，纳税申报表填写如表1所示：

表1　　　　　　　　　增值税纳税申报表附列资料（二）

单位：元

二、进项税额转出额		
项　目	栏次	税额
本期进项税额转出额	13=14至23之和	291000
其中：免税项目用	14	
集体福利、个人消费	15	
非正常损失	16	
简易计税方法征税项目用	17	
免抵退税办法不得抵扣的进项税额	18	
纳税检查调减进项税额	19	
红字专用发票信息表注明的进项税额	20	
上期留抵税额抵减欠税	21	
上期留抵税额退税	22	291000
其他应作进项税额转出的情形	23	

根据《财政部　税务总局关于增值税期末留抵退税有关城市维护建设税、教育费附加和地方教育附加政策的通知》（财税〔2018〕80号）规定，对实行增值税期末留抵退税的纳税人，允许其从城市维护建设税、教育费附加和地方教育附加的计税（征）依据中扣除退还的增值税税额。

因此，该公司2019年9月收到退还的留抵税额29.10万元时，在计算城市维护建设税、教育费附加、地方教育附加等地方税费时，计税（征）依据可以扣除退还的增值税税额29.10万元。

第九节　堂食和外卖

第 74 集
外卖食品可以按照"餐饮服务"缴纳增值税吗

2019年10月，甲乙二人在办公室聊税。

甲：我跟你讲啊，我老公的餐饮公司生意真是太好了，每天都爆满，而且有很多客户都打包带走。

乙：啧啧啧！

甲：不过，我们是一般纳税人，外卖食品的增值税怎么计算呀？

林溪发老师解答

外卖食品应按"餐饮服务"缴纳增值税。

✧ 政策依据

**国家税务总局关于国内旅客运输服务
进项税抵扣等增值税征管问题的公告**

2019年9月16日　国家税务总局公告2019年第31号

十二、关于餐饮服务税目适用

纳税人现场制作食品并直接销售给消费者，按照"餐饮服务"缴纳增值税。

> **划重点　消痛点**

2016年12月，《财政部　国家税务总局关于明确金融　房地产开发　教育辅助服务等增值税政策的通知》（财税〔2016〕140号）第九条规定，提供餐饮服务的纳税人销售的外卖食品，按照"餐饮服务"缴纳增值税。国家税务总局公告2019年第31号第十二条，是对营改增征管操作口径的再度明确。

2016年12月30日，《财政部税政司　国家税务总局货物和劳务税司关于财税〔2016〕140号文件部分条款的政策解读》指出，财税〔2016〕140号文件第九条明确的餐饮企业销售的外卖食品，与堂食适用同样的增值税政策，统一按照提供餐饮服务缴纳增值税。以上"外卖食品"仅指该餐饮企业参与了生产、加工过程的食品。对于餐饮企业将外购的酒水、农产品等货物，未进行后续加工而直接与外卖食品一同销售的，应根据该货物的适用税率，按照兼营的有关规定计算缴纳增值税。

本案例中，这家餐饮公司为一般纳税人，讲的"打包"指的是现场制作食品并直接销售给消费者，应按照"餐饮服务"缴纳增值税。

如果这家餐饮企业将外购的酒水、农产品等，没有进行后续加工，直接与外卖食品一同销售的，应按照"销售商品"征收增值税。

第十节　进项税额转出

第75集　购进大米用于食堂，进项税额需要转出吗

G 公司 2018 年 10 月购进大米准备用于销售，取得的增值税专用发票列明的增值税额为 2000 元，当月已申报抵扣。该批大米 11 月全部用于职工食堂。

提问：林老师，这批大米的进项税额要转出吗？

林溪发老师解答

购进该批大米的进项税额要转出。

◇ **政策依据**

中华人民共和国增值税暂行条例

2017 年 11 月 19 日　国务院令第 691 号修改

第十条　下列项目的进项税额不得从销项税额中抵扣：

（一）用于简易计税方法计税项目、免征增值税项目、集体福利或者个人消费的购进货物、劳务、服务、无形资产和不动产；……

划重点 消痛点

1.税务处理

该批大米于 2018 年 10 月购进，进项税额已经抵扣，而后 11 月全部用于职工食堂，属于集体福利，应将已抵扣的进项税额 2000 元转出。

2.会计处理

进项税额转出的会计处理：

借：应付职工薪酬——职工福利费　　　　　　　2000
　　贷：应交税费——应交增值税（进项税额转出）　　2000

3.纳税申报表的填写

纳税申报表的填写如表 1 所示。

表 1　　　　　　增值税纳税申报表附列资料（二）

单位：元

二、进项税额转出额		
项　目	栏次	税额
本期进项税额转出额	13=14 至 23 之和	
其中：免税项目用	14	
集体福利、个人消费	15	2000

假设 G 公司 11 月若将该批大米的 50% 用于职工食堂，则应转出 1000 元进项税额。

第 76 集
购进食品接待客人，进项税额需要转出吗

扫码学习

H 公司 2018 年 10 月购进食品准备用于销售，取得的增值税专用发票列明的增值税额为 320 元，当月已申报抵扣。该批食品 11 月全部用于招待客人。

提问：林老师，这批食品的进项税额需要转出吗？

林溪发老师解答

这批食品的进项税额需要转出。

◇ 政策依据

中华人民共和国增值税暂行条例

2017 年 11 月 19 日　国务院令第 691 号修改

第十条　下列项目的进项税额不得从销项税额中抵扣：

（一）用于简易计税方法计税项目、免征增值税项目、集体福利或者个人消费的购进货物、劳务、服务、无形资产和不动产；……

中华人民共和国增值税暂行条例实施细则

2011 年 10 月 28 日　财政部令第 65 号修改

第二十二条　条例第十条第（一）项所称个人消费包括纳税人的交际应酬消费。

划重点　消痛点

1. 税务处理

该批食品于 2018 年 10 月购进，进项税额已经抵扣，而后 11 月全部用于招待客人，属于将已抵扣进项税额的购进货物用于个人消费，应将进项税额 320 元转出。

2. 会计处理

进项税额转出的会计处理：

借：管理费用——交际应酬费　　　　　　　　　　320

　　贷：应交税费——应交增值税（进项税额转出）　320

3. 纳税申报表的填写

纳税申报表的填写如表 1 所示。

表 1　　　　　　　　增值税纳税申报表附列资料（二）

单位：元

二、进项税额转出额		
项　目	栏次	税额
本期进项税额转出额	13=14 至 23 之和	
其中：免税项目用	14	
集体福利、个人消费	15	320

4. 企业所得税处理

（1）视同销售

《国家税务总局关于企业处置资产所得税处理问题的通知》（国税函〔2008〕828 号）第二条规定，企业将资产移送他人的下列情形，因资产所有权属已发生改变而不属于内部处置资产，应按规定视同销售确定收入：

①用于市场推广或销售；

②用于交际应酬；

③用于职工奖励或福利；

④ 用于股息分配；

⑤ 用于对外捐赠；

⑥ 其他改变资产所有权属的用途。

H公司将外购的食品用于接待客人，属于上述第②项情形，应视同销售。

（2）纳税调整

《国家税务总局关于企业所得税有关问题的公告》（国家税务总局公告2016年第80号）第二条规定，企业发生《国家税务总局关于企业处置资产所得税处理问题的通知》（国税函〔2008〕828号）第二条规定情形的，除另有规定外，应按照被移送资产的公允价值确定销售收入。

该公司2018年10月外购食品2000元，进项税额320元。假设这批食品2018年11月的公允价格是2000元，应进行纳税调整：

视同销售收入 = 2000 元

视同销售成本 = 2000 元

纳税调整增加所得额

= 视同销售收入 − 视同销售成本

= 2000 − 2000

= 0

纳税申报表的填写如表2所示。

表2　　　　视同销售和房地产开发企业特定业务纳税调整明细表

单位：元

行次	项目	税收金额 1	纳税调整金额 2
1	一、视同销售（营业）收入 （2+3+4+5+6+7+8+9+10）	2000	2000
2	（一）非货币性资产交换视同销售收入	—	—
3	（二）用于市场推广或销售视同销售收入	—	—
4	（三）用于交际应酬视同销售收入	2000	2000
5	（四）用于职工奖励或福利视同销售收入	—	—

续表

行次	项　目	税收金额 1	纳税调整金额 2
6	（五）用于股息分配视同销售收入		—
7	（六）用于对外捐赠视同销售收入		—
8	（七）用于对外投资项目视同销售收入		—
9	（八）提供劳务视同销售收入		—
10	（九）其他		—
11	二、视同销售（营业）成本 （12+13+14+15+16+17+18+19+20）	2000	2000
12	（一）非货币性资产交换视同销售成本		—
13	（二）用于市场推广或销售视同销售成本		
14	（三）用于交际应酬视同销售成本	2000	2000
15	（四）用于职工奖励或福利视同销售成本		
16	（五）用于股息分配视同销售成本		
17	（六）用于对外捐赠视同销售成本		
18	（七）用于对外投资项目视同销售成本		
19	（八）提供劳务视同销售成本		
20	（九）其他		—

假设这批食品2018年11月的公允价格是2100元，纳税调整如下：

视同销售收入＝2100元

视同销售成本＝2000元

纳税调整增加所得额

＝视同销售收入－视同销售成本

＝2100－2000

＝100（元）

纳税申报表填写如表3所示。

表3　　　视同销售和房地产开发企业特定业务纳税调整明细表

单位：元

行次	项目	税收金额 1	纳税调整金额 2
1	一、视同销售（营业）收入 　　（2+3+4+5+6+7+8+9+10）	2100	2100
2	（一）非货币性资产交换视同销售收入		—
3	（二）用于市场推广或销售视同销售收入		
4	（三）用于交际应酬视同销售收入	2100	2100
5	（四）用于职工奖励或福利视同销售收入		—
6	（五）用于股息分配视同销售收入		
7	（六）用于对外捐赠视同销售收入		
8	（七）用于对外投资项目视同销售收入		
9	（八）提供劳务视同销售收入		
10	（九）其他		
11	二、视同销售（营业）成本 　　（12+13+14+15+16+17+18+19+20）	2000	2000
12	（一）非货币性资产交换视同销售成本		
13	（二）用于市场推广或销售视同销售成本		
14	（三）用于交际应酬视同销售成本	2000	2000
15	（四）用于职工奖励或福利视同销售成本		
16	（五）用于股息分配视同销售成本		—
17	（六）用于对外捐赠视同销售成本		—
18	（七）用于对外投资项目视同销售成本		—
19	（八）提供劳务视同销售成本		—
20	（九）其他		

第 77 集

购进罐头霉烂变质，进项税额需要转出吗

I 公司 2018 年 8 月购进罐头准备用于销售，取得增值税专用发票列明的货物金额为 20 万元、运费金额为 1 万元，并于当月申报抵扣。由于管理不善，这批罐头 2018 年 11 月全部霉烂变质。

提问：林老师，这批罐头的进项税额需要转出吗？

林溪发老师解答

这批罐头的进项税额应转出。

◇ **政策依据**

中华人民共和国增值税暂行条例

2017 年 11 月 19 日　国务院令第 691 号修改

第十条　下列项目的进项税额不得从销项税额中抵扣：

……

（二）非正常损失的购进货物，以及相关的劳务和交通运输服务；

中华人民共和国增值税暂行条例实施细则

2011 年 10 月 28 日　财政部令第 65 号修改

第二十四条　条例第十条第（二）项所称非正常损失，是指因管理不善造成被盗、丢失、霉烂变质的损失。

第一章 增值税

划重点 消痛点

1. 税务处理

该批罐头于 2018 年 8 月购进，进项税额已经抵扣，而后 11 月全部霉烂变质，属于非正常损失，应将进项税额转出。

应转出的进项税额 = 200000 × 16% + 10000 × 10% = 33000（元）

2. 会计处理

进项税额转出的会计处理：

借：营业外支出——非常损失　　　　　　　　　243000
　　贷：库存商品　　　　　　　　　　　　　　210000
　　　　应交税费——应交增值税（进项税额转出）　33000

3. 纳税申报表的填写

纳税申报表的填写如表 1 所示。

表 1　　　　　　　增值税纳税申报表附列资料（二）

单位：元

二、进项税额转出额		
项　目	栏次	税额
本期进项税额转出额	13 = 14 至 23 之和	
其中：免税项目用	14	
集体福利、个人消费	15	
非正常损失	16	33000

4. 企业所得税的处理

存货非正常损失，可以在企业所得税税前扣除，扣除金额按照库存商品的计税基础，扣掉处置收入和赔偿收入后的金额计算。

假定该批罐头全部霉烂变质，责任人的赔偿收入为 13000 元，无变卖收入，则存货非正常损失税前扣除金额计算如下。

201

库存商品计税基础＝库存商品购置成本＋进项税额转出＝210000＋33000＝243000（元）

存货非正常损失税前扣除金额＝库存商品计税基础－处置收入－赔偿收入＝243000－0－13000＝230000（元）

会计处理如下。

收到责任人的赔偿款时：

借：营业外支出——非常损失　　　　　　　　　　　（13000）

借：银行存款　　　　　　　　　　　　　　　　　　　13000

存货非正常损失账载金额＝243000－13000＝230000（元）

5. 企业所得税纳税申报表的填写

纳税申报表的填写如表2所示。

表2　　　　　　　　资产损失税前扣除及纳税调整明细表

单位：元

行次	项目	资产损失的账载金额	资产处置收入	赔偿收入	资产计税基础	资产损失的税收金额	纳税调整金额
		1	2	3	4	5（4-2-3）	6（1-5）
1	一、现金及银行存款损失						
2	二、应收及预付款项坏账损失						
3	其中：逾期三年以上的应收款项损失						
4	逾期一年以上的小额应收款项损失						
5	三、存货损失	230000	0	13000	243000	230000	0
6	其中：存货盘亏、报废、损毁、变质或被盗损失	230000	0	13000	243000	230000	0

第一章 增值税

企业发生存货损失，应注意留存备查资料的完整性，参照《国家税务总局关于企业所得税资产损失资料留存备查有关事项的公告》（国家税务总局公告 2018 年第 15 号）执行。

第 78 集

增值税税率下降了，进项税额转出要分段计算吗

扫码学习

J 公司 2018 年 4 月购进饮料准备用于销售，取得增值税专用发票列明的货物金额为 10 万元、运费金额为 0.5 万元；2018 年 8 月购进饮料准备用于销售，取得增值税专用发票列明的货物金额为 10 万元、运费金额为 0.5 万元。以上均于当月申报抵扣。由于管理不善，这两批饮料于 2018 年 11 月全部霉烂变质。

提问：林老师，税率下降了，进项税额转出如何计算？

林溪发老师解答

进项税额转出应分别计算。

◇ **政策依据**

财政部 税务总局关于调整增值税税率的通知

2018 年 4 月 4 日 财税〔2018〕32 号

一、纳税人发生增值税应税销售行为或者进口货物，原适用 17% 和 11% 税率的，税率分别调整为 16%、10%。

203

划重点　消痛点

1. 税务处理

（1）2018年4月购进饮料。

取得增值税专用发票列明的货物金额为10万元、运费金额为0.5万元，增值税税率分别为17%、11%。

应转出的进项税额 ＝ 100000 × 17% + 5000 × 11% ＝ 17550（元）

（2）2018年8月购进饮料。

取得增值税专用发票列明的货物金额为10万元、运费金额为0.5万元，增值税税率分别为16%、10%。

应转出的进项税额 ＝ 100000 × 16% + 5000 × 10% ＝ 16500（元）

（3）应转出进项税额总数。

应转出的进项税额合计数 ＝ 17550 + 16500 ＝ 34050（元）

2. 会计处理

进项税额转出的会计处理：

借：营业外支出——非正常损失　　　　　　　　　　244050
　　贷：库存商品　　　　　　　　　　　　　　　　210000
　　　　应交税费——应交增值税（进项税额转出）　　34050

3. 纳税申报表的填写

纳税申报表的填写如表1所示。

表1　　　　　　　增值税纳税申报表附列资料（二）

单位：元

二、进项税额转出额		
项　目	栏次	税额
本期进项税额转出额	13=14至23之和	
其中：免税项目用	14	
集体福利、个人消费	15	
非正常损失	16	34050

第一章 增值税

本案例中,这两批饮料 2018 年 11 月全部霉烂变质,增值税税率有调整,应按照这两批取得的进项税额分别计算,再汇总计算出需要转出的进项税额。

从 2019 年 4 月 1 日开始,增值税一般纳税人发生增值税应税销售行为或者进口货物,原适用 16% 和 10% 税率的,税率分别调整为 13%、9%。在计算进项税额转出时,应注意增值税税率下降的影响。

第 79 集

产品报废了,耗用的原材料进项税额需要转出吗

A 公司 2018 年 11 月生产出部分质量不合格的产品,总经理办公会研究决定报废。这批不合格产品所耗用的原材料的进项税额为 16000 元,已经申报抵扣。

提问:林老师,这批不合格产品所耗用的原材料的进项税额需要转出吗?

林溪发老师解答

这批不合格产品所耗用的原材料的进项税额不需要转出。

◇ 政策依据

中华人民共和国增值税暂行条例

2017 年 11 月 19 日　国务院令第 691 号修改

第十条　下列项目的进项税额不得从销项税额中抵扣:

> ……
> （二）非正常损失的购进货物，以及相关的劳务和交通运输服务；
>
> **中华人民共和国增值税暂行条例实施细则**
>
> 2011年10月28日　财政部令第65号修改
>
> 第二十四条　条例第十条第（二）项所称非正常损失，是指因管理不善造成被盗、丢失、霉烂变质的损失。

划重点　消痛点

本案例中，产品报废损失不属于增值税暂行条例及其实施细则列举的需要作进项税额转出的情形，因此不需要转出。在考虑进项税额是否需要转出的时候，应注意：该转的要转，不该转的不要转。

第80集　购进原料退货，已申报抵扣的进项税额需要转出吗

> K公司于2018年9月购置一批原料，取得的增值税专用发票列明的增值税额为4800元，当月已支付全部货款并申报抵扣。2018年11月因质量问题解除采购合同，收回货款，并填开了《开具红字增值税专用发票信息表》。
>
> 提问：林老师，这批原料的进项税额需要转出吗？

第一章 增值税

林溪发老师解答

这批原料的进项税额应转出。

◇ 政策依据

财政部　国家税务总局
关于全面推开营业税改征增值税试点的通知

2016年3月23日　财税〔2016〕36号

附件1：营业税改征增值税试点实施办法

第三十二条　纳税人适用一般计税方法计税的，因销售折让、中止或者退回而退还给购买方的增值税额，应当从当期的销项税额中扣减；因销售折让、中止或者退回而收回的增值税额，应当从当期的进项税额中扣减。

划重点　消痛点

1. 税务处理

销售中止而收到退还的货款，应于2018年11月转出进项税额4800元。

2. 纳税申报表的填写

纳税申报表的填写如表1所示。

表1　　　　　增值税纳税申报表附列资料（二）

单位：元

二、进项税额转出额		
项目	栏次	税额
本期进项税额转出额	13=14至23之和	
其中：免税项目用	14	

207

续表

二、进项税额转出额		
项目	栏次	税额
集体福利、个人消费	15	
非正常损失	16	
简易计税方法征税项目用	17	
免抵退税办法不得抵扣的进项税额	18	
纳税检查调减进项税额	19	
红字专用发票信息表注明的进项税额	20	4800
上期留抵税额抵减欠税	21	
上期留抵税额退税	22	
其他应作进项税额转出的情形	23	

第81集

设备改变用途，已申报抵扣的进项税额需要转出吗

L公司2018年4月购进的机器设备为300万元，取得的增值税专用发票列明的增值税额为51万元，当月已申报抵扣。该设备于2018年4月投入使用，生产增值税应税产品；会计上按10年折旧，不留残值。2018年11月1日，L公司将该设备专门用于生产免税产品。

提问：林老师，设备改变用途，进项税额如何处理？

第一章 增值税

林溪发老师解答

设备改变用途，进项税额应转出。

◇ 政策依据

中华人民共和国增值税暂行条例

2017年11月19日　国务院令第691号修改

第十条　下列项目的进项税额不得从销项税额中抵扣：

（一）用于简易计税方法计税项目、免征增值税项目、集体福利或者个人消费的购进货物、劳务、服务、无形资产和不动产；

财政部　国家税务总局
关于全面推开营业税改征增值税试点的通知

2016年3月23日　财税〔2016〕36号

附件1：营业税改征增值税试点实施办法

第三十一条　已抵扣进项税额的固定资产、无形资产或者不动产，发生规定情形的，按照下列公式计算不得抵扣的进项税额：

不得抵扣的进项税额 = 固定资产、无形资产或者不动产净值 × 适用税率。

固定资产、无形资产或者不动产净值，指纳税人根据财务会计制度计提折旧或摊销后的余额。

划重点　消痛点

1. 税务处理

2018年11月1日，L公司将该设备专门用于生产免税产品，进项税额

209

需要转出。应转出进项税额的计算：

（1）固定资产净值（见表1）。

表1　　　　　　　　　　固定资产净值计算

原值	每月折旧	2018年5至10月折旧	固定资产净值
300万元	2.5万元（300÷10÷12）	15万元（2.5×6）	285万元（300－15）

（2）不得抵扣的进项税额。

不得抵扣的进项税额

＝固定资产、无形资产或者不动产净值×适用税率

＝285×17%

＝48.45（万元）

2. 会计处理

借：固定资产——机器设备　　　　　　　　　　　　484500

　　贷：应交税费——应交增值税（进项税额转出）　　484500

3. 纳税申报表的填写

纳税申报表的填写如表2所示。

表2　　　　　　　增值税纳税申报表附列资料（二）

单位：元

二、进项税额转出额		
项　目	栏次	税额
本期进项税额转出额	13＝14至23之和	
其中：免税项目用	14	484500
集体福利、个人消费	15	
非正常损失	16	
简易计税方法征税项目用	17	
免抵退税办法不得抵扣的进项税额	18	

第一章 增值税

续表

二、进项税额转出额		
项 目	栏次	税额
纳税检查调减进项税额	19	
红字专用发票信息表注明的进项税额	20	
上期留抵税额抵减欠税	21	
上期留抵税额退税	22	
其他应作进项税额转出的情形	23	

4. 企业所得税税前扣除

《国家税务总局关于设备 器具扣除有关企业所得税政策执行问题的公告》（国家税务总局公告2018年第46号）第一条规定：企业在2018年1月1日至2020年12月31日期间新购进的设备、器具，单位价值不超过500万元的，允许一次性计入当期成本费用在计算应纳税所得额时扣除，不再分年度计算折旧（以下简称一次性税前扣除政策）。所称设备、器具，是指除房屋、建筑物以外的固定资产（以下简称固定资产）；以货币形式购进的固定资产，以购买价款和支付的相关税费以及直接归属于使该资产达到预定用途发生的其他支出确定单位价值。

因此，购进设备金额300万元及改变用途后不得抵扣的进项税额48.45万元，合计348.45万元，低于500万元，因此2018年度可选择一次性计入当期成本费用在企业所得税税前扣除。

本案例中，该公司在计算进项转出金额时，公式为：

不得抵扣的进项税额 = 固定资产、无形资产或者不动产净值 × 适用税率

固定资产、无形资产或者不动产净值，是指纳税人根据财务会计制度计提折旧或摊销后的余额。

从上述计算公式以及本案例计算过程来看，主要有以下四个因素影响进项税额转出的计算：

（1）固定资产购置原值；
（2）会计折旧年限；
（3）预计净残值；
（4）增值税适用税率。

在计算进项税额转出时，应注意增值税税率下降的影响。

第82集 租入房屋全部改变用途，已申报抵扣的进项税额需要转出吗

M公司于2018年7月1日租入房屋用于办公，已支付半年（7—12月）租金，取得增值税专用发票列明的增值税额为6000元，当月申报抵扣。2018年11月1日总经理办公会研究决定，将该租入房屋全部改为职工宿舍。

提问：林老师，租入房屋改变用途，进项税额如何处理？

林溪发老师解答

租入房屋改变用途，进项税额应转出。

◇ **政策依据**

中华人民共和国增值税暂行条例

2017年11月19日　国务院令第691号修改

第十条　下列项目的进项税额不得从销项税额中抵扣：

（一）用于简易计税方法计税项目、免征增值税项目、集体福利或者个人消费的购进货物、劳务、服务、无形资产和不动产；

第一章 增值税

> 划重点 消痛点

1. 税务处理

2018年11月1日，M公司将该房屋专门用于集体福利，已经抵扣的11—12月租金的进项税额需要转出。

应转出进项税额 = 6000÷6×2 = 2000（元）

2. 会计处理

进项税额转出的会计处理：

借：应付职工薪酬——职工福利费　　　　　　　　　　2000
　　贷：应交税费——应交增值税（进项税额转出）　　2000

3. 纳税申报表的填写

纳税申报表的填写如表1所示。

表1　　　　　　　增值税纳税申报表附列资料（二）

单位：元

二、进项税额转出额		
项目	栏次	税额
本期进项税额转出额	13=14至23之和	
其中：免税项目用	14	
集体福利、个人消费	15	2000
非正常损失	16	
简易计税方法征税项目用	17	
免抵退税办法不得抵扣的进项税额	18	
纳税检查调减进项税额	19	
红字专用发票信息表注明的进项税额	20	
上期留抵税额抵减欠税	21	
上期留抵税额退税	22	
其他应作进项税额转出的情形	23	

本案例中，M 公司支付办公楼半年租金，进项税额已经全额申报抵扣，11 月该房屋全部改为职工宿舍楼，用于集体福利，应转出进项税额，按照 11 月和 12 月两个月租金对应的进项税额计算，此前办公期间的租金的进项税额不用转出。

第 83 集 租入房屋部分改变用途，已申报抵扣的进项税额需要转出吗

N 公司 2018 年 10 月 1 日租入一层写字楼共 1500 平方米用于办公，已支付一个季度（10 月至 12 月）租金，取得增值税专用发票列明的增值税额 60000 元，当月申报抵扣。2018 年 11 月 1 日总经理办公会研究决定，将写字楼约 80 平方米的区域改作职工健身房。

提问：林老师，职工健身房租金进项税额需要转出吗？

林溪发老师解答

职工健身房租金进项税额不需要转出。

◇ 政策依据

财政部　税务总局关于
租入固定资产进项税额抵扣等增值税政策的通知

2017 年 12 月 25 日　财税〔2017〕90 号

一、自 2018 年 1 月 1 日起，纳税人租入固定资产、不动产，既用于一般计税方法计税项目，又用于简易计税方法计税项目、免征增值税

第一章 增值税

项目、集体福利或者个人消费的,其进项税额准予从销项税额中全额抵扣。

划重点 消痛点

2018年11月1日N公司将租入写字楼约80平方米的区域改作职工健身房,虽然这个区域用于集体福利,但是其他区域还是用于该公司办公,对于整个租入不动产而言,既用于一般计税方法计税项目,又用于集体福利,根据财税〔2017〕90号规定,其进项税额准予从销项税额中全额抵扣,因此不需要转出。

第十一节　社区家庭服务业增值税优惠

第 84 集

家政服务收入可以免征增值税吗

A 公司是社区家政服务企业，以家庭为服务对象，为社区居民提供家政服务，服务范围主要是进入家庭成员住所提供保洁和烹饪。A 公司 2019 年 7 月取得收入 60 万元，全部为社区家政服务收入。

提问： 林老师，A 公司 7 月的收入需要缴纳增值税吗？

林溪发老师解答

A 公司 7 月的收入免征增值税。

该公司 2019 年 7 月取得社区家政服务收入 60 万元，可以享受税收优惠，免征增值税。

◇ 政策依据

财政部　税务总局　发展改革委
民政部　商务部　卫生健康委
关于养老、托育、家政等社区家庭服务业税费优惠政策的公告

2019 年 6 月 28 日　财政部公告 2019 年第 76 号

一、为社区提供养老、托育、家政等服务的机构，按照以下规定享受税费优惠政策：

第一章 增值税

（一）提供社区养老、托育、家政服务取得的收入，免征增值税。

……

三、本公告所称社区是指聚居在一定地域范围内的人们所组成的社会生活共同体，包括城市社区和农村社区。

……

为社区提供家政服务的机构，是指以家庭为服务对象，为社区居民提供家政服务的企业、事业单位和社会组织。社区家政服务是指进入家庭成员住所或医疗机构为孕产妇、婴幼儿、老人、病人、残疾人提供的照护服务，以及进入家庭成员住所提供的保洁、烹饪等服务。

……

六、本公告自2019年6月1日起执行至2025年12月31日。

划重点 消痛点

社区家政服务企业，在享受增值税优惠时，请关注以下六点：

1. 社区的定义

财政部公告2019年第76号第三条第一款规定，社区是指聚居在一定地域范围内的人们所组成的社会生活共同体，包括城市社区和农村社区。

2. 社区家政服务机构的范围

财政部公告2019年第76号第三条第四款规定，为社区提供家政服务的机构，是指以家庭为服务对象，为社区居民提供家政服务的企业、事业单位和社会组织。

3. 社区家政服务方式

财政部公告2019年第76号第三条第四款规定，社区家政服务是指进入家庭成员住所或医疗机构为孕产妇、婴幼儿、老人、病人、残疾人提供的照护服务，以及进入家庭成员住所提供的保洁、烹饪等服务。

4. 符合特定条件的可以免征增值税

财政部公告2019年第76号第四条规定，符合下列条件的家政服务企业提供家政服务取得的收入，比照《营业税改征增值税试点过渡政策的规定》（财税〔2016〕36号附件）第一条第（三十一）项规定，免征增值税：

（1）与家政服务员、接受家政服务的客户就提供家政服务行为签订三方协议；

（2）向家政服务员发放劳动报酬，并对家政服务员进行培训管理；

（3）通过建立业务管理系统对家政服务员进行登记管理。

《营业税改征增值税试点过渡政策的规定》（财税〔2016〕36号附件）第一条第（三十一）项规定，家政服务企业由员工制家政服务员提供家政服务取得的收入免征增值税。

家政服务企业，是指在企业营业执照的规定经营范围中包括家政服务内容的企业。

员工制家政服务员，是指同时符合下列3个条件的家政服务员：

（1）依法与家政服务企业签订半年及半年以上的劳动合同或者服务协议，且在该企业实际上岗工作；

（2）家政服务企业为其按月足额缴纳了企业所在地人民政府根据国家政策规定的基本养老保险、基本医疗保险、工伤保险、失业保险等社会保险。对已享受新型农村养老保险和新型农村合作医疗等社会保险或者下岗职工原单位继续为其缴纳社会保险的家政服务员，如果本人书面提出不再缴纳企业所在地人民政府根据国家政策规定的相应的社会保险，并出具其所在乡镇或者原单位开具的已缴纳相关保险的证明，可视同家政服务企业已为其按月足额缴纳了相应的社会保险；

（3）家政服务企业通过金融机构向其实际支付不低于企业所在地适用的经省级人民政府批准的最低工资标准的工资。

5. 享受免税的纳税主体未限定为一般纳税人或小规模纳税人

为社区提供家政服务的机构是一般纳税人还是小规模纳税人，财政部公告2019年第76号未作出规定，因此符合财政部公告2019年第76号规定条件的一般纳税人或小规模纳税人，均可以享受免征增值税优惠。

6. 社区家政服务收入应独立核算

《营业税改征增值税试点实施办法》（财税〔2016〕36号附件）第四十一条规定，纳税人兼营免税、减税项目的，应当分别核算免税、减税项目的销售额；未分别核算的，不得免税、减税。

本案例中，该公司取得的收入全部为社区家政服务收入。假定该公司除了提供社区家政服务，还兼营日用品零售，则应当对家政服务收入和销售日用品收入分别核算。未分别核算的，社区家政服务收入不能免税。

必须指出，根据财政部公告2019年第76号的规定，除了社区家政服务取得的收入，社区养老、托育服务取得的收入，符合规定条件的，也可以免征增值税。

延伸案例

养老服务收入可以减计吗

扫码学习

B公司是社区养老服务企业，在社区依托固定场所设施，采取日托方式，为社区居民提供养老服务，服务范围主要是为老年人提供生活照料和康复护理。B公司2019年8月取得收入60万元，全部为社区养老服务收入。

提问：林老师，B公司在计算缴纳企业所得税的应纳税所得额时，8月的收入需要全部计算吗？

林溪发老师解答

B公司2019年8月取得社区养老服务收入60万元，可以享受税费优惠，计算企业所得税的应纳税所得额时，养老服务收入减按90%计算。

◇ 政策依据

**财政部　税务总局　发展改革委
民政部　商务部　卫生健康委
关于养老、托育、家政等社区家庭服务业税费优惠政策的公告**

2019 年 6 月 28 日　财政部公告 2019 年第 76 号

一、为社区提供养老、托育、家政等服务的机构，按照以下规定享受税费优惠政策：

……

（二）提供社区养老、托育、家政服务取得的收入，在计算应纳税所得额时，减按 90% 计入收入总额。

……

三、本公告所称社区是指聚居在一定地域范围内的人们所组成的社会生活共同体，包括城市社区和农村社区。

为社区提供养老服务的机构，是指在社区依托固定场所设施，采取全托、日托、上门等方式，为社区居民提供养老服务的企业、事业单位和社会组织。社区养老服务是指为老年人提供的生活照料、康复护理、助餐助行、紧急救援、精神慰藉等服务。

……

六、本公告自 2019 年 6 月 1 日起执行至 2025 年 12 月 31 日。

划重点　消痛点

本案例中，B 公司 2019 年 8 月取得社区养老服务收入，可以享受免征增值税优惠，因此不含税收入等于含税收入，均为 60 万元。

该收入可以享受企业所得税优惠，按照 90% 计算应纳税所得额，要如何纳税申报？

按照《国家税务总局关于修订企业所得税年度纳税申报表有关问题

第一章 增值税

的公告》（国家税务总局公告2019年第41号）规定，在《免税、减计收入及加计扣除优惠明细表》第24.1行"1.取得的社区家庭服务收入在计算应纳税所得额时减计收入"，填报社区养老服务收入总额60万元乘以10%的金额6万元（见表1）。

表1　　　　　免税、减计收入及加计扣除优惠明细表

单位：元

行次	项目	金额
17	二、减计收入（18+19+23+24）	
18	（一）综合利用资源生产产品取得的收入在计算应纳税所得额时减计收入	
19	（二）金融、保险等机构取得的涉农利息、保费减计收入（20+21+22）	
20	1.金融机构取得的涉农贷款利息收入在计算应纳税所得额时减计收入	
21	2.保险机构取得的涉农保费收入在计算应纳税所得额时减计收入	
22	3.小额贷款公司取得的农户小额贷款利息收入在计算应纳税所得额时减计收入	
23	（三）取得铁路债券利息收入减半征收企业所得税	
24	（四）其他	60000
24.1	1.取得的社区家庭服务收入在计算应纳税所得额时减计收入	60000
24.2	2.其他	

托育服务企业购置房产，可以免征契税吗

扫码学习

C公司是社区托育服务企业，在社区依托固定场所设施，采取全日托、半日托方式，为社区居民提供托育服务，服务范围主要是为3周岁

（含）以下婴幼儿提供照料、看护、膳食、保育等服务。C公司2019年8月购置取得房屋，支付价款500万元，用于提供社区托育服务。

提问：林老师，C公司取得房屋时，需要缴纳契税吗？

林溪发老师解答

C公司2019年8月购置取得房屋，用于提供社区托育服务，可以享受税费优惠，免征契税。

◇ 政策依据

财政部　税务总局　发展改革委
民政部　商务部　卫生健康委
关于养老、托育、家政等社区家庭服务业税费优惠政策的公告

2019年6月28日　财政部公告2019年第76号

一、为社区提供养老、托育、家政等服务的机构，按照以下规定享受税费优惠政策：

……

（三）承受房屋、土地用于提供社区养老、托育、家政服务的，免征契税。

……

三、本公告所称社区是指聚居在一定地域范围内的人们所组成的社会生活共同体，包括城市社区和农村社区。

为社区提供托育服务的机构，是指在社区依托固定场所设施，采取全日托、半日托、计时托、临时托等方式，为社区居民提供托育服务的企业、事业单位和社会组织。社区托育服务是指为3周岁（含）以下婴幼儿提供的照料、看护、膳食、保育等服务。

……

六、本公告自2019年6月1日起执行至2025年12月31日。

第一章　增值税

划重点　消痛点

本案例中，这家社区托育服务企业，2019年8月购置房屋免征契税，房屋的用途应符合规定：承受的房屋用于提供社区托育服务。

根据财政部公告2019年第76号的规定，除了为社区提供托育服务的机构承受房屋、土地用于提供社区托育服务免征契税之外，为社区提供养老、家政等服务的机构承受房屋、土地用于提供社区养老、家政服务的，也可以免征契税。

托育服务企业自有房产，可以免征房产税和城镇土地使用税吗

扫码学习

接上述案例"托育服务企业购置房产，可以免征契税吗"，C公司2019年8月购置取得房屋，用于提供社区托育服务。

提问： 林老师，C公司需要缴纳房产税、城镇土地使用税吗？

林溪发老师解答

C公司2019年8月购置取得房屋，用于提供社区托育服务，可以享受税费优惠，在2025年12月31日之前，免征房产税、城镇土地使用税。

◇ 政策依据

财政部　税务总局　发展改革委
民政部　商务部　卫生健康委
关于养老、托育、家政等社区家庭服务业税费优惠政策的公告
2019年6月28日　财政部公告2019年第76号

二、为社区提供养老、托育、家政等服务的机构自有或其通过

223

承租、无偿使用等方式取得并用于提供社区养老、托育、家政服务的房产、土地，免征房产税、城镇土地使用税。

……

六、本公告自2019年6月1日起执行至2025年12月31日。

划重点　消痛点

社区家庭服务业的房产税、城镇土地使用税优惠，应关注以下两点：

1. 取得方式

自有或其通过承租、无偿使用等方式。

2. 房屋、土地的用途

用于提供社区养老、托育、家政服务。

托育服务企业无偿使用房产，可以免征房产税和城镇土地使用税吗

扫码学习

接上述案例"托育服务企业购置房产，可以免征契税吗"，C公司2019年8月无偿使用房屋，用于提供社区托育服务。

提问：林老师，C公司需要缴纳房产税、城镇土地使用税吗？

林溪发老师解答

C公司2019年8月无偿使用的房屋，用于提供社区托育服务，可以享受税费优惠，在2025年12月31日之前，免征房产税、城镇土地使用税。

第一章　增值税

> ◇政策依据
>
> **财政部　税务总局　发展改革委**
> **民政部　商务部　卫生健康委**
> **关于养老、托育、家政等社区家庭服务业税费优惠政策的公告**
>
> 2019年6月28日　财政部公告2019年第76号
>
> 　　二、为社区提供养老、托育、家政等服务的机构自有或其通过承租、无偿使用等方式取得并用于提供社区养老、托育、家政服务的房产、土地，免征房产税、城镇土地使用税。
>
> ……
>
> 　　六、本公告自2019年6月1日起执行至2025年12月31日。

划重点　消痛点

《财政部　国家税务总局关于房产税、城镇土地使用税有关问题的通知》（财税〔2009〕128号）第一条规定，无租使用其他单位房产的应税单位和个人，依照房产余值代缴纳房产税。

该公司2019年8月无偿使用房屋，用于提供社区托育服务，根据财政部公告2019年第76号规定，可以免征房产税、城镇土地使用税。

根据财政部公告2019年第76号的规定，除了为社区提供托育服务的机构自有或其通过承租、无偿使用等方式取得并用于提供社区托育服务的房产、土地免征房产税、城镇土地使用税之外，为社区提供养老、家政等服务的机构自有或其通过承租、无偿使用等方式取得并用于提供社区养老、家政服务的房产、土地，也可以免征房产税、城镇土地使用税。

第二章 企业所得税

第一节 税前扣除凭证

第 85 集

糕点收据可以作为企业所得税税前扣除凭证吗

2018年8月，D公司来了客人，行政部小李去办公室楼下小摊买糕点招待客人，取得小摊主开具的收据。

提问：林老师，这些糕点收据可以作为税前扣除凭证吗？

林溪发老师解答

小摊主销售额符合小额零星经营业务标准的，以收据作为税前扣除凭证。不符合的，以发票作为税前扣除凭证。

◇ 政策依据

国家税务总局关于发布
《企业所得税税前扣除凭证管理办法》的公告

2018年6月6日　国家税务总局公告2018年第28号

第九条　企业在境内发生的支出项目属于增值税应税项目（以下简称"应税项目"）的，对方为已办理税务登记的增值税纳税人，其支出以发票（包括按照规定由税务机关代开的发票）作为税前扣除凭证；……

第二章 企业所得税

知识链接

小额零星经营业务判断标准

个人从事应税项目经营业务的销售额不超过增值税相关政策规定的起征点：

（1）按月纳税的，月销售额不超过3万元；

（2）按次纳税的，每次（日）销售额不超过300~500元（具体标准按照各省有关部门规定执行）。

划重点　消痛点

本案例中的糕点收据，在企业所得税税前扣除时，应关注以下三点：

1. 开具发票的小摊点是否符合小额零星经营业务标准

如果小摊主个人销售额符合小额零星经营业务标准，以收据作为税前扣除凭证。

如果个人销售额超过上述小额零星经营业务标准，相关支出仍应以发票（包括按照规定由税务机关代开的发票）作为税前扣除凭证。

此项规定，突破了"凭票扣除"的限制，是便民措施，减轻了办税负担。

2. 收款凭证要求

收款凭证应载明收款单位名称、个人姓名及身份证号、支出项目、收款金额等相关信息。

国家税务总局公告2018年第28号第九条区分情况对税前扣除凭证做出具体规定：

（1）已办理税务登记的增值税纳税人。

企业在境内发生的支出项目属于增值税应税项目的，对方为已办理税

227

务登记的增值税纳税人，其支出以发票（包括按照规定由税务机关代开的发票）作为税前扣除凭证。

（2）无需办理税务登记的单位或者从事小额零星经营业务的个人。

对方为依法无需办理税务登记的单位或者从事小额零星经营业务的个人，其支出以税务机关代开的发票或者收款凭证及内部凭证作为税前扣除凭证，收款凭证应载明收款单位名称、个人姓名及身份证号、支出项目、收款金额等相关信息。

（3）另有规定的。

税务总局对应税项目开具发票另有规定的，以规定的发票或者票据作为税前扣除凭证。

3. 遵守税法的扣除规定

本案例中的糕点用于接待客人，计入业务招待费，要遵守企业所得税法对于招待费的扣除要求和标准。

《中华人民共和国企业所得税法实施条例》第四十三条规定，企业发生的与生产经营活动有关的业务招待费支出，按照发生额的60%扣除，但最高不得超过当年销售（营业）收入的5‰。

第86集 出国票据可以作为企业所得税税前扣除凭证吗

2018年8月，E公司到国外参展，取得一叠英文票据。

提问：林老师，E公司取得的英文票据，可以作为税前扣除凭证吗？

第二章 企业所得税

林溪发老师解答

英文票据是具有发票性质的收款凭证，可以作为税前扣除凭证。

◇ 政策依据

国家税务总局关于发布
《企业所得税税前扣除凭证管理办法》的公告

2018年6月6日 国家税务总局公告2018年第28号

第十一条 企业从境外购进货物或者劳务发生的支出，以对方开具的发票或者具有发票性质的收款凭证、相关税费缴纳凭证作为税前扣除凭证。

划重点 消痛点

本案例中的英文票据，在企业所得税税前扣除的时候，应关注以下两点：

1. **与企业生产经营业务相关**

英文票据是E公司到国外参展发生的，与企业生产经营业务相关，可以扣除。

企业境外购进货物或劳务支出，应注意与生产经营业务相关，才能在企业所得税税前扣除。

假定该公司取得国外费用票据折合人民币2万元，但与企业生产经营无关，则会计上可以记入企业成本费用，但在企业所得税处理时，应纳税调整增加所得额，计入"与收入无关支出"，纳税申报填写如表1所示。

表1　　　　　　　　　　纳税调整项目明细表

单位：元

行次	项目	账载金额 1	税收金额 2	调增金额 3	调减金额 4
12	二、扣除类调整项目（13+14+…+24+26+27+28+29+30）	*	*		
13	（一）视同销售成本（填写A105010）	*		*	
14	（二）职工薪酬（填写A105050）				
15	（三）业务招待费支出				*
16	（四）广告费和业务宣传费支出（填写A105060）	*	*		
17	（五）捐赠支出（填写A105070）				
18	（六）利息支出				
19	（七）罚金、罚款和被没收财物的损失		*		*
20	（八）税收滞纳金、加收利息		*		*
21	（九）赞助支出		*		*
22	（十）与未实现融资收益相关在当期确认的财务费用				
23	（十一）佣金和手续费支出				*
24	（十二）不征税收入用于支出所形成的费用	*	*		*
25	其中：专项用途财政性资金用于支出所形成的费用（填写A105040）	*	*		*
26	（十三）跨期扣除项目				
27	（十四）与取得收入无关的支出	20000	*	20000	*
28	（十五）境外所得分摊的共同支出	*	*		
29	（十六）党组织工作经费				
30	（十七）其他				

2. 扣除凭证

国家税务总局公告2018年第28号第十一条规定，企业从境外购进货物或者劳务发生的支出，以对方开具的发票或者具有发票性质的收款凭证、相关税费缴纳凭证。注意该规定为正向列举，而且最后面没有"等"字，不能随意扩大范围。

第 87 集

换开发票可以作为企业所得税税前扣除凭证吗

扫码学习

2018 年 8 月，F 公司采购材料，已开的发票不合规，现换开发票。

提问：林老师，F 公司换开的发票，可以作为税前扣除凭证吗？

林溪发老师解答

如 F 公司的材料已采购，并在当年度汇算清缴期结束前换开了发票，则该发票可以作为税前扣除凭证。

◇ 政策依据

国家税务总局关于发布
《企业所得税税前扣除凭证管理办法》的公告

2018 年 6 月 6 日　国家税务总局公告 2018 年第 28 号

第十三条　企业应当取得而未取得发票、其他外部凭证或者取得不合规发票、不合规其他外部凭证的，若支出真实且已实际发生，应当在当年度汇算清缴期结束前，要求对方补开、换开发票、其他外部凭证。补开、换开后的发票、其他外部凭证符合规定的，可以作为税前扣除凭证。

划重点 消痛点

本案例中，换开发票在企业所得税税前扣除时，应关注以下四点：

1. 支出真实且已实际发生

（1）真实性原则。

国家税务总局公告 2018 年第 28 号第四条规定，税前扣除凭证在管理中遵循真实性、合法性、关联性原则。真实性是指税前扣除凭证反映的经济业务真实，且支出已经实际发生。这个是税前扣除凭证在管理中遵循的原则之一。

（2）相关资料留存备查。

国家税务总局公告 2018 年第 28 号第七条规定，企业应将与税前扣除凭证相关的资料，包括合同协议、支出依据、付款凭证等留存备查，以证实税前扣除凭证的真实性。

2. 补开发票的时间要求

国家税务总局公告 2018 年第 28 号第六条规定，企业应在当年度企业所得税法规定的汇算清缴期结束前取得税前扣除凭证。

3. 换开后的发票的要求

（1）税前扣除凭证定义。

国家税务总局公告 2018 年第 28 号第二条规定，税前扣除凭证，是指企业在计算企业所得税应纳税所得额时，证明与取得收入有关的、合理的支出实际发生，并据以税前扣除的各类凭证。

（2）合法性原则。

国家税务总局公告 2018 年第 28 号第四条规定的合法性，是指税前扣除凭证的形式、来源符合国家法律、法规等相关规定。这也是税前扣除凭证在管理中遵循的原则之一。

国家税务总局公告 2018 年第 28 号第十二条规定了两种不能税前扣除的凭证：

① 不合规发票。企业取得私自印制、伪造、变造、作废、开票方非法

取得、虚开、填写不规范等不符合规定的发票，不得作为税前扣除凭证。

② 不合规其他外部凭证。企业取得不符合国家法律、法规等相关规定的其他外部凭证，不得作为税前扣除凭证。

4. 追溯调整

国家税务总局公告 2018 年第 28 号第十七条规定，除发生本办法第十五条规定的情形外，企业以前年度应当取得而未取得发票、其他外部凭证，且相应支出在该年度没有税前扣除的，在以后年度取得符合规定的发票、其他外部凭证或者按照本办法第十四条的规定提供可以证实其支出真实性的相关资料，相应支出可以追补至该支出发生年度税前扣除，但追补年限不得超过五年。

第十五条规定，汇算清缴期结束后，税务机关发现企业应当取得而未取得发票、其他外部凭证或者取得不合规发票、不合规其他外部凭证并且告知企业的，企业应当自被告知之日起 60 日内补开、换开符合规定的发票、其他外部凭证。其中，因对方特殊原因无法补开、换开发票、其他外部凭证的，企业应当按照本办法第十四条的规定，自被告知之日起 60 日内提供可以证实其支出真实性的相关资料。

第 88 集

补开发票可以作为企业所得税税前扣除凭证吗

2018 年 8 月，税务稽查干部小马发现 G 公司一笔费用未取得发票，书面通知 G 公司 60 日内补开发票。

提问：林老师，补开发票可以作为企业所得税税前扣除凭证吗？

> **林溪发老师解答**

G公司接到税务局通知后60日内补开发票，补开发票可以作为税前扣除凭证。

◇ 政策依据

**国家税务总局关于发布
《企业所得税税前扣除凭证管理办法》的公告**

2018年6月6日　国家税务总局公告2018年第28号

第十五条　汇算清缴期结束后，税务机关发现企业应当取得而未取得发票、其他外部凭证或者取得不合规发票、不合规其他外部凭证并且告知企业的，企业应当自被告知之日起60日内补开、换开符合规定的发票、其他外部凭证。……

> **划重点　消痛点**

1. 补开发票与换开发票存在差异

（1）主动性不同。

补开发票，是被税务机关发现企业应取得而未取得发票，税务机关告知企业的，属于相对被动。

而换开发票，是企业发现已取得的发票不合规，要求对方换开发票，属于相对主动。

（2）时间要求不同。

补开发票，应注意两个时间点，第一个是"汇算清缴结束后"被税务机关发现应取得而未取得发票；第二个是企业应自被告知之日起60日内补开发票。

而换开发票，企业应在"当年度汇算清缴期结束前"，要求对方换开发票。

2. 特殊原因无法补开、换开发票的救济措施

根据国家税务总局公告 2018 年第 28 号第十四条规定，企业在补开、换开发票、其他外部凭证过程中，因对方注销、撤销、依法被吊销营业执照、被税务机关认定为非正常户等特殊原因无法补开、换开发票、其他外部凭证的，可凭以下资料证实支出真实性后，其支出允许税前扣除：① 无法补开、换开发票、其他外部凭证原因的证明资料（包括工商注销、机构撤销、列入非正常经营户、破产公告等证明资料）；② 相关业务活动的合同或者协议；③ 采用非现金方式支付的付款凭证；④ 货物运输的证明资料；⑤ 货物入库、出库内部凭证；⑥ 企业会计核算记录以及其他资料。第①项至第③项为必备资料。

根据第十五条规定，因对方特殊原因无法补开、换开发票、其他外部凭证的，企业应当按照本办法第十四条的规定，自被告知之日起 60 日内提供可以证实其支出真实性的相关资料。

3. 企业未能补开、换开符合规定的发票、其他外部凭证，并且未能证实其支出真实性的不利后果

根据国家税务总局公告 2018 年第 28 号第十六条规定，企业在规定的期限未能补开、换开符合规定的发票、其他外部凭证，并且未能按照本办法第十四条的规定提供相关资料证实其支出真实性的，相应支出不得在发生年度税前扣除。

第 89 集

审计费分割单可以作为企业所得税税前扣除凭证吗

2018 年 8 月，H 公司与集团公司共同接受会计师事务所审计，费用采取分摊方式，该公司拿到了集团公司开具的审计费分割单。

提问：林老师，H 公司支付的审计费可以税前扣除吗？

林溪发老师解答

H公司与集团共同接受审计，费用采取分摊方式，取得了分割单，可以作为税前扣除凭证。

◇ 政策依据

**国家税务总局关于发布
《企业所得税税前扣除凭证管理办法》的公告**

2018年6月6日　国家税务总局公告2018年第28号

第十八条　企业与其他企业（包括关联企业）、个人在境内共同接受应纳增值税劳务（以下简称"应税劳务"）发生的支出，采取分摊方式的，应当按照独立交易原则进行分摊，企业以发票和分割单作为税前扣除凭证，共同接受应税劳务的其他企业以企业开具的分割单作为税前扣除凭证。

……

划重点　消痛点

本案例中，H公司与集团公司及关联企业共同接受会计师事务所审计，采取分摊方式，假定会计师事务所只开具了28万元审计费发票给集团公司。按照分摊计算结果，该公司应承担2.8万元审计费，集团公司开具了一张2.8万元的审计费分割单给该公司。根据国家税务总局公告2018年第28号第十八条规定，该公司这张审计费分割单可以在企业所得税税前扣除。

本案例审计费分割单税前扣除，应关注以下五点：

1. 劳务发生地点

该公司与集团及关联企业共同接受的劳务，发生地点在境内。

第二章 企业所得税

2. 应税劳务
该公司与集团及关联企业共同接受的劳务，属于应纳增值税劳务。

3. 独立交易原则
该公司与集团及关联企业共同接受劳务发生的支出，采取分摊方式的，应按照独立交易原则进行分摊。

4. 扣除凭证
（1）集团公司以发票和分割单作为税前扣除凭证。

（2）该公司及其他关联企业以集团公司开具的分割单作为税前扣除凭证。

5. 不能重复扣除
这笔审计费合计28万元，该公司与集团及关联企业不能重复在企业所得税税前扣除。比如，该公司取得分割单2.8万元，且已经在企业所得税税前扣除，则集团公司就不能再重复扣除这2.8万元审计费。

第90集 水费收据可以作为企业所得税税前扣除凭证吗

2018年8月，I公司生产部小郑拿了一张房东开具的厂房水费收据及水费抄表分配计算表，找财务小王报销。

提问：林老师，I公司这些水费可以税前扣除吗？

林溪发老师解答

I公司与房东分摊租用厂房水费，房东开具收据和分配表，属于其他外部凭证，可以作为税前扣除凭证。

溪发说税之减税降费篇

◇ 政策依据

国家税务总局关于发布
《企业所得税税前扣除凭证管理办法》的公告

2018年6月6日　国家税务总局公告2018年第28号

第十九条　企业租用（包括企业作为单一承租方租用）办公、生产用房等资产发生的水、电、燃气、冷气、暖气、通讯线路、有线电视、网络等费用，出租方作为应税项目开具发票的，企业以发票作为税前扣除凭证；出租方采取分摊方式的，企业以出租方开具的其他外部凭证作为税前扣除凭证。

划重点　消痛点

本案例中，I 公司水费税前扣除，应关注以下六点：

1. 发生原因

水、电、燃气、冷气、暖气、通讯线路、有线电视、网络等费用，是因为企业租用办公、生产用房等资产发生的。

2. 分摊方式

出租方对这些水、电、燃气、冷气、暖气、通讯线路、有线电视、网络等费用，采取分摊方式。

如果不是采取分摊方式，比如采取转售水电费方式，则承租方应取得出租方开具的发票，作为企业所得税税前扣除凭证。

3. 开具其他外部凭证的主体

"企业以出租方开具的其他外部凭证作为税前扣除凭证"，这个其他外部凭证是出租方开具的，不是物业管理公司开具的，物业管理公司是提供物业管理服务的第三方单位。

根据《国家税务总局关于物业管理服务中收取的自来水水费增值税问题的公告》（国家税务总局公告2016年第54号）规定，提供物业管理服务的纳税人，向服务接受方收取的自来水水费，以扣除其对外支付的自来水水费后的余额为销售额，按照简易计税方法依3%的征收率计算缴纳增值税。

4. 扣除凭证

本案例该公司以出租方开具收据和分配表等其他外部凭证税前扣除。

（1）什么是"外部凭证"？

根据国家税务总局公告2018年第28号第八条第三款规定，外部凭证是指企业发生经营活动和其他事项时，从其他单位、个人取得的用于证明其支出发生的凭证，包括但不限于发票（包括纸质发票和电子发票）、财政票据、完税凭证、收款凭证、分割单等。

（2）什么是"其他外部凭证"？

根据国家税务总局公告2018年第28号第十条规定，企业在境内发生的支出项目不属于应税项目的，对方为单位的，以对方开具的发票以外的其他外部凭证作为税前扣除凭证。

（3）什么是"内部凭证"？

根据国家税务总局公告2018年第28号第八条第二款规定，内部凭证是指企业自制用于成本、费用、损失和其他支出核算的会计原始凭证。内部凭证的填制和使用应当符合国家会计法律、法规等相关规定。

根据国家税务总局公告2018年第28号第十条规定，企业在境内发生的支出项目不属于应税项目的，对方为个人的，以内部凭证作为税前扣除凭证。

5. 不能重复扣除

水费采取分摊方式，假定出租方开具2800元水费收据及水费抄表分配计算表给承租方，承租方将这2800元在企业所得税税前扣除了，那么出租方不能在税前重复扣除这2800元水费。

6. 增值税进项抵扣

假设本案例中，除了水费之外，电费也采取分摊方式，出租方开具收据及电费抄表分配计算表给承租方，承租方可以在企业所得税税前扣除这些电费，但因不是增值税专用发票，承租方无法抵扣电费进项税额。

溪发说税之减税降费篇

延伸案例

火车票可以作为企业所得税税前扣除凭证吗

扫码学习

2018年8月，J公司品管部小江拿了一张280元的火车票，找财务小王报销。

提问：林老师，这张火车票可以作为税前扣除凭证吗？

林溪发老师解答

这张火车票可以作为税前扣除凭证。

国家税务总局公告2018年第28号第九条规定，国家税务总局对应税项目开具发票另有规定的，以规定的发票或者票据作为税前扣除凭证。

火车票属于《国家税务总局关于铁路运输和邮政业营业税改征增值税发票及税控系统使用问题的公告》（国家税务总局公告2013年第76号）规定的中国铁路总公司及其所属运输企业（含分支机构）自行印制的铁路票据。

对方公司注销无法补开发票，可以在企业所得税税前扣除吗

扫码学习

2018年8月，K公司人力部小郭急匆匆来找财务小王，有一笔人力外包服务费用2800元要去找服务商补开，但是这家公司注销了，无法开发票。

提问：林老师，这笔人力外包服务费用可以税前扣除吗？

第二章　企业所得税

> **林溪发老师解答**
>
> 取得相关资料后，人力外包服务费可以税前扣除。
>
> ◇ 政策依据
>
> **国家税务总局关于发布**
> **《企业所得税税前扣除凭证管理办法》的公告**
>
> 2018年6月6日　国家税务总局公告2018年第28号
>
> 第十四条　企业在补开发票过程中，因对方注销等特殊原因无法补开发票的，可凭以下资料证实支出真实性后，其支出允许税前扣除：
> （一）无法补开发票的证明资料；
> （二）相关业务活动的合同或者协议；
> （三）采用非现金方式支付的付款凭证；
> （四）货物运输的证明资料；
> （五）货物入库、出库内部凭证；
> （六）企业会计核算记录以及其他资料。
> 前款第一项至第三项为必备资料。

微信支付可以在企业所得税税前扣除吗

扫码学习

假设上述案例中的那笔人力外包服务费用2800元是通过微信支付的。

提问：林老师，微信支付2800元可以税前扣除吗？

> **林溪发老师解答**
>
> 微信支付，属于非现金方式支付的付款凭证，可以作为证实支出真实性的资料。

国家税务总局公告 2018 年第 28 号第十四条规定的六方面资料中，第三项必备资料为"采用非现金方式支付的付款凭证"。

微信支付也属于非现金方式支付。

第二节　雇主责任险

第91集

雇主责任险可以在企业所得税税前扣除吗

L公司2018年11月购买了雇主责任险。

提问：林老师，雇主责任险是商业性保险，可以税前扣除吗？

林溪发老师解答

雇主责任险可以扣除。

◇ **政策依据**

国家税务总局关于责任保险费
企业所得税税前扣除有关问题的公告

2018年10月31日　国家税务总局公告2018年第52号

企业参加雇主责任险、公众责任险等责任保险，按照规定缴纳的保险费，准予在企业所得税税前扣除。

本公告适用于2018年度及以后年度企业所得税汇算清缴。

划重点　消痛点

本案例中，L公司雇主责任险税前扣除，应关注以下两点：

1. 保险的主要分类

根据《中华人民共和国保险法》（以下简称《保险法》）第十二条，保险主要分为：

（1）财产保险。

以财产及其有关利益为保险标的的保险。

（2）人身保险。

以人的寿命和身体为保险标的的保险。

2. 保险费税前扣除

《企业所得税法实施条例》对保险费税前扣除主要规定如下：

（1）第三十六条：除企业依照国家有关规定为特殊工种职工支付的人身安全保险费和国务院财政、税务主管部门规定可以扣除的其他商业保险费外，企业为投资者或者职工支付的商业保险费，不得扣除。

（2）第四十六条：企业参加财产保险，按照规定缴纳的保险费，准予扣除。

2018年11月8日国家税务总局发布的《关于〈国家税务总局关于责任保险费企业所得税税前扣除有关问题的公告〉的解读》明确，雇主责任险、公众责任险等责任保险是参加责任保险的企业出现保单中所列明的事故，需对第三者如损害赔偿责任时，由承保人代其履行赔偿责任的一种保险。由于企业参加雇主责任险、公众责任险等责任保险缴纳的保险费支出是企业实际发生的，《保险法》也规定财产保险业务包括责任保险，为此，根据《中华人民共和国企业所得税法》及其实施条例有关规定，2018年第52号公告明确，企业参加雇主责任险、公众责任险等责任保险，按照规定缴纳的保险费，准予在企业所得税税前扣除。

第三节　固定资产一次性扣除

第92集
2018年12月买车可以当年一次性企业所得税税前扣除吗

扫码学习

M公司2018年12月新购入的一辆研发用车125万元，当月挂牌投入使用。

提问：林老师，M公司新购入的这辆研发用车支出2018年可以一次性税前扣除吗？

林溪发老师解答

不可以。

M公司新购入的这辆车12月投入使用，应在2019年度一次性扣除。

◇ **政策依据**

国家税务总局关于设备　器具扣除
有关企业所得税政策执行问题的公告

2018年8月23日　国家税务总局公告2018年第46号

二、固定资产在投入使用月份的次月所属年度一次性税前扣除。

溪发说税之减税降费篇

划重点 消痛点

2018年4月25日，国务院召开常务会议，决定再推出7项减税措施，其中一项就是将享受当年一次性税前扣除优惠的企业新购进研发仪器、设备单位价值上限，从100万元提高到500万元。

本案例中，M公司购入车辆一次性税前扣除，应关注以下五点：

1. 税务处理与会计处理有差异

这辆研发用车支出在企业所得税扣除时，该公司选择一次性税前扣除。

然而，从会计处理的角度看，这辆车支出可使用年限超过一年，按照会计准则规定，记账时应计入"固定资产"，再分期折旧。

2. 一次性扣除时点有规定

国家税务总局公告2018年第46号第二条规定，固定资产在投入使用月份的次月所属年度一次性税前扣除。该公司这辆车2018年12月投入使用，次月是2019年1月，可以选择在2019年度一次性税前扣除。

会计准则规定，固定资产达到预定可使用状态的次月开始计提折旧，"当月增加，下月计提"，该公司这辆车2018年12月购置并投入使用，2018年12月达到可使用状态，从2019年1月开始计提折旧。

假定这辆车2018年11月购入并于当月投入使用，次月是2018年12月，可以选择在2018年度一次性税前扣除。投入使用迟了1个月，一次性税前扣除晚了1年。

一般来说，需要上公路行驶的机动车，车辆购置后，需要挂牌才可以上路行驶，这个细节在判断"投入使用"时也应考虑。

3. 税收优惠有期限

国家税务总局公告2018年第46号第一条规定，企业在2018年1月1日至2020年12月31日期间新购进的设备、器具，单位价值不超过500万元的，允许一次性计入当期成本费用在计算应纳税所得额时扣除，不再分年度计算折旧。

按照这一规定，适用此项税收优惠政策的设备、器具，是"2018年1

月 1 日至 2020 年 12 月 31 日期间新购进的"。

4. 单位价值有上限

国家税务总局公告 2018 年第 46 号第一条规定，允许一次性税前扣除的设备、器具单位价值不能超过 500 万元。

5. 税前扣除凭证应取得

这辆车 125 万元，该公司应按规定取得税前扣除凭证。

根据国家税务总局公告 2018 年第 28 号第五条规定，企业发生支出，应取得税前扣除凭证，作为计算企业所得税应纳税所得额时扣除相关支出的依据。

延伸案例

新购入车辆可以一次性在企业所得税税前扣除吗

扫码学习

董秘小黄：N 公司 2018 年 7 月新购入的一辆车 125 万元，当月投入使用，2018 年可以一次性税前扣除吗？

小王：这辆车支出，2018 年可以一次性税前扣除吗？

林溪发老师解答

N 公司新购入的车辆支出，2018 年可以一次性税前扣除。

2018 年 7 月新购进的车辆属于"除房屋、建筑物以外的固定资产"，且单位价值未超过 500 万元，可以一次性税前扣除。

这辆车 2018 年 7 月购入并当月投入使用，次月是 2018 年 8 月，可以选择在 2018 年度一次性税前扣除。

> **政策依据**
>
> **财政部 税务总局关于设备 器具扣除**
> **有关企业所得税政策的通知**
>
> 2018年5月7日 财税〔2018〕54号
>
> 一、企业在2018年1月1日至2020年12月31日期间新购进的设备、器具，单位价值不超过500万元的，允许一次性计入当期成本费用在计算应纳税所得额时扣除，不再分年度计算折旧；……
>
> 二、本通知所称设备、器具，是指除房屋、建筑物以外的固定资产。
>
> **国家税务总局关于设备 器具扣除**
> **有关企业所得税政策执行问题的公告**
>
> 2018年8月23日 国家税务总局公告2018年第46号
>
> 二、固定资产在投入使用月份的次月所属年度一次性税前扣除。

第93集

买房可以一次性企业所得税税前扣除吗

P公司2018年10月新购入一套房产425万元。

提问：林老师，P公司新购入房产支出2018年可以一次性税前扣除吗？

第二章 企业所得税

林溪发老师解答

不可以，P公司新购入的这套房产虽然单价未超过500万元，但不能一次性扣除。

◇ 政策依据

**财政部 税务总局关于设备 器具扣除
有关企业所得税政策的通知**

2018年5月7日 财税〔2018〕54号

一、企业在2018年1月1日至2020年12月31日期间新购进的设备、器具，单位价值不超过500万元的，允许一次性计入当期成本费用在计算应纳税所得额时扣除，不再分年度计算折旧；单位价值超过500万元的，仍按企业所得税法实施条例、《财政部 国家税务总局关于完善固定资产加速折旧企业所得税政策的通知》（财税〔2014〕75号）、《财政部 国家税务总局关于进一步完善固定资产加速折旧企业所得税政策的通知》（财税〔2015〕106号）等相关规定执行。

二、本通知所称设备、器具，是指除房屋、建筑物以外的固定资产。

划重点 消痛点

本案例中，P公司2018年10月买入房产，但允许一次性税前扣除的固定资产是设备、器具，未包括房屋建筑物，因此不能一次性税前扣除。2018年新购进的房产，即使单位价值未超过500万元，也仍然要按原政策规定的折旧年限进行税前扣除。

企业在享受税收优惠的时候，应注意掌握口径，应享尽享，不要任意扩大。

249

第 94 集

企业所得税税前一次性扣除的固定资产，不用提折旧吗

Q 公司 2018 年 10 月新购入的一台机器设备 300 万元，当月投入使用，选择在 2018 年一次性税前扣除。

提问：林老师，Q 公司这台一次性税前扣除的机器设备，需要计提折旧吗？

林溪发老师解答

根据会计准则规定，Q 公司这台设备应分期计提折旧。

◇ 政策依据

**国家税务总局关于设备 器具扣除
有关企业所得税政策执行问题的公告**

2018 年 8 月 23 日　国家税务总局公告 2018 年第 46 号

三、企业选择享受一次性税前扣除政策的，其资产的税务处理可与会计处理不一致。

划重点　消痛点

本案例中，Q 公司新购入机器设备扣除，应关注以下两点：

1. 税务处理与会计处理要准确区分

企业对于发生的经济业务，税务处理按照税法操作，会计处理按照会

计准则执行，二者不能混淆。

《财政部 税务总局关于设备 器具扣除有关企业所得税政策的通知》（财税〔2018〕54号）第一条规定的"允许一次性计入当期成本费用在计算应纳税所得额时扣除，不再分年度计算折旧"，指的是税务处理时不用折旧。

会计准则规定，固定资产应计提折旧。

2. 允许一次性扣除的对象

假定该公司2018年10月新购入的两台设备共600万元，其中第一台设备200万元、第二台设备400万元，当月投入使用。这两台设备共600万元，超过500万元，可以在企业所得税税前一次性税前扣除吗？

财税〔2018〕54号和国家税务总局公告2018年第46号两个文件均规定500万元为单位价值，前述这两台设备，单位价值均低于500万元，符合一次性扣除条件，因此该公司可以选择如下四个方案：

（1）第一台设备200万元选择一次性税前扣除，另外一台设备400万元按照企业所得税政策规定的折旧年限分期税前扣除（以下简称分期税前扣除）；

（2）第一台设备200万元分期税前扣除，另外一台设备400万元一次性税前扣除；

（3）两台设备均选择一次性税前扣除；

（4）两台设备均选择分期税前扣除。

延伸案例

设备一次性税前扣除，需要纳税调整吗

扫码学习

R公司2018年2月新购入的一台设备450万元，当月投入使用，选择在2018年一次性税前扣除，会计上按照直线法计提折旧，不留残值，折旧年限为5年，企业所得税税率为25%。

提问：林老师，R公司新购入的这台设备支出，需要做纳税调整吗？

林溪发老师解答

需要纳税调整。

1. 2018年会计处理

（1）购进设备时：

借：固定资产　　　　　　　　　　　　　4500000

　　贷：银行存款　　　　　　　　　　　　4500000

（2）每月计提折旧：

借：管理费用——折旧费　　　　　　　　75000

　　贷：累计折旧　　　　　　　　　　　　75000

2. 2018年税务处理

2018年3—12月，会计处理时计提折旧75万元，但在税务处理时选择2018年税前一次性扣除450万元，本年纳税调整减少375万元。

3. 以后年度处理

2019—2023年各年度均应做税会差异调整（见表1）。

表1　　　　　　　　税会差异调整

单位：元

年度	会计折旧	税务折旧	税会差异	备注
2018	750000	4500000	-3750000	纳税调减
2019	900000	0	900000	纳税调增
2020	900000	0	900000	纳税调增
2021	900000	0	900000	纳税调增
2022	900000	0	900000	纳税调增
2023	150000	0	150000	纳税调增
合计	4500000	4500000	0	

第二章 企业所得税

第 95 集
新购入仪器单价低于 500 万元，必须一次性税前扣除吗

扫码学习

S 公司 2018 年 10 月新购入一台仪器 200 万元，当月投入使用。

提问：林老师，S 公司新购入的这台仪器单价低于 500 万元，必须一次性税前扣除吗？

林溪发老师解答

不用，S 公司可以自主选择。

◇ 政策依据

**国家税务总局关于设备 器具扣除
有关企业所得税政策执行问题的公告**

2018 年 8 月 23 日 国家税务总局公告 2018 年第 46 号

四、企业根据自身生产经营核算需要，可自行选择享受一次性税前扣除政策。未选择享受一次性税前扣除政策的，以后年度不得再变更。

划重点 消痛点

本案例中，S 公司新购入仪器税前扣除，应关注以下四点：

1. 企业有自主选择权

在 2018 年 1 月 1 日至 2020 年 12 月 31 日期间新购进的设备、器具，单

位价值不超过 500 万元的，企业有自主选择权，可以选择一次性税前扣除，也可以选择分期折旧税前扣除。

特别是亏损企业，应根据实际情况来选择。

2. 购进形式

根据国家税务总局公告 2018 年第 46 号第一条第（一）项规定，购进形式为：

（1）货币形式购进。货币形式购进的固定资产包括购进的使用过的固定资产。

（2）自行建造。

3. 购进时点

企业在 2018 年 1 月 1 日至 2020 年 12 月 31 日新购进的设备、器具，才可以享受一次性税前扣除的优惠。

根据国家税务总局公告 2018 年第 46 号第一条第（二）项规定，购进时点按以下原则确认：

（1）发票开具时间。以货币形式购进的固定资产，除采取分期付款或赊销方式购进外，按发票开具时间确认。

（2）到货时间。以分期付款或赊销方式购进的固定资产，按固定资产到货时间确认。

（3）竣工结算时间。自行建造的固定资产，按竣工结算时间确认。

4. 单位价值

如前所述，企业在 2018 年 1 月 1 日至 2020 年 12 月 31 日新购进的设备、器具，单位价值不超过 500 万元的，可以享受一次性税前扣除。这里的"单位价值"应如何确认？

根据国家税务总局公告 2018 年第 46 号第一条第（一）项规定，单位价值按以下原则确认：

（1）货币形式购进。以货币形式购进的固定资产，以购买价款和支付的相关税费以及直接归属于使该资产达到预定用途发生的其他支出确定单位价值。

（2）自行建造。自行建造的固定资产，以竣工结算前发生的支出确定单位价值。

延伸案例

购进设备单位价值超过500万元，可以一次性在企业所得税税前扣除吗

扫码学习

采购办小张来问财务小王，公司2018年11月新购入的一台设备1200万元，可以一次性税前扣除吗？

林溪发老师解答

不可以一次性税前扣除！

◇ 政策依据

财政部 税务总局关于设备 器具扣除有关企业所得税政策的通知

2018年5月7日 财税〔2018〕54号

一、……单位价值超过500万元的，仍按企业所得税法实施条例、《财政部 国家税务总局关于完善固定资产加速折旧企业所得税政策的通知》（财税〔2014〕75号）、《财政部 国家税务总局关于进一步完善固定资产加速折旧企业所得税政策的通知》（财税〔2015〕106号）等相关规定执行。

2017年购入的设备单位价值未超过500万元，可以一次性在企业所得税税前扣除吗

生产车间黄主任来问财务小王，公司2017年12月购入的设备400万元，2018年可以一次性税前扣除吗？

林溪发老师解答

不可以一次性税前扣除！

◇ 政策依据

财政部 税务总局关于设备 器具扣除有关企业所得税政策的通知

2018年5月7日 财税〔2018〕54号

一、企业在2018年1月1日至2020年12月31日期间新购进的设备、器具，单位价值不超过500万元的，允许一次性计入当期成本费用在计算应纳税所得额时扣除，不再分年度计算折旧；单位价值超过500万元的，仍按企业所得税法实施条例、《财政部 国家税务总局关于完善固定资产加速折旧企业所得税政策的通知》（财税〔2014〕75号）、《财政部 国家税务总局关于进一步完善固定资产加速折旧企业所得税政策的通知》（财税〔2015〕106号）等相关规定执行。

2018年以前购进的设备、器具，即使单位价值未超过500万元，但是超过100万元，也仍然要按原政策规定的折旧年限进行税前扣除。

第二章　企业所得税

第 96 集
新购入二手设备可以一次性在企业所得税税前扣除吗

扫码学习

T 公司 2018 年 11 月新购入的一台二手设备 150 万元，当月投入使用。

提问：林老师，T 公司新购入的这台二手设备，能否一次性税前扣除？

林溪发老师解答

可以一次性税前扣除！

"新购进"中的"新"字，并未限定于购进全新的固定资产，也包括购进的使用过的固定资产。

◇ 政策依据

国家税务总局关于设备　器具扣除
有关企业所得税政策执行问题的公告

2018 年 8 月 23 日　国家税务总局公告 2018 年第 46 号

一、企业在 2018 年 1 月 1 日至 2020 年 12 月 31 日期间新购进的设备、器具，单位价值不超过 500 万元的，允许一次性计入当期成本费用在计算应纳税所得额时扣除，不再分年度计算折旧（以下简称一次性税前扣除政策）。

（一）所称设备、器具，是指除房屋、建筑物以外的固定资产（以下简称固定资产）；所称购进，包括以货币形式购进或自行建造，其中以货币形式购进的固定资产包括购进的使用过的固定资产；以货币形式

257

溪发说税之减税降费篇

> 购进的固定资产，以购买价款和支付的相关税费以及直接归属于使该资产达到预定用途发生的其他支出确定单位价值，自行建造的固定资产，以竣工结算前发生的支出确定单位价值。

划重点 消痛点

假定本案例中，T公司在2018年对这台新购入二手设备，选择享受一次性税前扣除政策，需要报送主管税务机关审批吗？

该公司不需要报送主管税务机关审批，但需要留存备查相关资料。

◇ 政策依据

国家税务总局关于设备 器具扣除
有关企业所得税政策执行问题的公告

2018年8月23日　国家税务总局公告2018年第46号

五、企业按照《国家税务总局关于发布修订后的〈企业所得税优惠政策事项办理办法〉的公告》（国家税务总局公告2018年第23号）的规定办理享受政策的相关手续，主要留存备查资料如下：

（一）有关固定资产购进时点的资料（如以货币形式购进固定资产的发票，以分期付款或赊销方式购进固定资产的到货时间说明，自行建造固定资产的竣工决算情况说明等）；

（二）固定资产记账凭证；

（三）核算有关资产税务处理与会计处理差异的台账。

假定本案例中，该公司在2018年对这台新购入二手设备，未选择享受一次性税前扣除政策；2019年该公司可以变更为选择一次性税前扣除吗？

该公司2019年不可以选择享受一次性税前扣除政策。

第二章 企业所得税

◇ 政策依据

国家税务总局关于设备 器具扣除
有关企业所得税政策执行问题的公告

2018年8月23日　国家税务总局公告2018年第46号

四、企业根据自身生产经营核算需要，可自行选择享受一次性税前扣除政策。未选择享受一次性税前扣除政策的，以后年度不得再变更。

第四节　职工教育经费

第 97 集

职工教育经费的税收风险如何控制

1. 专升本费用怎么办

A 公司总经理办公室小张拿着一张专升本费用发票 1000 元，找财务小王报销。

小王：林老师，这笔费用 1000 元可以作为职工教育经费税前列支吗？

林溪发老师解答

应由企业职工个人承担的参加社会上的学历教育以及个人为取得学位而参加的在职教育费用等，不得在企业职工教育经费列支。

◇ 政策依据

财政部　全国总工会　国家发改委教育部　科技部　国防科工委人事部　劳动保障部　国务院国资委　国家税务总局　全国工商联
关于印发《关于企业职工教育经费提取与使用管理的意见》的通知

2006 年 6 月 19 日　财建〔2006〕317 号

三、切实保证企业职工教育培训经费足额提取及合理使用

……

（九）企业职工参加社会上的学历教育以及个人为取得学位而参加的在职教育，所需费用应由个人承担，不能挤占企业的职工教育培训经费。

2.税务检查认定的不合理工资薪金怎么办

A 公司 2018 年确认为合理的工资薪金 2000 万元进行税前扣除，但税务检查时却认定为其中不合理的工资薪金有 150 万元。

提问：林老师，A 公司 2000 万元工资薪金可以作为职工教育经费计算扣除基数吗？

林溪发老师解答

A 公司计算扣除基数的工资薪金总额，是企业所得税税前可以扣除的工资薪金总额 1850 万元。

3.未实际支出怎么办

A 公司 2018 年计提职工教育经费 40 万元，但实际支出 30 万元，当年税前扣除限额为 35 万元。

提问：林老师，计提职工教育经费 40 万元可以税前扣除吗？

林溪发老师解答

A 公司计提未实际使用的职工教育经费不能税前扣除，纳税调增 10 万元。

4. 未取得合法有效凭据怎么办

A公司2018年职工教育经费实际支出30万元，其中5万元未取得合法有效票据。

提问：林老师，A公司职工教育经费未取得合法有效票据，可以税前扣除吗？

林溪发老师解答

该公司实际发生的职工教育经费支出，未能取得符合税收法规规定的有效凭证，不得参与比例限额扣除，5万元职工教育经费支出纳税调增。

第98集 职工教育经费应如何记账

公司经理：小王，企业职工教育经费要如何入账？

小王：林老师，职工教育经费应如何进行会计处理呢？

林溪发老师解答

《企业会计准则》规定，企业按规定提取的职工教育经费应当在职工为其提供服务的会计期间，根据规定的计提基础和计提比例计算确定相应的职工薪酬金额，并确认

相应负债，计入当期损益或相关资产成本。

计提时：

借：生产成本、管理费用等
　　贷：应付职工薪酬——职工教育经费

使用时：

借：应付职工薪酬——职工教育经费
　　应交税费——应交增值税（进项税额）
　　贷：银行存款等

第 99 集

职工教育经费应如何报税

企业职工教育经费在企业所得税税前扣除，小王有一些疑惑：当年如何处理？以后年度如何处理？

林溪发老师解答

1. 当年的处理方式

企业会计账簿计提的职工教育经费，未实际使用支出的部分，不得税前扣除；职工教育经费实际支出超限额部分，在当年不得税前扣除。

2. 以后年度的处理方式

以后年度，当年的职工教育经费实际支出和以前年度结转的未扣除职工教育经费（已经实际支出）可在比例内扣除。

第100集

职工教育经费税会差异如何计算

B公司2018—2020年职工工资总额分别为1100万元、900万元和1300万元，各年允许税前扣除的工资总额分别为1000万元、800万元和1200万元，计提职工教育经费分别为40万元、35万元和35万元，实际支出职工教育经费分别为10万元、65万元和40万元。

提问：林老师，B公司职工教育经费应如何纳税调整？

林溪发老师解答

B公司各年职工教育经费扣除限额分别为80万元、64万元和96万元。

◇ 政策依据

财政部　税务总局
关于企业职工教育经费税前扣除政策的通知

2018年5月7日　财税〔2018〕51号

一、企业发生的职工教育经费支出，不超过工资薪金总额8%的部分，准予在计算企业所得税应纳税所得额时扣除；超过部分，准予在以后纳税年度结转扣除。

二、本通知自2018年1月1日起执行。

1. 会计处理

各年职工教育经费账载金额见表1：

表1　　　　　　　　　职工教育经费账载金额

单位：万元

年度	年初数	本年计提	本年使用	年末数	调整后账载金额
2018		40	10	30	40
2019	30	35	65	0	35
2020	0	35	40	-5	40

2020年对超支金额5万元应予补提，2020年职工教育经费余额为0。

2. 税务处理

各年职工教育经费税收金额见表2：

表2　　　　　　　　　职工教育经费税收金额

单位：万元

年度	工资薪金总额	扣除限额	本年使用数	税收金额	累积结转以后年度扣除额
2018	1000	80	10	10	0
2019	800	64	65	64	1
2020	1200	96	40	41	0

2019年职工教育经费扣除限额64万元，实际支出65万元，只能税前扣除64万元，超支1万元纳税调增并结转以后年度扣除。

3. 税会差异

各年度纳税调整金额见表3：

表3　　　　　　　　　各年度纳税调整金额

单位：万元

年度	账载金额	税前扣除	以前年度累计结转扣除额	纳税调整	累积结转以后年度扣除额
2018	40	10		30	0
2019	35	64		-29	1
2020	40	40	1	-1	0

企业应设置备查簿，记录差异，避免税务风险。

溪发说税之减税降费篇

第 101 集
职工教育经费税前扣除特殊规定适用于哪些行业

职工培训费用、培养费用等全额在企业所得税税前扣除的，适用于部分特定行业企业，主要有哪些行业呢？

林溪发老师解答

集成电路设计企业和符合条件的软件企业、动漫企业、核电厂、航空企业，这些特殊行业企业的职工培训费用、培养费用等，可以按照实际发生额在企业所得税税前扣除。

◇ 政策依据

财政部 国家税务总局关于进一步鼓励软件产业和
集成电路产业发展企业所得税政策的通知

2012 年 4 月 20 日　财税〔2012〕27 号

六、集成电路设计企业和符合条件软件企业的职工培训费用，应单独进行核算并按实际发生额在计算应纳税所得额时扣除。

财政部 国家税务总局
关于扶持动漫产业发展有关税收政策问题的通知

2009 年 7 月 17 日　财税〔2009〕65 号

二、关于企业所得税

经认定的动漫企业自主开发、生产动漫产品，可申请享受国家现行鼓励软件产业发展的所得税优惠政策。

国家税务总局关于
企业所得税应纳税所得额若干问题的公告

2014年5月23日　国家税务总局公告2014年第29号

四、核电厂操纵员培养费的企业所得税处理

核力发电企业为培养核电厂操纵员发生的培养费用，可作为核电企业发电成本在税前扣除。企业应将核电厂操纵员培养费与员工的职工教育经费严格区分，单独核算，员工实际发生的职工教育经费支出不得计入核电厂操纵员培养费直接扣除。

国家税务总局关于企业所得税若干问题的公告

2011年6月9日　国家税务总局公告2011年第34号

三、关于航空企业空勤训练费扣除问题

航空企业实际发生的飞行员养成费、飞行训练费、乘务训练费、空中保卫员训练费等空勤训练费用，根据《实施条例》第二十七条规定，可以作为航空企业运输成本在税前扣除。

第五节　小微企业所得税

第 102 集

小微企业所得税减免需要审批吗

C 公司是小型商超企业，2019 年符合小型微利企业条件。

提问：林老师，小型微利企业所得税减免需要办理审批手续吗？

林溪发老师解答

不用审批！

◇ 政策依据

国家税务总局关于实施小型微利企业
普惠性所得税减免政策有关问题的公告

2019 年 1 月 18 日　国家税务总局公告 2019 年第 2 号

四、小型微利企业在预缴和汇算清缴企业所得税时，通过填写纳税申报表相关内容，即可享受小型微利企业所得税减免政策。

第二章 企业所得税

划重点 消痛点

小型微利企业享受企业所得税优惠，可以自行享受，不需要向主管税务机关办理审批手续。

延伸案例

小型微利企业所得税如何计算

扫码学习

A 公司从事国家非限制和禁止行业，2019 年应纳税所得额为 250 万元，其从业人数和资产总额符合小微企业条件。

提问：林老师，A 公司 2019 年需缴纳多少企业所得税？

林溪发老师解答

A 公司应按照小型微利企业计算缴纳企业所得税。

该公司属于小型微利企业：

2019 年需缴纳企业所得税 = 100×25%×20%+150×50%×20%=20（万元）

◇ 政策依据

财政部 税务总局关于实施小微企业普惠性税收减免政策的通知

2019 年 1 月 17 日 财税〔2019〕13 号

二、对小型微利企业年应纳税所得额不超过 100 万元的部分，减按 25% 计入应纳税所得额，按 20% 的税率缴纳企业所得税；对年应纳税所得额超过 100 万元但不超过 300 万元的部分，减按 50% 计入应纳税所得额，按 20% 的税率缴纳企业所得税。

应纳税所得额超过 300 万元，可以享受小型微利企业所得税优惠吗

扫码学习

B 公司从事国家非限制和禁止行业，2019 年应纳税所得额为 350 万元，其从业人数和资产总额符合小型微利企业条件。

提问：林老师，B 公司 300 万元部分可以享受小型微利企业所得税优惠吗？

林溪发老师解答

不可以！

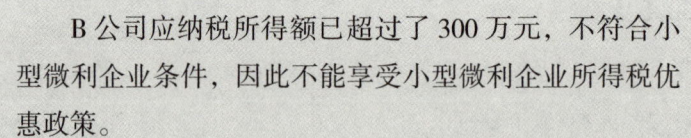

B 公司应纳税所得额已超过了 300 万元，不符合小型微利企业条件，因此不能享受小型微利企业所得税优惠政策。

◇ 政策依据

国家税务总局关于实施小型微利企业普惠性所得税减免政策有关问题的公告

2019 年 1 月 18 日　国家税务总局公告 2019 年第 2 号

二、本公告所称小型微利企业是指从事国家非限制和禁止行业，且同时符合年度应纳税所得额不超过 300 万元、从业人数不超过 300 人、资产总额不超过 5000 万元等三个条件的企业。

计算小型微利企业标准时，劳务派遣用工人数要计入从业人数吗

C 公司 2019 年从业人数中，其中接受的劳务派遣 250 人。

提问： 林老师，C 公司在计算小型微利企业标准时，劳务派遣人员是否计入从业人数？

林溪发老师解答

C 公司在计算小型微利企业标准时，接受的劳务派遣用工人数计入从业人数。

◇ **政策依据**

财政部　税务总局关于实施小微企业普惠性税收减免政策的通知

2019 年 1 月 17 日　财税〔2019〕13 号

二、对小型微利企业年应纳税所得额不超过 100 万元的部分，减按 25% 计入应纳税所得额，按 20% 的税率缴纳企业所得税；对年应纳税所得额超过 100 万元但不超过 300 万元的部分，减按 20% 的税率缴纳企业所得税。

……

从业人数，包括与企业建立劳动关系的职工人数和企业接受的劳务派遣用工人数。

第 103 集

核定征收可以享受小微企业所得税减免吗

D 公司是按核定征收方式缴纳企业所得税的小型酒店，2019年度符合小型微利企业标准。

提问：林老师，D 公司 2019 年度能否享受小型微利企业普惠性所得税减免政策？

林溪发老师解答

可以享受！

◇ 政策依据

国家税务总局关于实施小型微利企业
普惠性所得税减免政策有关问题的公告

2019 年 1 月 18 日　国家税务总局公告 2019 年第 2 号

一、自 2019 年 1 月 1 日至 2021 年 12 月 31 日，对小型微利企业年应纳税所得额不超过 100 万元的部分，减按 25% 计入应纳税所得额，按 20% 的税率缴纳企业所得税；对年应纳税所得额超过 100 万元但不超过 300 万元的部分，减按 50% 计入应纳税所得额，按 20% 的税率缴纳企业所得税。

小型微利企业无论按查账征收方式或核定征收方式缴纳企业所得税，均可享受上述优惠政策。

第二章 企业所得税

划重点 消痛点

企业所得税无论是采用查账征收方式还是核定征收方式缴纳，只要满足小型微利企业条件的，均可以享受小型微利企业所得税优惠政策。

延伸案例

小型微利企业核定征收，如何计算缴纳企业所得税

扫码学习

D公司从事国家非限制和禁止行业，2019年企业所得税采用核定征收，应税所得率8%，2019年销售收入3000万元，资产总额2000万元，从业人数150人。

提问：林老师，D公司是否可以享受小型微利企业所得税优惠政策？

林溪发老师解答

可以享受！

D公司2019年：

应纳税所得额＝3000×8%＝240万元＜300万元

从业人数＝150人＜300人

资产总额＝2000万元＜5000万元

该公司从事国家非限制和禁止行业，且2019年度应纳税所得额、从业人数、资产总额等三个指标均符合小型微利企业条件：

应缴纳企业所得税＝100×25%×20%＋140×50%×20%＝19（万元）

第 104 集

季度多预缴的企业所得税可以在以后季度退还吗

A 公司 2019 年第一季度不符合小型微利企业条件，第二季度符合小型微利企业条件，因此第一季度多预缴了企业所得税。

提问： 林老师，A 公司第一季度多预缴的企业所得税可以在第二季度申请退还吗？

林溪发老师解答

可以抵减，但不能退还！

◇ **政策依据**

国家税务总局关于实施小型微利企业普惠性所得税减免政策有关问题的公告

2019 年 1 月 18 日　国家税务总局公告 2019 年第 2 号

四、原不符合小型微利企业条件的企业，在年度中间预缴企业所得税时，按本公告第三条规定判断符合小型微利企业条件的，应按照截至本期申报所属期末累计情况计算享受小型微利企业所得税减免政策。当年度此前期间因不符合小型微利企业条件而多预缴的企业所得税税款，可在以后季度应预缴的企业所得税税款中抵减。

第 105 集
年度汇算清缴不符合小微企业条件，要补缴企业所得税吗

我公司 2019 年预缴企业所得税时已享受小型微利企业所得税减免政策，年度汇算清缴不符合小微企业条件。

提问：林老师，我公司年度汇算清缴不符合小微企业条件，怎么办？

林溪发老师解答

你公司 2019 年度汇算清缴时，应按照规定补缴企业所得税税款！

◇ 政策依据

国家税务总局关于实施小型微利企业
普惠性所得税减免政策有关问题的公告

2019 年 1 月 18 日　国家税务总局公告 2019 年第 2 号

七、企业预缴企业所得税时已享受小型微利企业所得税减免政策，汇算清缴企业所得税时不符合《通知》第二条规定的，应当按照规定补缴企业所得税税款。

第 106 集

设备一次性扣除后，可以享受小微企业所得税优惠吗

我公司从事国家非限制和禁止行业，2019年从业人数和资产总额符合小型微利企业条件。2019年3月采购一台单价200万元的仪器并于当月投入使用，选择一次性在企业所得税税前扣除。2019年未考虑固定资产一次性扣除前的应纳税所得额为380万元，固定资产一次性扣除后的应纳税所得额低于300万元。

提问：林老师，我公司固定资产一次性扣除后，可以享受小型微利企业所得税优惠政策吗？

林溪发老师解答

可以！

你公司固定资产一次性扣除后应纳税所得额小于300万元，符合《财政部 税务总局关于实施小微企业普惠性税收减免政策的通知》（财税〔2019〕13号）第二条第二款规定的年度应纳税所得额不超过300万元的要求，而且你公司从事国家非限制和禁止行业，2019年从业人数和资产总额同时符合小微企业条件，因此可以享受小型微利企业所得税优惠政策。

第二章 企业所得税

◇ 政策依据

财政部 税务总局关于实施小微企业普惠性税收减免政策的通知

2019年1月17日 财税〔2019〕13号

二、对小型微利企业年应纳税所得额不超过100万元的部分，减按25%计入应纳税所得额，按20%的税率缴纳企业所得税；对年应纳税所得额超过100万元但不超过300万元的部分，减按50%计入应纳税所得额，按20%的税率缴纳企业所得税。

上述小型微利企业是指从事国家非限制和禁止行业，且同时符合年度应纳税所得额不超过300万元、从业人数不超过300人、资产总额不超过5000万元等三个条件的企业。

划重点 消痛点

本案例中，该公司2019年固定资产选择一次性扣除后，符合小微企业条件，可以再享受小型微利企业所得税优惠政策。

延伸案例

享受所得减半后，可以享受小微企业所得税优惠吗

扫码学习

E公司从事花卉种植，2019年度应纳税所得额为450万元，2019年的资产总额、从业人数符合小型微利企业标准。

提问：林老师，E公司2019年度应缴纳多少企业所得税？

溪发说税之减税降费篇

> **林溪发老师解答**
>
> E 公司既可以享受所得减半，又属于小型微利企业：
>
> 所得减免额 = 450 × 50% = 225（万元）
>
> 应纳税所得额 = 450 − 225 = 225（万元） < 300（万元）
>
> 应缴企业所得税 = 100 × 25% × 20% + (225 − 100) × 50% × 20% = 17.5（万元）
>
> ◇ **政策依据**
>
> **中华人民共和国企业所得税法实施条例**
>
> 2019 年 4 月 23 日　国务院令第 714 号修正
>
> 第八十六条　企业所得税法第二十七条第（一）项规定的企业从事农、林、牧、渔业项目的所得，可以免征、减征企业所得税，是指：
>
> ……
>
> （二）企业从事下列项目的所得，减半征收企业所得税：
>
> 1. 花卉、茶以及其他饮料作物和香料作物的种植；

研发费用加计扣除后，可以享受小微企业所得税优惠吗

扫码学习

F 公司从事国家非限制和禁止行业，2019 年应纳税所得额为 700 万元（研发费用加计扣除前），符合加计扣除条件的研发费用 600 万元，2019 年的资产总额、从业人数符合小型微利企业标准。

提问：林老师，F 公司可以享受小微企业所得税优惠政策吗？

第二章 企业所得税

> **林溪发老师解答**
>
> F 公司可以享受小微企业所得税优惠政策。
>
> 该公司 2019 年研发费用加计扣除金额 =600×75%=450（万元），研发费用加计扣除后应纳税所得额为 250 万元（见表 1）：
>
> 表 1　　　　　　　研发费用加计扣除
>
> 单位：万元
>
> | 项目 | 研发费用加计扣除前 | 研发费用加计扣除金额 | 研发费用加计扣除后 |
> |---|---|---|---|
> | 应纳税所得额 | 700 | 450 | 250 |
>
> 该公司从事国家非限制和禁止行业，且 2019 年度应纳税所得额、从业人数、资产总额等三个指标均符合条件，为小型微利企业：
>
> 应缴纳企业所得税 =100×25%×20%+150×50%×20=20（万元）
>
> ◇ 政策依据
>
> **财政部　税务总局　科技部**
> **关于提高研究开发费用税前加计扣除比例的通知**
>
> 2018 年 9 月 20 日　财税〔2018〕99 号
>
> 一、企业开展研发活动中实际发生的研发费用，未形成无形资产计入当期损益的，在按规定据实扣除的基础上，在 2018 年 1 月 1 日至 2020 年 12 月 31 日期间，再按照实际发生额的 75% 在税前加计扣除；……

划重点 消痛点

小型微利企业所得税优惠，并非所有的税收优惠都可以叠加享受，比如，高新技术企业和小型微利企业均可以享受企业所得税低税率优惠，但不能叠加享受，可以选择一项税收优惠。

第六节　捐赠支出

第 107 集
通过县政府的扶贫捐赠支出，可以据实扣除吗

2019 年 9 月，甲乙二人在办公室开会。

甲：公司今年做公益，通过县政府向目标脱贫地区扶贫捐赠 30 万元，拿到了注明目标脱贫地区具体名称的公益事业捐赠票据。

乙：这个捐赠可以在 2019 年度企业所得税税前扣除吗？

林溪发老师解答

可以据实扣除！

◇ 政策依据：

财政部　税务总局　国务院扶贫办
关于企业扶贫捐赠所得税税前扣除政策的公告

2019 年 4 月 2 日　财政部　税务总局　国务院扶贫办公告 2019 年第 49 号

一、自 2019 年 1 月 1 日至 2022 年 12 月 31 日，企业通过公益性社会组织或者县级（含县级）以上人民政府及其组成部门和直属机构，用于目标脱贫地区的扶贫捐赠支出，准予在计算企业所得税应纳税所得额时据实扣除。……

划重点　消痛点

本案例扶贫捐赠支出在企业所得税税前扣除，应关注以下八点：

1. 税收优惠有效期

自 2019 年 1 月 1 日至 2022 年 12 月 31 日。

2. 扶贫捐赠通过途径

扶贫捐赠应通过公益性社会组织或者县级（含县级）以上人民政府及其组成部门和直属机构。

3. 扶贫捐赠用途

用于目标脱贫地区的扶贫捐赠支出。

财政部、税务总局、国务院扶贫办公告 2019 年第 49 号第一条第一款同时规定，在政策执行期限内，目标脱贫地区实现脱贫的，可继续适用税前扣除政策。

财政部、税务总局、国务院扶贫办公告 2019 年第 49 号第一条第二款规定，"目标脱贫地区"包括 832 个国家扶贫开发工作重点县、集中连片特困地区县（新疆阿克苏地区 6 县 1 市享受片区政策）和建档立卡贫困村。

4. 扶贫捐赠票据

扶贫捐赠应取得注明目标脱贫地区具体名称的公益事业捐赠票据。

5. 企业所得税税前扣除

扶贫捐赠支出，准予在计算企业所得税应纳税所得额时据实扣除。

6. 月（季）度预缴申报

《企业所得税法实施条例》第一百二十七条第二款规定，企业根据企业所得税法第五十四条规定分月或者分季预缴企业所得税时，应当按照月度或者季度的实际利润额预缴。

按照《企业会计准则》规定，捐赠支出在实际发生时，计入"营业外支出"，计算会计利润时，扶贫捐赠支出已经扣除了，而企业按实际会计利润申报预缴月（季）度企业所得税，扶贫捐赠支出也在企业所得税税前全额据实扣除。

第二章　企业所得税

7. 追溯扣除

财政部、税务总局、国务院扶贫办公告 2019 年第 49 号第三条规定，企业在 2015 年 1 月 1 日至 2018 年 12 月 31 日期间已发生的符合上述条件的扶贫捐赠支出，尚未在计算企业所得税应纳税所得额时扣除的部分，可执行上述企业所得税政策。

8. 增值税税收优惠

（1）免征增值税。

《财政部　税务总局　国务院扶贫办关于扶贫货物捐赠免征增值税政策的公告》（财政部　税务总局　国务院扶贫办公告 2019 年第 55 号）第一条规定，自 2019 年 1 月 1 日至 2022 年 12 月 31 日，对单位或者个体工商户将自产、委托加工或购买的货物通过公益性社会组织、县级及以上人民政府及其组成部门和直属机构，或直接无偿捐赠给目标脱贫地区的单位和个人，免征增值税。在政策执行期限内，目标脱贫地区实现脱贫的，可继续适用免征增值税政策。

（2）追溯。

财政部、税务总局、国务院扶贫办公告 2019 年第 55 号第二条规定，在 2015 年 1 月 1 日至 2018 年 12 月 31 日期间已发生的符合条件的扶贫货物捐赠，可追溯执行增值税政策。

第三条同时规定，在公告发布之前已征收入库的按上述规定应予免征的增值税税款，可抵减纳税人以后月份应缴纳的增值税税款或者办理税款退库。已向购买方开具增值税专用发票的，应将专用发票追回后方可办理免税。无法追回专用发票的，不予免税。

溪发说税之减税降费篇

第 108 集
通过公益性社会组织的扶贫捐赠支出，可以据实扣除吗

我公司 2019 年利润总额为 50 万元，2019 年 9 月通过公益性社会组织用于目标脱贫地区的扶贫捐赠支出为 10 万元。

提问：林老师，我公司扶贫捐赠支出 10 万元，可以在 2019 年度企业所得税税前扣除吗？

林溪发老师解答

可以据实扣除！

◇ 政策依据

财政部　税务总局　国务院扶贫办
关于企业扶贫捐赠所得税税前扣除政策的公告

2019 年 4 月 2 日　财政部　税务总局　国务院扶贫办公告 2019 年第 49 号

一、自 2019 年 1 月 1 日至 2022 年 12 月 31 日，企业通过公益性社会组织或者县级（含县级）以上人民政府及其组成部门和直属机构，用于目标脱贫地区的扶贫捐赠支出，准予在计算企业所得税应纳税所得额时据实扣除。……

划重点　消痛点

本案例中，该公司 2019 年利润总额为 50 万元，如果按照 12% 计算，捐赠支出扣除限额为 6 万元；而该公司 2019 年捐赠 10 万元，通过公益性社

会组织用于目标脱贫地区的扶贫捐赠支出，可以据实在 2019 年度企业所得税税前扣除，不受利润总额 12% 的限制。

第 109 集
同时有扶贫捐赠和其他公益性捐赠，可以税前扣除吗

我公司 2019 年利润总额为 200 万元，2019 年度共发生公益性捐赠支出 40 万元，其中符合条件的扶贫捐赠 20 万元，其他公益性捐赠 20 万元。

提问： 林老师，我公司公益性捐赠支出 40 万元，可以在 2019 年度企业所得税税前扣除吗？

林溪发老师解答

你公司 2019 年度的利润总额为 200 万元，公益性捐赠支出税前扣除限额为 24 万元（200×12%），其他公益性捐赠 20 万元在扣除限额内，可以全额扣除；扶贫捐赠 20 万元，无须考虑税前扣除限额，可以全额扣除。因此，你公司公益性捐赠支出 40 万元，可在税前全额扣除。

◇ **政策依据**

财政部　税务总局　国务院扶贫办
关于企业扶贫捐赠所得税税前扣除政策的公告

2019 年 4 月 2 日　财政部　税务总局　国务院扶贫办公告 2019 年第 49 号

二、企业同时发生扶贫捐赠支出和其他公益性捐赠支出，在计算

> 公益性捐赠支出年度扣除限额时，符合上述条件的扶贫捐赠支出不计算在内。

划重点 消痛点

本案例解答了同时发生扶贫捐赠支出和其他公益性捐赠支出，如何在企业所得税税前扣除。

1. 其他公益性捐赠支出的扣除规定

根据《企业所得税法》规定，企业发生的公益性捐赠支出，在年度利润总额12%以内的部分，准予在计算应纳税所得额时扣除；超过年度利润总额12%的部分，准予结转以后三年内在计算应纳税所得额时扣除。

2. 扶贫捐赠支出

根据财政部、税务总局、国务院扶贫办公告2019年第49号规定，自2019年1月1日至2022年12月31日，符合条件的扶贫捐赠支出，可以在企业所得税税前全额据实扣除。

3. 同时有上述两类捐赠支出

根据财政部、税务总局、国务院扶贫办公告2019年第49号规定，企业同时发生扶贫捐赠支出和其他公益性捐赠支出，在计算公益性捐赠支出年度扣除限额时，符合条件的扶贫捐赠支出不计算在内。

第七节　股权转让企业所得税

第110集　何时确认企业股权转让所得

2014年10月，查账征收的居民企业A公司以现金2000万元投资于B公司，占B公司40%股权。2018年10月25日A公司与C公司签订股权转让协议，A公司将持有的B公司40%股权转让给C公司，随后于2018年11月2日办妥该股权转让工商变更登记手续。

提问： 林老师，A公司在计算申报企业所得税时，股权转让所得的日期如何确认？

林溪发老师解答

A公司应于办妥该股权转让工商变更登记手续日，即2018年11月2日确认股权转让所得。

◇ 政策依据

国家税务总局关于贯彻落实企业所得税法若干税收问题的通知

2010年2月22日　国税函〔2010〕79号

三、关于股权转让所得确认和计算问题

企业转让股权收入，应于转让协议生效、且完成股权变更手续时，确认收入的实现。……

> **划重点　消痛点**

《企业所得税法》第五十三条规定，企业所得税按纳税年度计算。纳税年度自公历1月1日起至12月31日止。

从该规定来看，企业所得税也遵循了会计分期，因此，确认计算股权转让所得的时间很重要，直接影响到当年度应纳税所得额。

假如，将本案例的时间改为：2018年12月25日A公司与C公司签订股权转让协议，A公司将持有的B公司40%股权转让给C公司，随后于2019年1月2日办妥该股权转让工商变更登记手续。

在这种情况下，A公司股权转让所得应于股权转让协议签订日2018年12月25日确认，还是在办妥该股权转让工商变更登记手续日2019年1月2日确认？

如果在股权转让协议于签订日2018年12月25日确认，则股权转让所得应计入2018年度应纳税所得额；如果在办妥该股权转让工商变更登记手续日2019年1月2日确认，则股权转让所得应计入2019年度应纳税所得额。两个不同的确认时间，对2018年度、2019年度企业所得税应纳税所得额具有直接影响。

按照国税函〔2010〕79号文件第三条"关于股权转让所得确认和计算问题"的规定，该公司的转让股权收入，应于转让协议生效且完成股权变更手续时，也就是在2019年1月2日确认收入的实现。

第 111 集
如何计算企业股权转让所得

接第 110 集案例，A 公司与 C 公司的股权转让协议约定："A 公司以 2900 万元的价格将持有的 B 公司 40% 股权转让给 C 公司。"假设该股权转让价格是公允价格，且该股权转让适用一般性税务处理规定。

提问：林老师，A 公司在计算申报企业所得税时，如何计算股权转让所得？

林溪发老师解答

A 公司转让股权收入 2900 万元扣除为取得该股权所发生的成本 2000 万元后，为股权转让所得。

不考虑其他税费的情况下，股权转让所得计算如表 1 所示：

表 1　　　　　　　　　股权转让所得计算

项目	转让股权收入	取得该股权所发生的成本	股权转让所得
金额	2900 万元	2000 万元	900 万元

◇ 政策依据

国家税务总局关于贯彻落实企业所得税法若干税收问题的通知

2010 年 2 月 22 日　国税函〔2010〕79 号

三、关于股权转让所得确认和计算问题

> 企业转让股权收入，应于转让协议生效、且完成股权变更手续时，确认收入的实现。转让股权收入扣除为取得该股权所发生的成本后，为股权转让所得。企业在计算股权转让所得时，不得扣除被投资企业未分配利润等股东留存收益中按该项股权所可能分配的金额。

划重点　消痛点

本案例中，A公司转让股权收入2900万元扣除为取得该股权所发生的成本2000万元后，为股权转让所得。

对于股权转让所得，主要关注以下两点：

（1）转让股权收入价格是否公允；

（2）取得该股权所发生的成本是否真实准确。

第112集

企业股权转让所得，可以扣除股东留存收益吗

接第111集案例，截至转让前，被投资企业B公司的所有者权益为6250万元，其中注册资本为5000万元，未分配利润和盈余公积为1250万元。按A公司持有40%股权计算，被投资企业B公司未分配利润和盈余公积等留存收益中，按该项股权所可能分配的属于A公司的金额为500万元。

提问：林老师，A公司在计算申报企业所得税时，可以扣除被投资企业的股东留存收益中属于A公司的份额500万元吗？

第二章 企业所得税

> **林溪发老师解答**
>
> 不可以！
>
> ◇ **政策依据**
>
> **国家税务总局关于贯彻落实**
> **企业所得税法若干税收问题的通知**
>
> 2010 年 2 月 22 日　国税函〔2010〕79 号
>
> 三、关于股权转让所得确认和计算问题
>
> 企业转让股权收入应于转让协议生效、且完成股权变更手续时，确认收入的实现。转让股权收入扣除为取得该股权所发生的成本后，为股权转让所得。企业在计算股权转让所得时，不得扣除被投资企业未分配利润等股东留存收益中按该项股权所可能分配的金额。

划重点　消痛点

本案例中，虽然被投资企业 B 公司未分配利润和盈余公积等留存收益 1250 万元属于税后收益，但是不能在 A 公司股权转让所得额中减除股东留存收益中按该项股权所可能分配的金额 500 万元。

第 113 集

企业股权转让所得，如何计算缴纳企业所得税

接第 112 集案例，A 公司股权转让所得为 900 万元，A 公司 2018 年度可以所得税前扣除的经营亏损为 300 万元，以前年度可弥补亏损为 400 万元。

提问：林老师，A 公司在计算 2018 年度企业所得税时，可以直接按股权转让所得 900 万元乘以法定税率 25% 计算吗？

林溪发老师解答

A 公司股权转让所得，计入当年度应纳税所得额计算缴纳企业所得税。

应缴纳企业所得税计算如表 1 所示：

表 1　　　　　A 公司应缴纳企业所得税计算

项　目	金　额
股权转让所得	900 万元
减：2018 年度经营亏损	300 万元
减：以前年度可弥补亏损	400 万元
应纳税所得额	200 万元
税率	25%
应缴纳企业所得税	50 万元

第二章 企业所得税

◇ 政策依据

中华人民共和国企业所得税法

2018 年 12 月 29 日　主席令第 23 号修改

第五条　企业每一纳税年度的收入总额，减除不征税收入、免税收入、各项扣除以及允许弥补的以前年度亏损后的余额，为应纳税所得额。

中华人民共和国企业所得税法实施条例

2019 年 4 月 23 日　国务院令第 714 号修正

第十六条　企业所得税法第六条第（三）项所称转让财产收入，是指企业转让固定资产、生物资产、无形资产、股权、债权等财产取得的收入。

划重点　消痛点

本案例中，A 公司转让股权所得 900 万元，属于转让财产收入，应计入 2018 年度企业所得税的应纳税所得额；而该公司 2018 年度可以税前扣除的经营亏损为 300 万元，可以扣减，扣减后的应纳税所得额为 600 万元。

《企业所得税法》第十八条规定，企业纳税年度发生的亏损，准予向以后年度结转，用以后年度的所得弥补，但结转年限最长不得超过五年。

因此，该公司可以弥补以前年度亏损 400 万元，弥补亏损后的应纳税所得额为 200 万元，乘以企业所得税税率后，计算出应缴纳企业所得税。

第114集

企业股权转让所得，在哪里缴纳企业所得税

接第113集案例，A公司股权转让所得为900万元。A公司注册地点在甲市，被投资企业B公司注册地点在乙市。

提问：林老师，A公司股权转让所得，企业所得税在哪里缴纳？

林溪发老师解答

股权转让所得，在A公司注册地缴纳企业所得税。

A公司为居民企业，注册登记地在甲市，以甲市为纳税地点缴纳企业所得税。

◇ 政策依据

中华人民共和国企业所得税法

2018年12月29日　主席令第23号修改

第五十条　除税收法律、行政法规另有规定外，居民企业以企业登记注册地为纳税地点。

划重点　消痛点

假定本案例中被投资企业B公司的另外一个股东为自然人张先生，B公司不是上市公司，张先生2018年12月将持有的B公司股权转让给C公司，

第二章　企业所得税

产生的转让所得，应在哪里申报缴纳个人所得税？

◇ 政策依据

国家税务总局关于发布
《股权转让所得个人所得税管理办法（试行）》的公告

2014年12月7日　国家税务总局公告2014年第67号

第五条　个人股权转让所得个人所得税，以股权转让方为纳税人，以受让方为扣缴义务人。

……

第十九条　个人股权转让所得个人所得税以被投资企业所在地税务机关为主管税务机关。

因此，张先生上述股权转让所得，在被投资企业B公司注册地点乙市申报缴纳个人所得税。

第 115 集
股权转让所得核定征收，如何计算缴纳企业所得税

扫码学习

接第114集案例，假如居民企业A公司所得税采用核定征收，但不是专门从事股权（股票）投资业务的企业，转让B公司股权收入为2900万元。A公司主营项目（业务）的应税所得率为10%，2018年度经营收入700万元。

提问：林老师，A公司股权转让所得采用核定征收，企业所得税的应税收入额如何计算？

295

林溪发老师解答

该公司以股权转让收入 2900 万元及经营收入 700 万元的合计数 3600 万元,为企业所得税的应税收入额。

应缴纳企业所得税计算如表 1 所示:

表 1 　　　　　　　　应缴纳企业所得税的计算

项目	金额
股权转让收入	2900 万元
加:经营收入	700 万元
应税收入额	3600 万元
应税所得率	10%
应纳税所得额	360 万元
税率	25%
应缴纳企业所得税	90 万元

其中:

股权转让收入应缴纳企业所得税 = 股权转让收入 × 应税所得率 × 适用税率 = 2900 × 10% × 25% = 72.5(万元)

◇ 政策依据

国家税务总局关于企业所得税核定征收有关问题的公告

2012 年 6 月 19 日　国家税务总局公告 2012 年第 27 号

二、依法按核定应税所得率方式核定征收企业所得税的企业,取得的转让股权(股票)收入等转让财产收入,应全额计入应税收入额,按照主营项目(业务)确定适用的应税所得率计算征税;若主营项目(业务)发生变化,应在当年汇算清缴时,按照变化后的主营项目(业务)重新确定适用的应税所得率计算征税。

第二章 企业所得税

划重点 消痛点

企业所得税核定征收，还有以下税收政策规定：

◇ 政策依据

国家税务总局关于企业所得税核定征收若干问题的通知

2009年7月14日　国税函〔2009〕377号

二、国税发〔2008〕30号文件第六条中的"应税收入额"等于收入总额减去不征税收入和免税收入后的余额。用公式表示为：

应税收入额 = 收入总额 – 不征税收入 – 免税收入

其中，收入总额为企业以货币形式和非货币形式从各种来源取得的收入。

企业所得税核定征收办法（试行）

2008年3月6日　国税发〔2008〕30号印发

第六条　采用应税所得率方式核定征收企业所得税的，应纳所得税额计算公式如下：

应纳所得税额 = 应纳税所得额 × 适用税率

应纳税所得额 = 应税收入额 × 应税所得率

或：应纳税所得额 = 成本（费用）支出额 /（1 – 应税所得率）× 应税所得率

……

第九条　纳税人的生产经营范围、主营业务发生重大变化，或者应纳税所得额或应纳税额增减变化达到20%的，应及时向税务机关申报调整已确定的应纳税额或应税所得率。

297

第 116 集
专门从事股权投资业务的居民企业，可以核定征收企业所得税吗

接第 115 集案例，假如 A 公司是专门从事股权（股票）投资业务的居民企业。

提问：林老师，A 公司可以核定征收企业所得税吗？

林溪发老师解答

A 公司是专门从事股权（股票）投资业务的居民企业，不得核定征收企业所得税。

◇ 政策依据

国家税务总局关于企业所得税核定征收有关问题的公告

2012 年 6 月 19 日　国家税务总局公告 2012 年第 27 号

一、专门从事股权（股票）投资业务的企业，不得核定征收企业所得税。

划重点　消痛点

国家税务总局公告 2012 年第 27 号第一条规定了不得核定征收企业所得税的情形，应关注以下两点：

（1）专门从事股权（股票）投资业务；

（2）属于居民企业。

第 117 集

非居民企业转让股权，如何计算缴纳企业所得税

境外甲公司为非居民企业，境内乙公司和丙公司为居民企业，甲公司前后两次投资丙公司，第一次投资人民币 100 万元，第二次投资人民币 200 万元，两次合计持有丙公司 40% 的股权。2018 年 11 月 8 日，甲公司与乙公司签订股权转让合同，以人民币 200 万元的价格转让其持有的丙公司 10% 的股权给乙公司。甲公司非居民企业所得税率为 10%。

提问： 林老师，甲公司转让股权，需要缴纳多少非居民企业所得税？

林溪发老师解答

按照股权转让收入减除股权净值后的余额计算确定应纳税所得额。

甲公司持有丙公司 40% 股权的全部成本见表 1：

表 1　　　　　　　　　　　甲公司持股成本

第一次	第二次	合计
100 万元	200 万元	300 万元

甲公司转让丙公司 10% 的股权的成本见表 2：

表 2　　　　　　　　　　　甲公司转让股权成本

本次转让	总股权	本次交易转让比例	本次转让股权成本
10%	40%	25%（10%÷40%）	75 万元（300×25%）

甲公司转让股权应缴纳非居民企业所得税见表3：

表3　　　　　　　　甲公司缴纳企业所得税

转让收入	转让成本	转让所得	税率	非居民企业所得税
200万元	75万元	125万元	10%	12.5万元

◇ **政策依据**

国家税务总局关于非居民企业所得税源泉扣缴有关问题的公告

2017年10月17日　国家税务总局公告2017年第37号

三、企业所得税法第十九条第二项规定的转让财产所得包含转让股权等权益性投资资产（以下称"股权"）所得。股权转让收入减除股权净值后的余额为股权转让所得应纳税所得额。

……

多次投资或收购的同项股权被部分转让的，从该项股权全部成本中按照转让比例计算确定被转让股权对应的成本。

划重点　消痛点

本案例中，非居民企业转让股权，计算缴纳企业所得税时，应关注两个计算公式：

1. 股权转让所得额计算公式

股权转让所得应纳税所得额 = 股权转让收入 − 股权净值

2. 股权转让成本的计算公式

转让同项股权，被转让股权对应的成本计算如下：

股权转让成本 = 该项股权全部成本 × 转让比例

第 118 集

非居民企业转让股权，如何确定扣缴义务人

接第 117 集案例，境外甲公司在中国境内未设立机构、场所。

提问：林老师，甲公司转让股权需缴纳的非居民企业所得税，以哪个单位为扣缴义务人？

林溪发老师解答

非居民企业甲公司转让股权，支付人为乙公司，因此乙公司为扣缴义务人。

◇ 政策依据

中华人民共和国企业所得税法

2018 年 12 月 29 日　主席令第 23 号修改

第三条 ……

居民企业在中国境内未设立机构、场所的，或者虽设立机构、场所但取得的所得与其所设机构、场所没有实际联系的，应当就其来源于中国境内的所得缴纳企业所得税。

……

第三十七条　对非居民企业取得本法第三条第三款规定的所得应缴纳的所得税，实行源泉扣缴，以支付人为扣缴义务人。税款由扣缴义务人在每次支付或者到期应支付时，从支付或者到期应支付的款项中扣缴。

301

划重点　消痛点

如果非居民企业转让股权，股权转让款约定是"实收金额"，也就是说其应纳税款由扣缴义务人实际承担，那么，应先将非居民企业取得的不含税所得换算为含税所得，然后再计算税款。

◇ 政策依据

国家税务总局关于非居民企业所得税源泉扣缴有关问题的公告

2017年10月17日　国家税务总局公告2017年第37号

六、扣缴义务人与非居民企业签订与企业所得税法第三条第三款规定的所得有关的业务合同时，凡合同中约定由扣缴义务人实际承担应纳税款的，应将非居民企业取得的不含税所得换算为含税所得计算并解缴应扣税款。

第119集 非居民企业转让股权，在哪里缴纳企业所得税

接第118集案例，境外甲公司在中国境内未设立机构、场所，乙公司所在地为X市。

提问：林老师，甲公司转让股权需缴纳的非居民企业所得税，在哪里缴纳？

第二章 企业所得税

林溪发老师解答

在 X 市缴纳企业所得税。

◇ 政策依据

国家税务总局关于非居民企业所得税源泉扣缴有关问题的公告

2017年10月17日　国家税务总局公告2017年第37号

七、扣缴义务人应当自扣缴义务发生之日起7日内向扣缴义务人所在地主管税务机关申报和解缴代扣税款。……

划重点　消痛点

前面的案例中,居民企业转让股权的,在居民企业所在地申报缴纳企业所得税;而本案例中,非居民企业转让股权,在扣缴义务人所在地主管税务机关申报和解缴代扣税款。

第八节 房地产企业所得税

第 120 集
房地产开发产品企业所得税完工年度如何确认

甲公司为房地产开发企业，开发商品房项目适用增值税一般计税方法。甲公司开发的房产项目A，2018年12月18日办妥竣工验收备案手续，于2019年2月开始陆续交房。

提问：林老师，2019年2月才开始陆续交房，那该房产项目计算企业所得税的完工年度是2019年吗？

林溪发老师解答

不是，2018年为完工年度！

该房产项目于2018年12月18日办妥竣工验收备案手续，满足了《国家税务总局关于印发〈房地产开发经营业务企业所得税处理办法〉的通知》（国税发〔2009〕31号）第三条规定的完工产品的标准：开发产品竣工证明材料已报房地产管理部门备案。

因此，应以2018年为该房产项目的完工年度。

第二章 企业所得税

◇政策依据

国家税务总局关于印发
《房地产开发经营业务企业所得税处理办法》的通知

2009年3月6日 国税发〔2009〕31号

第三条 企业房地产开发经营业务包括土地的开发，建造、销售住宅、商业用房以及其他建筑物、附着物、配套设施等开发产品。除土地开发之外，其他开发产品符合下列条件之一的，应视为已经完工：

（一）开发产品竣工证明材料已报房地产管理部门备案。

（二）开发产品已开始投入使用。

（三）开发产品已取得了初始产权证明。

划重点 消痛点

房地产开发产品企业所得税完工年度，应关注以下两点：

1. "三个条件之一"

根据国税发〔2009〕31号第三条规定，除土地开发之外，其他开发产品符合三个条件之一的，就视为已经完工。

该房地产公司开发产品，2018年12月办妥竣工验收备案手续，2019年2月交房，交房后办理初始产权证明；2018年就满足了"（一）开发产品竣工证明材料已报房地产管理部门备案"这个条件，应以2018年作为完工年度。

假定本案例中该公司开发的房产项目A，2019年1月办妥竣工验收备案手续，2019年4月开始陆续交房，交房后办理初始产权证明，则该房产项目计算企业所得税的完工年度为2019年。

2. 与土地增值税清算条件存在差异

根据《国家税务总局关于印发〈土地增值税清算管理规程〉的通知》（国税发〔2009〕91号）规定，土地增值税清算条件分为：

（1）应清算。

第九条规定，纳税人符合下列条件之一的，应进行土地增值税的清算：

① 房地产开发项目全部竣工、完成销售的；

② 整体转让未竣工决算房地产开发项目的；

③ 直接转让土地使用权的。

（2）可清算。

第十条规定，对符合以下条件之一的，主管税务机关可要求纳税人进行土地增值税清算。

① 已竣工验收的房地产开发项目，已转让的房地产建筑面积占整个项目可售建筑面积的比例在85%以上，或该比例虽未超过85%，但剩余的可售建筑面积已经出租或自用的；

② 取得销售（预售）许可证满三年仍未销售完毕的；

③ 纳税人申请注销税务登记但未办理土地增值税清算手续的；

④ 省（自治区、直辖市、计划单列市）税务机关规定的其他情况。

由此可见，房地产企业开发产品的土地增值税清算条件，与国税发〔2009〕31号文件第三条规定的完工条件，存在较大差异。

第 121 集

分期收款方式销售房地产开发产品的收入如何计算

接第120集案例，该项目2018年2月采取分期收款方式销售一套住宅，售价600万元（不含增值税），合同约定分三期支付：

（1）2018年2月支付第一期200万元；

（2）2018年10月支付第二期200万元；

（3）2019年10月支付第三期200万元。

第二章 企业所得税

第一期和第二期房款已按照合同约定付款时间到账。

提问： 林老师，甲公司2018年度该套住宅计算企业所得税的销售收入是总售价600万元吗？

林溪发老师解答

不是，该套住宅2018年度销售收入为400万元！

该房产项目2018年12月已经办妥竣工验收备案，根据《国家税务总局关于印发〈房地产开发经营业务企业所得税处理办法〉的通知》（国税发〔2009〕31号）第六条第（二）项的规定：

（1）第一期房款200万元及第二期房款200万元，合计400万元，应于2018年确认收入。

（2）第三期款200万元应于2019年确认收入。

◇ 政策依据

国家税务总局关于印发
《房地产开发经营业务企业所得税处理办法》的通知

2009年3月6日　国税发〔2009〕31号

第六条　企业通过正式签订《房地产销售合同》或《房地产预售合同》所取得的收入，应确认为销售收入的实现，具体按以下规定确认：

……

（二）采取分期收款方式销售开发产品的，应按销售合同或协议约定的价款和付款日确认收入的实现。付款方提前付款的，在实际付款日确认收入的实现。

划重点　消痛点

本案例应关注以下两点：

1. 提早收款

本案例中，房地产销售合同约定 2019 年 10 月支付第三期房款 200 万元，如果购房人提早到 2018 年 12 月付款的，按照国税发〔2009〕31 号第六条第（二）项规定，"付款方提前付款的，在实际付款日确认收入的实现"，第三期房款 200 万元提早到 2018 年 12 月收款，应于 2018 年确认收入的实现。

2. 延迟收款

本案例中，房地产销售合同约定 2018 年 10 月支付第二期房款 200 万元，如果购房人延迟到 2019 年 2 月付款，根据国税发〔2009〕31 号第六条第（二）项规定，"应按销售合同或协议约定的价款和付款日确认收入的实现"，第二期 200 万元虽然延迟到 2019 年 2 月收款，但合同约定的收款时间是 2018 年 10 月，应于 2018 年确认收入的实现。

第 122 集

银行按揭方式销售房地产开发产品的收入如何计算

接第 120 集案例，该项目 2018 年 11 月采取银行按揭方式销售一套住宅，售价 300 万元（不含增值税）。首付款 90 万元于 2018 年 11 月 28 日收到，余款 210 万元于 2019 年 1 月到账。

提问：林老师，2018 年度，该套住宅计算企业所得税的销售收入是总售价 300 万元吗？

第二章 企业所得税

林溪发老师解答

不是，该套住宅 2018 年度销售收入为首付款 90 万元！

该房产项目 2018 年 12 月已经办妥竣工验收备案，根据《国家税务总局关于印发〈房地产开发经营业务企业所得税处理办法〉的通知》（国税发〔2009〕31 号）第六条第（三）项的规定：

（1）首付款 90 万元，于 2018 年确认收入；

（2）余款 210 万元，于 2019 年到账时确认收入。

◇ 政策依据

国家税务总局关于印发
《房地产开发经营业务企业所得税处理办法》的通知

2009 年 3 月 6 日　　国税发〔2009〕31 号

第六条　企业通过正式签订《房地产销售合同》或《房地产预售合同》所取得的收入，应确认为销售收入的实现，具体按以下规定确认：

……

（三）采取银行按揭方式销售开发产品的，应按销售合同或协议约定的价款确定收入额，其首付款应于实际收到日确认收入的实现，余款在银行按揭贷款办理转账之日确认收入的实现。

划重点　消痛点

本案例中的按揭贷款 210 万元，如果于 2018 年 12 月到账，根据国税发〔2009〕31 号文件第六条第（三）项规定，"余款在银行按揭贷款办理转账之日确认收入的实现"，这 210 万元也应在 2018 年确认收入的实现。

第 123 集
视同买断方式销售房地产开发产品的收入如何计算

接第 120 集案例，2018 年 1 月，甲公司采用视同买断方式委托房屋中介公司销售该项目，委托销售合同约定买断价为每平方米 12000 元（不含增值税），超出买断价的价差归销售房产中介公司所有，甲公司不另支付手续费。2018 年预售 4000 平方米，预售合同均由房地产公司与购房者签订，合同均价为每平方米 13000 元（不含增值税）。甲公司 2018 年 12 月 10 日收到房屋中介公司已销开发产品清单，并已收到预售房款 4800 万元。

提问：林老师，这些委托代销房产，2018 年度计算企业所得税的销售收入是买断价 4800 万元吗？

林溪发老师解答

不是，委托代销房产 2018 年度销售收入为 5200 万元！

合同均价高于买断价格，根据《国家税务总局关于印发〈房地产开发经营业务企业所得税处理办法〉的通知》（国税发〔2009〕31 号）第六条第（四）项的规定，销售收入按照合同均价计算：

销售收入 = 4000 平方米 × 13000 元 / 平方米 = 5200（万元）

第二章　企业所得税

◇ 政策依据

国家税务总局关于印发
《房地产开发经营业务企业所得税处理办法》的通知

2009年3月6日　国税发〔2009〕31号

第六条　企业通过正式签订《房地产销售合同》或《房地产预售合同》所取得的收入，应确认为销售收入的实现，具体按以下规定确认：

……

（四）采取委托方式销售开发产品的，应按以下原则确认收入的实现：

……

2.采取视同买断方式委托销售开发产品的，属于企业与购买方签订销售合同或协议，或企业、受托方、购买方三方共同签订销售合同或协议的，如果销售合同或协议中约定的价格高于买断价格，则应按销售合同或协议中约定的价格计算的价款于收到受托方已销开发产品清单之日确认收入的实现；……

划重点　消痛点

本案例中，甲公司委托销售，如果约定买断价为每平方米14000元（不含增值税），其余不变，则买断价格高于合同均价每平方米13000元，根据国税发〔2009〕31号文件第六条第（四）项的规定，销售收入按照买断价格计算：

销售收入 = 4000平方米 × 14000元/平方米 = 5600（万元）

第 124 集

房地产开发产品分配给股东，要纳税调整吗

接第 120 集案例，甲公司 2019 年 1 月将该开发项目中的住宅 1 套作为股利分配给股东，住宅成本 240 万元，按照近期该项目住宅市场销售价格（不含增值税）计算为 400 万元。

提问：林老师，这套住宅分配给股东，是否计入企业所得税的销售收入？

林溪发老师解答

甲公司将住宅分配给股东，在计算企业所得税时，应视同销售确认收入并结转成本！

1. 视同销售的税务处理

根据《国家税务总局关于印发〈房地产开发经营业务企业所得税处理办法〉的通知》（国税发〔2009〕31号）第七条的规定，这套住宅分配给股东应视同销售：

（1）股利分配股东视同销售收入 400 万元，纳税调整增加；

（2）股利分配股东视同销售成本 240 万元，纳税调整减少；

（3）2019 年度应纳税所得额调整数 = 纳税调增 400 - 纳税调减 240 = 160（万元）。

2. 纳税申报

纳税申报表的填写如表 1 所示。

第二章 企业所得税

表1　　视同销售和房地产开发企业特定业务纳税调整明细表

单位：元

行次	项目	税收金额	纳税调整金额
1	视同销售（营业）收入 （2+3+4+5+6+7+8+9+10）	4000000	4000000
6	（五）用于股息分配视同销售收入	4000000	4000000
11	视同销售（营业）成本 （12+13+14+15+16+17+18+19+20）	2400000	2400000
16	（五）用于股息分配视同销售成本	2400000	2400000

◇ 政策依据

国家税务总局关于印发
《房地产开发经营业务企业所得税处理办法》的通知

2009年3月6日　国税发〔2009〕31号

第七条　企业将开发产品用于捐赠、赞助、职工福利、奖励、对外投资、分配给股东或投资人、抵偿债务、换取其他企事业单位和个人的非货币性资产等行为，应视同销售，于开发产品所有权或使用权转移，或于实际取得利益权利时确认收入（或利润）的实现。确认收入（或利润）的方法和顺序为：

（一）按本企业近期或本年度最近月份同类开发产品市场销售价格确定；

（二）由主管税务机关参照当地同类开发产品市场公允价值确定；

（三）按开发产品的成本利润率确定。开发产品的成本利润率不得低于15%，具体比例由主管税务机关确定。

划重点　消痛点

视同销售，根据国税发〔2009〕31号文件第七条规定，应关注以下三点：

1. 什么情况属于视同销售行为

企业将开发产品用于捐赠、赞助、职工福利、奖励、对外投资、分配给股东或投资人、抵偿债务、换取其他企事业单位和个人的非货币性资产等行为，在企业所得税处理时，应视同销售。

2. 视同销售收入（或利润）确认时间

应于开发产品所有权或使用权转移，或于实际取得利益权利时确认收入（或利润）的实现。

3. 确认收入（或利润）的方法和顺序

（1）按本企业近期或本年度最近月份同类开发产品市场销售价格确定；

（2）由主管税务机关参照当地同类开发产品市场公允价值确定；

（3）按开发产品的成本利润率确定。开发产品的成本利润率不得低于15%，具体比例由主管税务机关确定。

第 125 集

房地产企业的工程保险费，可以计入期间费用吗

接第120集案例，甲公司2018年1月与保险公司为该开发项目签订建筑工程保险，保险费金额为200万元。

提问： 林老师，甲公司建筑工程保险费，计算企业所得税时，计入管理费用吗？

第二章 企业所得税

> **林溪发老师解答**

错误，应计入开发成本！

该工程保险费为开发项目开发过程中发生，根据《国家税务总局关于印发〈房地产开发经营业务企业所得税处理办法〉的通知》（国税发〔2009〕31号）第二十七条第（六）项的规定，应计入开发成本。

✧ 政策依据

国家税务总局关于印发
《房地产开发经营业务企业所得税处理办法》的通知

2009年3月6日　国税发〔2009〕31号

第二十七条　开发产品计税成本支出的内容如下：

……

（六）开发间接费。指企业为直接组织和管理开发项目所发生的，且不能将其归属于特定成本对象的成本费用性支出。主要包括管理人员工资、职工福利费、折旧费、修理费、办公费、水电费、劳动保护费、工程管理费、周转房摊销以及项目营销设施建造费等。

> **划重点　消痛点**

房地产开发成本和期间费用，根据国税发〔2009〕31号第十一条、十二条规定，应关注以下两点：

1. 按规定区分

企业在进行成本、费用的核算与扣除时，必须按规定区分期间费用和开发产品计税成本、已销开发产品计税成本与未销开发产品计税成本。

315

2. 按规定扣除

企业发生的期间费用、已销开发产品计税成本、税金及附加、土地增值税准予当期按规定扣除。

第 126 集

房地产企业的财务顾问费，可以计入期间费用吗

接第 120 集案例，因项目开发筹集资金需要，甲公司与银行签订贷款协议，并将借款全部用于开发该项目，2018 年 5 月支付银行财务顾问费 100 万元。

提问：林老师，甲公司计算企业所得税时，财务顾问费计入管理费用吗？

林溪发老师解答

错误，应计入开发成本！

该房产项目于 2018 年 12 月办妥竣工验收备案手续，该财务顾问费为该项目完工前产生的，根据《国家税务总局关于印发〈房地产开发经营业务企业所得税处理办法〉的通知》（国税发〔2009〕31 号）第二十一条第（一）项的规定，此项费用为开发项目开发过程中发生的，应计入开发成本。

第二章 企业所得税

◇ 政策依据

国家税务总局关于印发
《房地产开发经营业务企业所得税处理办法》的通知

2009年3月6日　国税发〔2009〕31号

第二十一条　企业的利息支出按以下规定进行处理：

（一）企业为建造开发产品借入资金而发生的符合税收规定的借款费用，可按企业会计准则的规定进行归集和分配，其中属于财务费用性质的借款费用，可直接在税前扣除。

中华人民共和国企业所得税法实施条例

2019年4月23日　国务院令第714号修正

第三十七条　……

企业为购置、建造固定资产、无形资产和经过12个月以上的建造才能达到预定可销售状态的存货发生借款的，在有关资产购置、建造期间发生的合理的借款费用，应当作为资本性支出计入有关资产的成本，并依照本条例的规定扣除。

划重点　消痛点

本案例中，甲公司财务顾问费先计入开发成本，再按规定结转为已销开发产品的计税成本，在企业所得税税前扣除。

第 127 集

房地产企业可以预提工程成本吗

接第 120 集案例，甲公司该开发项目建安工程，因未最终办理结算而未取得全额发票，2018 年 12 月预提未到发票金额 800 万元，该出包建安工程合同总金额 7000 万元。

提问：林老师，甲公司计算企业所得税时，预提费用可以全部计入计税成本吗？

林溪发老师解答

不可以，只有 700 万元可以计入计税成本！

该房产项目于 2018 年 12 月办妥竣工验收备案手续，出包建安工程合同总金额 7000 万元，根据《国家税务总局关于印发〈房地产开发经营业务企业所得税处理办法〉的通知》（国税发〔2009〕31 号）第三十二条第（一）项的规定，可以预提出包工程金额不能超过合同总金额的 10%，即预提费用 =7000×10%=700（万元）。

◇ 政策依据

国家税务总局关于印发
《房地产开发经营业务企业所得税处理办法》的通知

2009 年 3 月 6 日　国税发〔2009〕31 号

第三十二条　除以下几项预提（应付）费用外，计税成本均应为实际发生的成本：

（一）出包工程未最终办理结算而未取得全额发票的，在证明资料充分的前提下，其发票不足金额可以预提，但最高不得超过合同总金额的 10%。

划重点　消痛点

房地产开发企业根据国税发〔2009〕31号文件第三十二条第（一）项规定的预提（应付）费用，应注意"在证明资料充分的前提下"。

根据国税发〔2009〕31号文件第三十二条规定，除了本案例预提出包工程成本之外，还可以预提以下计税成本：

（1）公共配套设施尚未建造或尚未完工的，可按预算造价合理预提建造费用。

此类公共配套设施必须符合已在售房合同、协议或广告、模型中明确承诺建造且不可撤销，或按照法律法规规定必须配套建造的条件。

（2）应向政府上交但尚未上交的报批报建费用、物业完善费用可以按规定预提。

物业完善费用是指按规定应由企业承担的物业管理基金、公建维修基金或其他专项基金。

第 128 集

房地产企业可以预提公建维修基金吗

扫码学习

接第 120 集案例，2018 年 12 月，甲公司开发房产项目应向政府上交但尚未上交的公建维修基金为 500 万元。

提问：林老师，这些公建维修基金还没有上交，计算企业所得税时，不能计入计税成本吧？

溪发说税之减税降费篇

林溪发老师解答

错误,可以计入计税成本!

该房产项目于 2018 年 12 月办妥竣工验收备案手续,应向政府上交但尚未上交的公建维修基金为 500 万元,根据《国家税务总局关于印发〈房地产开发经营业务企业所得税处理办法〉的通知》(国税发〔2009〕31 号)第三十二条第(三)项的规定,2018 年度可以计入计税成本。

◇ 政策依据

国家税务总局关于印发
《房地产开发经营业务企业所得税处理办法》的通知

2009 年 3 月 6 日   国税发〔2009〕31 号

第三十二条 除以下几项预提(应付)费用外,计税成本均应为实际发生的成本:

……

(三)应向政府上交但尚未上交的报批报建费用、物业完善费用可以按规定预提。物业完善费用是指按规定应由企业承担的物业管理基金、公建维修基金或其他专项基金。

……

划重点 消痛点

根据国税发〔2009〕31 号文件第三十二条第(三)项规定的预提物业完善费用,除了本案例的公建维修基金之外,房地产企业还可以按规定预提物业管理基金、其他专项基金。

第 129 集

房地产企业销售佣金可以在企业所得税税前扣除吗

接第 120 集案例,甲公司 2018 年委托境外代理机构销售住宅,该部分销售收入(不含增值税)为 3 亿元,支付佣金 4000 万元。当年的总销售收入 10 亿元(不含增值税)。

提问:林老师,支付佣金 4000 万元占当年的总销售收入 10 亿元的比例低于 10%,不用纳税调整吧?

林溪发老师解答

错误,应纳税调整!

根据《国家税务总局关于印发〈房地产开发经营业务企业所得税处理办法〉的通知》(国税发〔2009〕31 号)第二十条的规定,支付境外佣金 4000 万元占该部分销售收入 3 亿元的比例高于 10%,应纳税调整增加 =4000 万元 −3 亿元 ×10%=1000(万元)。

◇ **政策依据**

国家税务总局关于印发
《房地产开发经营业务企业所得税处理办法》的通知

2009 年 3 月 6 日 国税发〔2009〕31 号

第二十条 企业委托境外机构销售开发产品的,其支付境外机构的销售费用(含佣金或手续费)不超过委托销售收入 10% 的部分,准予据实扣除。

划重点 消痛点

根据国税发〔2009〕31号文件第二十条的规定，房地产开发企业支付委托境外机构的销售费用，在企业所得税税前扣除时，应关注以下三点：

1. 销售费用范围

支付境外机构的销售费用，包括佣金或手续费。

2. 扣除限额的计算基数

计算境外机构的销售费用扣除限额的基数，是委托销售收入，而不是房地产企业总销售收入。

3. 税前扣除最高比例

支付境外机构的销售费用（含佣金或手续费）不超过委托销售收入10%的部分，准予据实扣除。

关于佣金税前扣除最高比例，还有5%和18%两种比例。

◇ 政策依据

财政部　国家税务总局
关于企业手续费及佣金支出税前扣除政策的通知

2009年3月19日　财税〔2009〕29号

一、企业发生与生产经营有关的手续费及佣金支出，不超过以下规定计算限额以内的部分，准予扣除；超过部分，不得扣除：

……

2. 其他企业：按与具有合法经营资格中介服务机构或个人（不含交易双方及其雇员、代理人和代表人等）所签订服务协议或合同确认的收入金额的5%计算限额。

（备注：其他企业指的是保险企业之外的其他企业）

第二章 企业所得税

财政部 税务总局
关于保险企业手续费及佣金支出税前扣除政策的公告

2019年5月28日 财政部 税务总局公告2019年第72号

一、保险企业发生与其经营活动有关的手续费及佣金支出，不超过当年全部保费收入扣除退保金等后余额的18%（含本数）的部分，在计算应纳税所得额时准予扣除；超过部分，允许结转以后年度扣除。

第130集
房地产企业售楼处支出可以在企业所得税税前扣除吗

扫码学习

接第120集案例，甲公司2018年1月因该开发房产项目营销需要，建设了售楼处，支出100万元。

提问：林老师，售楼处支出可以直接在2018年度企业所得税税前扣除吗？

林溪发老师解答

不能，售楼处支出要计入计税成本，按销售比例扣除！

该房产项目于2018年12月办妥竣工验收备案手续，售楼处支出为项目营销设施建造费：

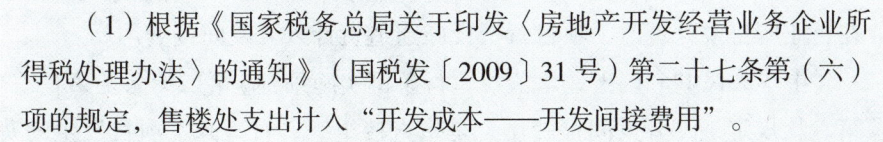

（1）根据《国家税务总局关于印发〈房地产开发经营业务企业所得税处理办法〉的通知》（国税发〔2009〕31号）第二十七条第（六）项的规定，售楼处支出计入"开发成本——开发间接费用"。

（2）根据国税发〔2009〕31号文件第十四条的规定，按照已售面积比例分配计入已销开发产品的计税成本，在2018年度企业所得税税前扣除。

◇ 政策依据

国家税务总局关于印发
《房地产开发经营业务企业所得税处理办法》的通知

2009年3月6日　国税发〔2009〕31号

第十四条　已销开发产品的计税成本，按当期已实现销售的可售面积和可售面积单位工程成本确认。可售面积单位工程成本和已销开发产品的计税成本按下列公式计算确定：

可售面积单位工程成本＝成本对象总成本÷成本对象总可售面积

已销开发产品的计税成本＝已实现销售的可售面积×可售面积单位工程成本

第二十七条　开发产品计税成本支出的内容如下：

……

（六）开发间接费。指企业为直接组织和管理开发项目所发生的，且不能将其归属于特定成本对象的成本费用性支出。主要包括管理人员工资、职工福利费、折旧费、修理费、办公费、水电费、劳动保护费、工程管理费、周转房摊销以及项目营销设施建造费等。

划重点　消痛点

根据国税发〔2009〕31号文件第二十七条第（六）项规定，房地产企业在企业所得税处理时，项目营销设施建造费计入开发间接费用。

《中华人民共和国土地增值税暂行条例实施细则》第二十七条第（二）项第六款规定，"开发间接费用，是指直接组织、管理开发项目发生的费用，包括工资、职工福利费、折旧费、修理费、办公费、水电费、劳动保护费、周转房摊销等"，这个规定未将"项目营销设施建造费"列入开发间接费用。

第三章 车辆购置税

第一节 车辆购置税应税车辆

第 131 集

购买摩托车，需要缴纳车辆购置税吗

2019年9月，甲乙二人在办公室聊税。

甲：公司给咱们部门买了一辆摩托车哦。

乙：那这辆摩托车的排气量是多少呀？听说排气量会影响税收呀！

甲：我们的摩托车排气量才125毫升。

乙：那需要缴纳车辆购置税吗？

林溪发老师解答

这辆摩托车的排气量在150毫升以下，不属于车辆购置税的征收范围，不需要缴纳车辆购置税。

◇ 政策依据

中华人民共和国车辆购置税法

2018年12月29日　主席令第19号

第一条　在中华人民共和国境内购置汽车、有轨电车、汽车挂车、排气量超过一百五十毫升的摩托车（以下统称应税车辆）的单位和个人，为车辆购置税的纳税人，应当依照本法规定缴纳车辆购置税。

第三章 车辆购置税

划重点 消痛点

《中华人民共和国车辆购置税法》第一条列举了车辆购置税应税车辆的范围，其中排气量超过150毫升的摩托车需要缴纳车辆购置税。本案例中该公司购买的摩托车的排气量为125毫升，低于150毫升，因此不需要缴纳车辆购置税。

第 132 集
购买不需要办理车辆登记的车辆，需要缴纳车辆购置税吗

扫码学习

2019年8月，A公司购买了一辆自用的应税车辆，按规定不需要办理车辆登记。

提问：林老师，A公司购置了不需要办理车辆登记的车辆，是否需要缴纳车辆购置税？

林溪发老师解答

A公司购置的不需要办理车辆登记的车辆，需要申报缴纳车辆购置税。

◇ 政策依据

中华人民共和国车辆购置税法

2018年12月29日　主席令第19号

第十一条　纳税人购置应税车辆，应当向车辆登记地的主管税务机

327

关申报缴纳车辆购置税；购置不需要办理车辆登记的应税车辆的，应当向纳税人所在地的主管税务机关申报缴纳车辆购置税。

划重点　消痛点

购置应税车辆，即使不需要办理车辆登记，也需缴纳车辆购置税。

第 133 集

购买二手车，需要缴纳车辆购置税吗

2019 年 8 月，B 公司在二手车市场购买了一辆二手汽车，该车辆已经申报缴纳车辆购置税。

提问：林老师，B 公司购买这辆二手汽车，还需要缴纳车辆购置税吗？

林溪发老师解答

不需要缴纳车辆购置税！

◇ 政策依据

中华人民共和国车辆购置税法

2018 年 12 月 29 日　主席令第 19 号

第三条　车辆购置税实行一次性征收。购置已征车辆购置税的车辆，不再征收车辆购置税。

划重点 消痛点

在本案例中，B 公司购买的二手汽车，此前已申报缴纳车辆购置税，因此不需要再缴纳车辆购置税，"车辆购置税实行一次性征收"。

第 134 集
抽奖得到的应税小轿车，需要缴纳车辆购置税吗

扫码学习

2019 年 8 月，黄女士参加某品牌车辆厂商新款车型发布推广会，抽中了一辆应税小轿车，该车辆黄女士自用。

提问：林老师，黄女士抽中的应税小轿车需要缴纳车辆购置税吗？

林溪发老师解答

需要缴纳车辆购置税！

◇ 政策依据

中华人民共和国车辆购置税法

2018 年 12 月 29 日　主席令第 19 号

第一条　在中华人民共和国境内购置汽车、有轨电车、汽车挂车、排气量超过一百五十毫升的摩托车（以下统称应税车辆）的单位和个人，为车辆购置税的纳税人，应当依照本法规定缴纳车辆购置税。

溪发说税之减税降费篇

> 第二条 本法所称购置，是指以购买、进口、自产、受赠、获奖或者其他方式取得并自用应税车辆的行为。

划重点 消痛点

在本案例中，黄女士抽中应税车辆自用，也需要缴纳车辆购置税。因为根据《中华人民共和国车辆购置税法》第二条规定，黄女士以获奖方式取得并自用应税车辆的行为，属于购置应税车辆。

第二节 车辆购置税计税价格

第 135 集

车辆装饰费,需要缴纳车辆购置税吗

扫码学习

2019年8月,C公司购买一辆自用的应税小轿车,其实际销售价格为15万元(不含增值税),另外做装饰花了3万元。

提问: 林老师,3万元的装饰费是否作为车辆购置税计税价格的组成部分,申报缴纳车辆购置税?

林溪发老师解答

装饰费3万元不需要计入车辆购置税计税价格!

◇ 政策依据

中华人民共和国车辆购置税法

2018年12月29日 主席令第19号

第六条 应税车辆的计税价格,按照下列规定确定:

(一)纳税人购买自用应税车辆的计税价格,为纳税人实际支付给销售者的全部价款,不包括增值税税款;

溪发说税之减税降费篇

> **划重点　消痛点**

应税车辆计算缴纳车辆购置税时，计税价格的确定非常重要。

延伸案例

购买自用应税车辆需要缴纳多少车辆购置税

扫码学习

2019年8月，A公司购买一辆自用的应税小轿车，机动车销售统一发票上"价税合计"为33.9万元，"不含税价格"为30万元，"增值税税额"为3.9万元。

提问：林老师，A公司需要缴纳多少车辆购置税？

林溪发老师解答

A公司应按照不含税价格作为计税价格，计算缴纳车辆购置税。

该公司购买自用应税车辆的计税价格，为纳税人实际支付给销售者的全部价款30万元，不包括增值税税款3.9万元。

车辆购置税的计算过程如下：

应纳税额 = 计税价格 × 10% = 30 × 10% = 3（万元）

◇政策依据

中华人民共和国车辆购置税法

2018年12月29日　主席令第19号

第四条　车辆购置税的税率为百分之十。

第五条　车辆购置税的应纳税额按照应税车辆的计税价格乘以税率计算。

第六条　应税车辆的计税价格，按照下列规定确定：

（一）纳税人购买自用应税车辆的计税价格，为纳税人实际支付给销售者的全部价款，不包括增值税税款；

财政部　税务总局关于车辆购置税有关具体政策的公告

2019年5月23日　财政部　税务总局公告2019年第71号

二、纳税人购买自用应税车辆实际支付给销售者的全部价款，依据纳税人购买应税车辆时相关凭证载明的价格确定，不包括增值税税款。

进口自用应税车辆需要缴纳多少车辆购置税

扫码学习

B公司从境外购买一辆自用的应税小汽车，报关进口时缴纳关税10万元、消费税20万元，《海关进口关税专用缴款书》注明的关税完税价格为60万元。

提问：林老师，B公司需要缴纳多少车辆购置税？

林溪发老师解答

B 公司应按照关税完税价格加上关税和消费税作为计税价格，计算缴纳车辆购置税。

该公司进口自用应税车辆，计算缴纳车辆购置税的计税价格，为关税完税价格 60 万元加上关税 10 万元和消费税 20 万元。

计税价格 = 关税完税价格 + 关税 + 消费税 = 60 + 10 + 20 = 90（万元）

应纳车辆购置税 = 计税价格 × 10% = 90 × 10% = 9（万元）

◇ 政策依据

中华人民共和国车辆购置税法

2018 年 12 月 29 日　主席令第 19 号

第六条　应税车辆的计税价格，按照下列规定确定：

……

（二）纳税人进口自用应税车辆的计税价格，为关税完税价格加上关税和消费税；

财政部　税务总局
关于车辆购置税有关具体政策的公告

2019 年 5 月 23 日　财政部　税务总局公告 2019 年第 71 号

三、纳税人进口自用应税车辆，是指纳税人直接从境外进口或者委托代理进口自用的应税车辆，不包括在境内购买的进口车辆。

自产自用应税车辆需要缴纳多少车辆购置税

2019年8月，C公司将自产的一辆应税小轿车转为自用，该公司生产的配置序列号相同的车辆的销售价格，"价税合计"为11.3万元，"不含税价格"为10万元，"增值税税额"为1.3万元。

提问：林老师，C公司需要缴纳多少车辆购置税？

林溪发老师解答

C公司应按照生产的同类应税车辆的不含税价格作为计税价格，计算缴纳车辆购置税。

该公司自产自用应税车辆的计税价格，按照纳税人生产的同类应税车辆的销售价格10万元确定，不包括增值税税款1.3万元。

应纳车辆购置税 = 计税价格 × 10% = 10 × 10% = 1（万元）

◇ 政策依据

中华人民共和国车辆购置税法

2018年12月29日　主席令第19号

第六条　应税车辆的计税价格，按照下列规定确定：

……

（三）纳税人自产自用应税车辆的计税价格，按照纳税人生产的同类应税车辆的销售价格确定，不包括增值税税款；

财政部　税务总局
关于车辆购置税有关具体政策的公告

2019年5月23日　财政部　税务总局公告2019年第71号

四、纳税人自产自用应税车辆的计税价格，按照同类应税车辆（即车辆配置序列号相同的车辆）的销售价格确定，不包括增值税税款。……

受赠自用应税车辆，需要缴纳多少车辆购置税

扫码学习

2019年8月，D公司接受捐赠取得一辆自用的应税小轿车，购置时机动车销售统一发票上"价税合计"为23.2万元，"不含税价格"为20万元，"增值税税额"为3.2万元。

提问：林老师，D公司需要缴纳多少车辆购置税？

林溪发老师解答

D公司应按照应税车辆购置时的不含税价格作为计税价格，计算缴纳车辆购置税。

该公司以受赠方式取得自用应税车辆的计税价格，按照购置应税车辆时相关凭证载明的价格20万元确定，不包括增值税税款3.2万元。

应纳车辆购置税 = 计税价格 × 10% = 20 × 10% = 2（万元）

第三章 车辆购置税

◇ 政策依据

中华人民共和国车辆购置税法

2018 年 12 月 29 日　主席令第 19 号

第六条 应税车辆的计税价格，按照下列规定确定：

……

（四）纳税人以受赠、获奖或者其他方式取得自用应税车辆的计税价格，按照购置应税车辆时相关凭证载明的价格确定，不包括增值税税款。

第三节　车辆购置税税收优惠

第 136 集

购买挂车，可以免征车辆购置税吗

2019 年 9 月，甲乙二人在办公室聊税。

甲：我们公司最近生意可好啦，所谓生意兴隆通四海……

乙：听说啊，咱们林大 BOSS 又要买一辆挂车来拉货。

甲：现在国家减税降费力度大，买挂车有什么税收优惠吗？

乙：听说啊，车辆购置税全免啦！

林溪发老师解答

错误。你公司购买的挂车，减半征收车辆购置税！

◇ 政策依据

财政部　税务总局
关于继续执行的车辆购置税优惠政策的公告

2019 年 6 月 28 日　财政部　税务总局公告 2019 年第 75 号

3. 自 2018 年 7 月 1 日至 2021 年 6 月 30 日，对购置挂车减半征收车辆购置税。具体操作按照《财政部　税务总局　工业和信息化部关于对挂车减征车辆购置税的公告》（财政部　税务总局　工业和信息化部公告 2018 年第 69 号）有关规定执行。

划重点 消痛点

根据财政部、税务总局公告 2019 年第 75 号第 3 点规定，购置挂车享受车辆购置税税收优惠，应关注以下两点：

1. 优惠幅度

购置挂车减半征收车辆购置税。

2. 优惠期间

自 2018 年 7 月 1 日至 2021 年 6 月 30 日。

第 137 集

购买新能源汽车，可以免征车辆购置税吗

2019 年 8 月，E 公司购买一辆自用的应税小轿车，属于新能源汽车，在《免征车辆购置税的新能源汽车车型目录》内。

提问：林老师，E 公司购买新能源汽车，可以享受车辆购置税免税政策吗？

林溪发老师解答

可以享受免税政策。

◇ 政策依据

财政部 税务总局关于继续执行的车辆购置税优惠政策的公告

2019 年 6 月 28 日 财政部 税务总局公告 2019 年第 75 号

2. 自 2018 年 1 月 1 日至 2020 年 12 月 31 日，对购置新能源汽车免

> 征车辆购置税。具体操作按照《财政部 税务总局 工业和信息化部 科技部关于免征新能源汽车车辆购置税的公告》（财政部 税务总局 工业和信息化部 科技部公告2017年第172号）有关规定执行。

划重点 消痛点

根据财政部、税务总局公告2019年第75号第2点规定，购置新能源汽车享受车辆购置税税收优惠，应关注以下两点：

1. 优惠幅度

购置新能源汽车免征车辆购置税。

2. 优惠期间

自2018年1月1日至2020年12月31日。

新能源汽车应在《免征车辆购置税的新能源汽车车型目录》内。

《财政部 税务总局 工业和信息化部 科技部关于免征新能源汽车车辆购置税的公告》（财政部 税务总局 工业和信息化部 科技部公告2017年第172号）第二条规定，对免征车辆购置税的新能源汽车，通过发布《免征车辆购置税的新能源汽车车型目录》（以下简称《目录》）实施管理。2017年12月31日之前已列入《目录》的新能源汽车，对其免征车辆购置税政策继续有效。

第四节　车辆购置税退税

第 138 集

车辆退回了，可以退还车辆购置税吗

扫码学习

2019 年 9 月，甲乙二人在办公室聊税。

甲：好心烦啊。

乙：你怎么了？

甲：公司今年 8 月买了一辆小轿车，都已经缴了车辆购置税，现在才发现车子质量居然有问题。

乙：那怎么办？

甲：当然是退回汽车销售店。

乙：车退回去了，那车辆购置税可以退还吗？

林溪发老师解答

可以申请退还。

◇ 政策依据

中华人民共和国车辆购置税法

2018 年 12 月 29 日　主席令第 19 号

第十五条　纳税人将已征车辆购置税的车辆退回车辆生产企业或者销售企业的，可以向主管税务机关申请退还车辆购置税。退税额以已缴税款为基准，自缴纳税款之日至申请退税之日，每满一年扣减百分之十。

> 划重点 消痛点

根据《中华人民共和国车辆购置税法》第十五条的规定，车辆购置税退税，应关注以下三点：

1. 已征车辆购置税

纳税人申请退回车辆购置税的车辆，购置时已经缴纳了车辆购置税。

2. 车辆已退回

纳税人已将车辆退回车辆生产企业或销售企业。

3. 退税额计算

退税额以已缴税款为基准，自缴纳税款之日至申请退税之日每满一年扣减10%。

第四章　耕地占用税

第一节　耕地占用税的计算缴纳

第 139 集

占用耕地建设厂房，需要缴纳耕地占用税吗

2019 年 9 月，A 公司因建设厂房占用耕地（用于种植农作物的土地）。

提问：林老师，A 公司需要缴纳耕地占用税吗？

林溪发老师解答

A 公司建设厂房占用了耕地，需要缴纳耕地占用税。

◇ 政策依据

中华人民共和国耕地占用税法

2018 年 12 月 29 日　主席令第 18 号

第二条　在中华人民共和国境内占用耕地建设建筑物、构筑物或者从事非农业建设的单位和个人，为耕地占用税的纳税人，应当依照本法规定缴纳耕地占用税。

……

本法所称耕地，是指用于种植农作物的土地。

> 划重点 消痛点

在本案例中，A公司因建设厂房，占用了用于种植农作物的土地，需要缴纳耕地占用税。

第 140 集
占用耕地建设厂房，耕地占用税如何计算

接第139集案例，A公司为增值税一般纳税人，应税土地面积为3万平方米，所在县级行政区耕地占用税的现行适用税额为每平方米30元。

提问：林老师，A公司需要缴纳多少耕地占用税？

> 林溪发老师解答

A公司按照应税土地面积乘以适用税额计算。

应纳耕地占用税 = 应税土地面积 × 适用税额 = 3 × 30 = 90（万元）

◇ 政策依据

国家税务总局关于耕地占用税征收管理有关事项的公告

2019年8月30日　国家税务总局公告2019年第30号

一、耕地占用税以纳税人实际占用的属于耕地占用税征税范围的土地（以下简称"应税土地"）面积为计税依据，按应税土地当地适用税

第四章 耕地占用税

额计税，实行一次性征收。

耕地占用税计算公式为：应纳税额＝应税土地面积 × 适用税额

应税土地面积包括经批准占用面积和未经批准占用面积，以平方米为单位。

当地适用税额是指省、自治区、直辖市人民代表大会常务委员会决定的应税土地所在地县级行政区的现行适用税额。

中华人民共和国耕地占用税法

2018 年 12 月 29 日　主席令第 18 号

第三条　耕地占用税以纳税人实际占用的耕地面积为计税依据，按照规定的适用税额一次性征收，应纳税额为纳税人实际占用的耕地面积（平方米）乘以适用税额。

划重点　消痛点

在本案例中，A 公司是增值税一般纳税人，在计算缴纳耕地占用税时，应关注以下两点：

1. 应税土地面积

应税土地面积包括经批准占用面积和未经批准占用面积，以平方米为单位。

2. 适用税额

当地适用税额，是指省、自治区、直辖市人民代表大会常务委员会决定的应税土地所在地县级行政区的现行适用税额。

第 141 集

占用基本农田建设厂房，耕地占用税如何计算

接第 140 集案例，A 公司应税土地面积为 3 万平方米，全部是依据《基本农田保护条例》划定的基本农田保护区范围内的耕地。

提问：林老师，A 公司需要缴纳多少耕地占用税？

林溪发老师解答

A 公司占用基本农田建设厂房，应按照当地适用税额，加按 150% 征收。

应纳耕地占用税 = 应税土地面积 × 适用税额 × 150% = 30000 × 30 × 150% = 135（万元）

◇ 政策依据

中华人民共和国耕地占用税法

2018 年 12 月 29 日　主席令第 18 号

第六条　占用基本农田的，应当按照本法第四条第二款或者第五条确定的当地适用税额，加按百分之一百五十征收。

**财政部　税务总局　自然资源部
农业农村部　生态环境部关于发布
《中华人民共和国耕地占用税法实施办法》的公告**

2019 年 8 月 29 日　财政部公告 2019 年第 81 号

第四条　基本农田，是指依据《基本农田保护条例》划定的基本农

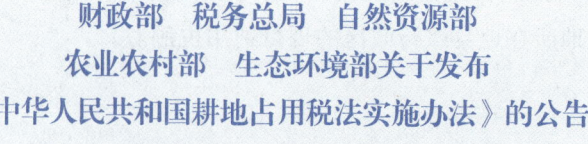

第四章 耕地占用税

田保护区范围内的耕地。

国家税务总局关于耕地占用税
征收管理有关事项的公告

2019年8月30日　国家税务总局公告2019年第30号

二、按照《耕地占用税法》第六条规定，加按百分之一百五十征收耕地占用税的计算公式为：应纳税额＝应税土地面积×适用税额×百分之一百五十。

划重点　消痛点

在本案例中，A公司占用基本农田建设厂房，应加按150%缴纳耕地占用税，这是从税收制度安排上保护基本农田。

第142集

小规模纳税人可以享受耕地占用税优惠吗

扫码学习

接第140集案例，假设A公司为增值税小规模纳税人，需要缴纳多少耕地占用税？

林溪发老师解答

A公司为增值税小规模纳税人，可以减按50%征收耕地占用税。

347

应纳耕地占用税 = 30000 × 30 × 50% = 45（万元）

◇ **政策依据**

财政部　税务总局关于实施
小微企业普惠性税收减免政策的通知

2019年1月17日　财税〔2019〕13号

三、由省、自治区、直辖市人民政府根据本地区实际情况，以及宏观调控需要确定，对增值税小规模纳税人可以在50%的税额幅度内减征资源税、城市维护建设税、房产税、城镇土地使用税、印花税（不含证券交易印花税）、耕地占用税和教育费附加、地方教育附加。

2019年初全国各省市出具配套文件，落实财税〔2019〕13号"六税二费"减税措施。例如，福建省出台闽财税〔2019〕5号文件。

◇ **政策依据**

福建省财政厅　国家税务总局福建省税务局
关于落实小微企业普惠性税收减免政策的通知

2019年1月31日　闽财税〔2019〕5号

一、对增值税小规模纳税人减按50%征收资源税、城市维护建设税、房产税、城镇土地使用税、印花税（不含证券交易印花税）、耕地占用税和教育费附加、地方教育附加。

划重点　消痛点

2019年初全国各省市出具配套文件，落实财税〔2019〕13号文件"六税二费"减税措施，优惠幅度均为减按50%征收。

本案例可以享受耕地占用税减半优惠的，是增值税小规模纳税人。

第二节 耕地占用税应税土地面积

第 143 集
未经批准占用耕地，需要缴纳耕地占用税吗

2019 年 10 月，甲乙二人在办公室聊税。

甲：2019 年 10 月，我们公司建设新仓库，占用了 5000 平方米耕地，其中未经批准占用面积为 500 平方米。

乙：哎呦，生意不错啊，又在建设仓库了啊。

甲：可是我很烦啊！这个未经批准占用耕地 500 平方米，需要缴纳耕地占用税吗？

林溪发老师解答

在本案例中，该公司经批准占用耕地和未经批准占用耕地，都需要缴纳耕地占用税。

◇ 政策依据

国家税务总局关于耕地占用税征收管理有关事项的公告

2019 年 8 月 30 日　国家税务总局公告 2019 年第 30 号

一、耕地占用税以纳税人实际占用的属于耕地占用税征税范围的土地（以下简称"应税土地"）面积为计税依据，按应税土地当地适用税额计税，实行一次性征收。

耕地占用税计算公式为：应纳税额＝应税土地面积 × 适用税额。

> 应税土地面积包括经批准占用面积和未经批准占用面积，以平方米为单位。

划重点　消痛点

未经批准占用应税土地的纳税人，需要缴纳耕地占用税，同时，根据国家税务总局公告2019年第30号第五条的规定，未经批准占用应税土地的纳税人，其纳税义务发生时间为自然资源主管部门认定其实际占地的当日。

第三节　耕地占用税的税收优惠

第 144 集

医院占用耕地，需要缴纳耕地占用税吗

2019 年 10 月，甲乙二人在电话中聊税。

甲：最近又要报税了。

乙：怎么回事？

甲：我们医院是县卫生健康局批准设立的医疗机构，2019 年 10 月占用了耕地，用于建设门诊大楼及职工宿舍楼，门诊大楼专门用于疾病诊断和治疗，宿舍楼用于医护人员居住。

乙：医院占用耕地，都不需要缴纳耕地占用税呀。

甲：啊？

林溪发老师解答

在本案例中，医院建设门诊大楼占用耕地免税，宿舍楼占用耕地要纳税。

◇ 政策依据

中华人民共和国耕地占用税法实施办法

2019 年 8 月 29 日　财政部公告 2019 年第 81 号

第九条　免税的医疗机构，具体范围限于县级以上人民政府卫生健康行政部门批准设立的医疗机构内专门从事疾病诊断、治疗活动的场所

及其配套设施。

医疗机构内职工住房占用耕地的,按照当地适用税额缴纳耕地占用税。

划重点 消痛点

纳税人对于免征、减征耕地占用税的税收优惠,要应享尽享,但同时也应注意掌握税收优惠执行口径,避免错误享受。

例如,根据《国家税务总局关于耕地占用税征收管理有关事项的公告》(国家税务总局公告 2019 年第 30 号)第三条规定,按照《耕地占用税法》及其实施办法的规定,免征、减征耕地占用税的部分项目按以下口径执行:

1. 免税的军事设施

免税的军事设施,是指《中华人民共和国军事设施保护法》第二条所列建筑物、场地和设备。具体包括:指挥机关,地面和地下的指挥工程、作战工程;军用机场、港口、码头;营区、训练场、试验场;军用洞库、仓库;军用通信、侦察、导航、观测台站,测量、导航、助航标志;军用公路、铁路专用线,军用通信、输电线路,军用输油、输水管道;边防、海防管控设施;国务院和中央军事委员会规定的其他军事设施。

2. 免税的社会福利机构

免税的社会福利机构,是指依法登记的养老服务机构、残疾人服务机构、儿童福利机构及救助管理机构、未成年人救助保护机构内专门为老年人、残疾人、未成年人及生活无着的流浪乞讨人员提供养护、康复、托管等服务的场所。

(1)养老服务机构。养老服务机构,是指为老年人提供养护、康复、托管等服务的老年人社会福利机构。具体包括老年社会福利院、养老院(或老人院)、老年公寓、护老院、护养院、敬老院、托老所、老年人服务中心等。

第四章 耕地占用税

（2）残疾人服务机构。残疾人服务机构，是指为残疾人提供养护、康复、托管等服务的社会福利机构。具体包括为肢体、智力、视力、听力、语言、精神方面有残疾的人员提供康复和功能补偿的辅助器具，进行康复治疗、康复训练，承担教育、养护和托管服务的社会福利机构。

（3）儿童福利机构。儿童福利机构，是指为孤、弃、残儿童提供养护、康复、医疗、教育、托管等服务的儿童社会福利服务机构。具体包括儿童福利院、社会福利院、SOS儿童村、孤儿学校、残疾儿童康复中心、社区特教班等。

（4）社会救助机构。社会救助机构，是指为生活无着的流浪乞讨人员提供寻亲、医疗、未成年人教育、离站等服务的救助管理机构。具体包括县级以上人民政府设立的救助管理站、未成年人救助保护中心等专门机构。

3. 免税的医疗机构

免税的医疗机构，是指县级以上人民政府卫生健康行政部门批准设立的医疗机构内专门从事疾病诊断、治疗活动的场所及其配套设施。

4. 减税的公路线路

减税的公路线路，是指经批准建设的国道、省道、县道、乡道和属于农村公路的村道的主体工程以及两侧边沟或者截水沟。具体包括高速公路、一级公路、二级公路、三级公路、四级公路和等外公路的主体工程及两侧边沟或者截水沟。

第 145 集

小学占用耕地，需要缴纳耕地占用税吗

2019年9月，县教育局批准成立的小学建设教学楼占用了耕地，该教学楼专门用于教学活动。

提问：林老师，请问小学占用耕地，需要缴纳耕地占用税吗？

林溪发老师解答

该小学建设教学楼占用耕地免征耕地占用税！

◇ 政策依据

中华人民共和国耕地占用税法

2018年12月29日　主席令第18号

第七条　军事设施、学校、幼儿园、社会福利机构、医疗机构占用耕地，免征耕地占用税。

中华人民共和国耕地占用税法实施办法

2019年8月29日　财政部公告2019年第81号

第六条　免税的学校，具体范围包括县级以上人民政府教育行政部门批准成立的大学、中学、小学，学历性职业教育学校和特殊教育学校，以及经省级人民政府或其人力资源社会保障行政部门批准成立的技工院校。

学校内经营性场所和教职工住房占用耕地的，按照当地适用税额缴纳耕地占用税。

划重点　消痛点

根据《中华人民共和国耕地占用税法实施办法》第六条的规定，学校占用耕地免征耕地占用税，应关注以下两点：

1. 免税的学校的具体范围

（1）县级以上人民政府教育行政部门批准成立的大学、中学、小学，学历性职业教育学校和特殊教育学校；

（2）经省级人民政府或其人力资源社会保障行政部门批准成立的技工院校。

2. 不能免税的情况

学校内经营性场所和教职工住房占用耕地的，按照当地适用税额缴纳耕地占用税。

第 146 集

占用竹林地，需要缴纳耕地占用税吗

2019 年 9 月，B 公司因建设厂房，占用了竹林地。

提问：林老师，B 公司占用竹林地，需要缴纳耕地占用税吗？

林溪发老师解答

需要缴纳耕地占用税！

◇ 政策依据

中华人民共和国耕地占用税法

2018 年 12 月 29 日　主席令第 18 号

第十二条　占用园地、林地、草地、农田水利用地、养殖水面、渔业水域滩涂以及其他农用地建设建筑物、构筑物或者从事非农业建设的，依照本法的规定缴纳耕地占用税。

355

中华人民共和国耕地占用税法实施办法

2019年8月29日　财政部公告2019年第81号

第二十一条　林地，包括乔木林地、竹林地、红树林地、森林沼泽、灌木林地、灌丛沼泽、其他林地，不包括城镇村庄范围内的绿化林木用地，铁路、公路征地范围内的林木用地，以及河流、沟渠的护堤林用地。

划重点　消痛点

在本案例中，B公司占用了竹林地用于建设厂房，需要缴纳耕地占用税。

根据《中华人民共和国耕地占用税法》第十二条的规定，缴纳耕地占用税，应关注以下两点：

（1）纳入征税的耕地范围。占用园地、林地、草地、农田水利用地、养殖水面、渔业水域滩涂以及其他农用地建设建筑物、构筑物或者从事非农业建设的，纳入需要缴纳耕地占用税的耕地范围。

（2）税收优惠。《中华人民共和国耕地占用税法》第十二条第二款规定，占用税法规定的农用地的，适用税额可以适当低于本地区按照《中华人民共和国耕地占用税法》第四条第二款确定的适用税额，但降低的部分不得超过50%。具体适用税额由省、自治区、直辖市人民政府提出，报同级人民代表大会常务委员会决定，并报全国人民代表大会常务委员会和国务院备案。

第十二条第三款同时也规定，占用税法规定的农用地建设直接为农业生产服务的生产设施的，不缴纳耕地占用税。

第四节　耕地占用税纳税地点

第 147 集

耕地占用税在哪里缴纳

2019 年 10 月，甲乙二人在办公室聊税。

甲：最近心好烦啊！

乙：怎么了？

甲：2019 年 10 月公司建设新厂房，占用了耕地。

乙：然后呢？

甲：公司注册地点是在 A 县，耕地所在地为 B 县。那我公司应在 A 县还是在 B 县缴纳耕地占用税呢？

林溪发老师解答

你公司应在耕地所在地 B 县申报纳税。

◇ 政策依据

中华人民共和国耕地占用税法实施办法

2019 年 8 月 29 日　财政部公告 2019 年第 81 号

第二十八条　纳税人占用耕地，应当在耕地所在地申报纳税。

> 划重点　消痛点

缴纳耕地占用税，纳税人除了关注纳税地点外，还应关注征收机关。

◇ 政策依据

中华人民共和国耕地占用税法

2018年12月29日　主席令第18号

第九条　耕地占用税由税务机关负责征收。

第五章 资源税

第 148 集

不同税目的应税产品，如何计算缴纳资源税

2020 年 9 月，C 公司开采钨、钼两种应税选矿产品。

提问：林老师，C 公司对钨、钼两种应税矿产品未分别核算，也不能准确提供这两种不同税目应税产品的销售额或者销售数量，该公司应如何计算缴纳资源税呢？

林溪发老师解答

从高适用资源税税率！

◇ 政策依据

中华人民共和国资源税法

2019 年 8 月 26 日　主席令第 32 号

第四条　纳税人开采或者生产不同税目应税产品的，应当分别核算不同税目应税产品的销售额或者销售数量；未分别核算或者不能准确提供不同税目应税产品的销售额或者销售数量的，从高适用税率。

划重点　消痛点

对于开采或者生产不同税目应税产品的纳税人来说，分别核算不同税目应税产品的销售额或者销售数量，非常重要。

第 149 集

连续生产的应税矿产品，如何计算缴纳资源税

2020 年 9 月，D 公司开采应税矿产品。

提问：林老师，D 公司开采应税矿产品自用于连续生产应税产品，该公司应如何计算缴纳资源税呢？

林溪发老师解答

不缴纳资源税！

◇ 政策依据

中华人民共和国资源税法

2019 年 8 月 26 日　主席令第 32 号

第五条　纳税人开采或者生产应税产品自用的，应当依照本法规定缴纳资源税；但是，自用于连续生产应税产品的，不缴纳资源税。

划重点　消痛点

纳税人开采或者生产应税产品自用于连续生产应税产品的，不缴纳资源税；自用于其他情形的，应缴纳资源税。

第五章 资源税

第 150 集

资源税在哪里申报缴纳

扫码学习

E 公司的注册地点在 A 县，2020 年 9 月在 B 县开采应税矿产品。

提问：林老师，E 公司开采应税矿产品，是在注册地 A 县申报缴纳资源税吗？

林溪发老师解答

E 公司应在开采地 B 县申报缴纳资源税！

◇ **政策依据**

中华人民共和国资源税法

2019 年 8 月 26 日　主席令第 32 号

第十一条　纳税人应当向应税产品开采地或者生产地的税务机关申报缴纳资源税。

划重点　消痛点

针对资源税的特点，《中华人民共和国资源税法》第十一条规定，纳税地点是应税产品开采地或者生产地。

361

第六章　土地增值税

第 151 集

销售使用过的不动产，要缴纳哪些税费

D 公司为增值税一般纳税人（非房地产开发企业），2019 年 3 月转让工业厂房，销售合同价格为 980 万元（含税价），该工业厂房 2016 年 3 月购置取得，购买原价为 618 万元（其中购买价格为 600 万元，契税为 18 万元），该公司对本次转让不动产增值税选择适用简易计税方法，附加税费率为 12%。该厂房按照 20 年折旧，不留残值。

该公司不包括本次转让不动产所得的 2019 年度应纳税所得额为 -150 万元。该公司从事国家非限制和禁止行业，2019 年从业人数 100 人、资产总额 4000 万元。

提问：林老师，D 公司转让不动产要缴纳哪些税费？

林溪发老师解答

应缴纳税费包括：增值税、附加税、印花税、土地增值税（如果有增值额）、企业所得税（如果有所得额）。

1. 应缴纳的增值税

应纳增值税 =（含税销售价格 - 购置原价）÷（1+5%）×5% =（980 - 600）÷（1+5%）×5% = 18.10（万元）

第六章 土地增值税

◇ 政策依据

国家税务总局关于发布
《纳税人转让不动产增值税征收管理暂行办法》的公告

2016 年 3 月 31 日　国家税务总局公告 2016 年第 14 号

第三条　一般纳税人转让其取得的不动产，按照以下规定缴纳增值税：

（一）一般纳税人转让其 2016 年 4 月 30 日前取得（不含自建）的不动产，可以选择适用简易计税方法计税，以取得的全部价款和价外费用扣除不动产购置原价或者取得不动产时的作价后的余额为销售额，按照 5% 的征收率计算应纳税额。

2. 应缴纳的附加税费

应纳附加税费 = 应交增值税 × 税率 = 18.10 × 12% = 2.17（万元）

3. 应缴纳的印花税

适用产权转移书据税目，因此：

应纳印花税 = 合同价格 × 税率 = 980 × 0.05% = 0.49（万元）

4. 应缴纳的土地增值税

（1）转让房地产收入总额。

转让房地产收入总额 = 含税销售价格 − 应交增值税 = 980 − 18.10 = 961.90（万元）

◇ 政策依据

国家税务总局关于营改增后
土地增值税若干征管规定的公告

2016 年 11 月 10 日　国家税务总局公告 2016 年第 70 号

一、关于营改增后土地增值税应税收入确认问题

营改增后，纳税人转让房地产的土地增值税应税收入不含增值税。

363

适用增值税一般计税方法的纳税人，其转让房地产的土地增值税应税收入不含增值税销项税额；适用简易计税方法的纳税人，其转让房地产的土地增值税应税收入不含增值税应纳税额。

（2）扣除项目金额。

① 按购房发票计算的旧房价格

按购房发票计算的旧房价格＝发票所载金额×（1＋5%×购买年度至转让年度数）＝600×（1＋5%×3）＝690（万元）

◇ 政策依据

财政部　国家税务总局
关于土地增值税若干问题的通知

2006年3月2日　财税〔2006〕21号

二、关于转让旧房准予扣除项目的计算问题

纳税人转让旧房及建筑物，凡不能取得评估价格，但能提供购房发票的，经当地税务部门确认，《条例》第六条第（一）、（三）项规定的扣除项目的金额，可按发票所载金额并从购买年度起至转让年度止每年加计5%计算。对纳税人购房时缴纳的契税，凡能提供契税完税凭证的，准予作为"与转让房地产有关的税金"予以扣除，但不作为加计5%的基数。

国家税务总局
关于土地增值税清算有关问题的通知

2010年5月19日　国税函〔2010〕220号

七、关于转让旧房准予扣除项目的加计问题

《财政部　国家税务总局关于土地增值税若干问题的通知》（财税〔2006〕21号）第二条第一款规定"纳税人转让旧房及建筑物，凡不能

第六章 土地增值税

取得评估价格，但能提供购房发票的，经当地税务部门确认，《条例》第六条第（一）、（三）项规定的扣除项目的金额，可按发票所载金额并从购买年度起至转让年度止每年加计5%计算"。计算扣除项目时"每年"按购房发票所载日期起至售房发票开具之日止，每满12个月计一年；超过一年，未满12个月但超过6个月的，可以视同为一年。

② 与转让房地产有关的税金

与转让房地产有关的税金＝附加税费＋印花税＋契税＝2.17＋0.49＋18＝20.66（万元）

◇ 政策依据

财政部　国家税务总局
关于土地增值税若干问题的通知

2006年3月2日　财税〔2006〕21号

二、关于转让旧房准予扣除项目的计算问题

纳税人转让旧房及建筑物，凡不能取得评估价格，但能提供购房发票的，经当地税务部门确认，《条例》第六条第（一）、（三）项规定的扣除项目的金额，可按发票所载金额并从购买年度起至转让年度止每年加计5%计算。对纳税人购房时缴纳的契税，凡能提供契税完税凭证的，准予作为"与转让房地产有关的税金"予以扣除，但不作为加计5%的基数。

③ 扣除项目金额

扣除项目金额＝按购房发票计算的旧房价格＋与转让房地产有关的税金＝690＋20.66＝710.66（万元）

（3）增值额。

增值额＝转让房地产收入总额－扣除项目金额＝961.90－710.66＝251.24（万元）

（4）增值额与扣除项目金额之比（%）。

增值额与扣除项目金额之比 = 251.24 ÷ 710.66 = 35.35% < 50%

（5）应纳土地增值税。

应纳土地增值税 = 增值额 × 税率 = 251.24 × 30% = 75.37（万元）

◇ 政策依据

中华人民共和国土地增值税暂行条例实施细则

1995年1月27日　财法字〔1995〕6号

第十条　条例第七条所列四级超率累进税率，每级"增值额未超过扣除项目金额"的比例，均包括本比例数。

计算土地增值税税额，可按增值额乘以适用的税率减去扣除项目金额乘以速算扣除系数的简便方法计算，具体公式如下：

（一）增值额未超过扣除项目金额50%

土地增值税税额 = 增值额 × 30%

5. 应缴纳的企业所得税

（1）转让旧房账面净值。

转让旧房账面净值 = 原值 − 累计折旧 =（600+18）−（600+18）÷ 20 × 3 = 618 − 618 ÷ 20 × 3 = 525.30（万元）

（2）转让旧房产生的应纳税所得额。

转让旧房产生的应纳税所得额 = 转让收入 − 旧房账面净值 − 附加税 − 印花税 − 土地增值税 = 961.90 − 525.30 − 2.17 − 0.49 − 75.37 = 358.57（万元）

（3）应纳企业所得税。

上述所得额358.57万元并入该公司2019年第一季度应纳税所得额预缴企业所得税，后面再进行2019年度企业所得税汇算清缴。

因为不包括本次转让不动产所得的2019年度应纳税所得额为 −150万元，因此：

第六章 土地增值税

2019年度应纳税所得额 = 358.57 - 150 = 208.57（万元）< 300（万元）

从业人数 = 100 < 300（人）

资产总额 = 4000（万元）< 5000（万元）

该公司从事国家非限制和禁止行业，且同时符合年度应纳税所得额不超过300万元、从业人数不超过300人、资产总额不超过5000万元等三个条件，为小型微利企业：

2019年度需缴纳企业所得税 = 100 × 25% × 20% + 108.57 × 50% × 20% = 15.86（万元）

◇ **政策依据**

财政部　税务总局
关于实施小微企业普惠性税收减免政策的通知

2019年1月17日　财税〔2019〕13号

二、对小型微利企业年应纳税所得额不超过100万元的部分，减按25%计入应纳税所得额，按20%的税率缴纳企业所得税；对年应纳税所得额超过100万元但不超过300万元的部分，减按50%计入应纳税所得额，按20%的税率缴纳企业所得税。

上述小型微利企业是指从事国家非限制和禁止行业，且同时符合年度应纳税所得额不超过300万元、从业人数不超过300人、资产总额不超过5000万元等三个条件的企业。

划重点　消痛点

本案例中，三个不同的税种，不动产的原价内涵不一样：

1. **增值税**

D公司是一般纳税人，转让使用过的不动产是在2016年4月30日前购买的不动产，根据《国家税务总局关于发布〈纳税人转让不动产增值税征

367

收管理暂行办法〉的公告》（国家税务总局公告 2016 年第 14 号）第三条第（一）项规定，选择适用简易计税方法计税，以取得的全部价款和价外费用扣除不动产购置原价后的余额为销售额，按照 5% 的征收率计算应纳的增值税。

应纳增值税 =（含税销售价格 − 购置原价）÷（1 + 5%）× 5% =（980 − 600）÷（1 + 5%）× 5% = 18.10（万元）

此处的购置原价是 600 万元，不含契税 18 万元。

2. 土地增值税

该公司在计算缴纳土地增值税时，根据《财政部　国家税务总局关于土地增值税若干问题的通知》（财税〔2006〕21 号）第二条、《国家税务总局关于土地增值税清算有关问题的通知》（国税函〔2010〕220 号）第七条的规定，计算扣除的旧房价格：

按购房发票计算的旧房价格 = 发票所载金额 ×（1 + 5% × 购买年度至转让年度数）= 600 ×（1 + 5% × 3）= 690（万元）

此处的旧房价格 690 万元，是发票所载金额 600 万元并从购买年度起至转让年度止每年加计 5% 计算，计算基数不含契税 18 万元。

但是，18 万元契税可以扣除，因为根据《财政部　国家税务总局关于土地增值税若干问题的通知》（财税〔2006〕21 号）第二条规定，作为"与转让房地产有关的税金"予以扣除，但不作为加计 5% 的基数。

因此，与转让房地产有关的税金 = 附加税 + 印花税 + 契税 = 2.17 + 0.49 + 18 = 20.66（万元）。

3. 企业所得税

该公司在计算缴纳企业所得税时，转让旧房账面净值计算如下：

转让旧房账面净值 = 原值 − 累计折旧 =（600 + 18）−（600 + 18）÷ 20 × 3 = 618 − 618 ÷ 20 × 3 = 525.30（万元）

此处的"原值"是购置原价 600 万元加上契税 18 万元。

第六章 土地增值税

> 延伸案例

小规模纳税人销售使用过的
有形动产如何纳税

案例一 小规模纳税人销售使用过的固定资产开具普通发票,且当月或当季度销售额合计未超过小规模纳税人增值税免征额。

扫码学习

A公司为增值税小规模纳税人,选择以1个月为纳税期限,2019年1月销售一台使用过的机器设备,合同约定含税价9.27万元,开具增值税普通发票,本月无其他购销业务。

提问:林老师,销售这台设备需要缴纳增值税吗?

林溪发老师解答

A公司不用缴纳增值税。

本月不含税销售额 = 9.27÷(1+3%) = 9(万元)

未超过小规模纳税人免征增值税标准,因此享受免征增值税的政策优惠。

◇ 政策依据

财政部 税务总局
关于实施小微企业普惠性税收减免政策的通知

2019年1月17日 财税〔2019〕13号

一、对月销售额10万元以下(含本数)的增值税小规模纳税

369

人，免征增值税。

国家税务总局关于小规模纳税人
免征增值税政策有关征管问题的公告

2019年1月19日　国家税务总局公告2019年第4号

一、小规模纳税人发生增值税应税销售行为，合计月销售额未超过10万元（以1个季度为1个纳税期的，季度销售额未超过30万元）的，免征增值税。

案例二 小规模纳税人销售使用过的固定资产开具普通发票，且当月或当季度销售额合计超过小规模纳税人增值税免征额。

A公司为小规模纳税人，选择以1个月为纳税期限，2019年2月销售一台使用过的机器设备，合同约定含税价20.6万元，开具增值税普通发票，本月无其他收入。

提问：林老师，A公司销售这台设备需要缴纳增值税吗？

林溪发老师解答

A公司需要缴纳增值税。

本月不含税销售额 = 20.6 ÷ （1 + 3%） = 20（万元）

以1个月为纳税期限，已超过小规模纳税人免征增值税标准，应缴纳增值税。

应纳增值税 = 20 × 2% = 0.4（万元）

第六章 土地增值税

◇ 政策依据

财政部　国家税务总局关于部分货物适用增值税低税率和简易办法征收增值税政策的通知

2009年1月19日　财税〔2009〕9号

二、下列按简易办法征收增值税的优惠政策继续执行，不得抵扣进项税额：

（一）纳税人销售自己使用过的物品，按下列政策执行

……

2.小规模纳税人（除其他个人外，下同）销售自己使用过的固定资产，减按2%征收率征收增值税。

案例三　小规模纳税人销售使用过的固定资产开具专用发票。

扫码学习

A公司为小规模纳税人，选择以1个月为纳税期限，2019年3月销售一台使用过的机器设备，合同约定含税价18.54万元，开具增值税专用发票，本月无其他购销业务。

提问：林老师，A公司销售这台设备需要缴纳增值税吗？

林溪发老师解答

A公司需要缴纳增值税！

1.应缴纳的增值税

该台设备销售，开具增值税专用发票，需要缴纳增值税：

不含税销售额 = 185400 ÷ （1+3%） = 180000（元）

应纳增值税 = 180000 × 3% = 5400（元）

371

◇ 政策依据

国家税务总局关于营业税改征增值税
试点期间有关增值税问题的公告

2015年12月22日　国家税务总局公告2015年第90号

二、纳税人销售自己使用过的固定资产,适用简易办法依照3%征收率减按2%征收增值税政策的,可以放弃减税,按照简易办法依照3%征收率缴纳增值税,并可以开具增值税专用发票。

2. 其他税费的计算

假设A公司三个地方附加税费率为12%,则：

应纳城市维护建设税 = 5400×7%×50% = 189(元)

应纳教育附加费 = 5400×3%×50% = 81(元)

应纳地方教育附加 = 5400×2%×50% = 54(元)

应纳印花税 = 185400×0.3‰×50% = 27.80(元)

应纳附加税费合计 = 189+81+54+27.80 = 351.80(元)

◇ 政策依据

财政部　税务总局关于实施
小微企业普惠性税收减免政策的通知

2019年1月17日　财税〔2019〕13号

三、由省、自治区、直辖市人民政府根据本地区实际情况,以及宏观调控需要确定,对增值税小规模纳税人可以在50%的税额幅度内减征资源税、城市维护建设税、房产税、城镇土地使用税、印花税(不含证券交易印花税)、耕地占用税和教育费附加、地方教育附加。

2019年初全国各省市出具配套文件,落实财税〔2019〕13号

第六章 土地增值税

"六税二费"减税措施。例如,福建省发布闽财税〔2019〕5号文件。

◇ 政策依据

福建省财政厅　国家税务总局福建省税务局
关于落实小微企业普惠性税收减免政策的通知

2019年1月31日　闽财税〔2019〕5号

一、对增值税小规模纳税人减按50%征收资源税、城市维护建设税、房产税、城镇土地使用税、印花税(不含证券交易印花税)、耕地占用税和教育费附加、地方教育附加。

3. 企业所得税

A公司本次出售的设备购置于2016年3月并于当月投入使用,购买原价为24万元,按照10年折旧,不留残值。该公司不包括本月转让固定资产所得的2019年度应纳税所得额为100万元。该公司从事国家非限制和禁止行业,2019年从业人数100人、资产总额1000万元。该公司2019年应缴纳多少企业所得税呢?

销售设备的账面净值 = 240000 - (240000 × 3 ÷ 10) = 168000 (元)

销售设备的应纳税所得额 = 转让收入 - 账面净值 - 附加税 - 印花税 = 180000 - 168000 - 351.80 = 11648.20 (元)

上述所得额11648.20元并入该公司2019年第一季度应纳税所得额预缴企业所得税,后面再进行2019年度企业所得税汇算清缴。

因为不包括本次转让设备所得的2019年度应纳税所得额为100万元,所以

应纳税所得额 = 100 + 1.1648 = 101.1648 (万元) < 300 (万元)

从业人数 = 100 < 300 (人)

资产总额 = 1000 < 5000 (万元)

该公司从事国家非限制和禁止行业,且同时符合年度应纳税所得额不超过300万元、从业人数不超过300人、资产总额不超过

5000 万元等三个条件，为小型微利企业：

应缴纳企业所得税 = 1000000 × 25% × 20% + 11648.20 × 50% × 20% = 51164.82（元）

✧ **政策依据**

财政部 税务总局关于实施小微企业普惠性税收减免政策的通知
2019 年 1 月 17 日 财税〔2019〕13 号

二、对小型微利企业年应纳税所得额不超过 100 万元的部分，减按 25% 计入应纳税所得额，按 20% 的税率缴纳企业所得税；对年应纳税所得额超过 100 万元但不超过 300 万元的部分，减按 50% 计入应纳税所得额，按 20% 的税率缴纳企业所得税。

上述小型微利企业是指从事国家非限制和禁止行业，且同时符合年度应纳税所得额不超过 300 万元、从业人数不超过 300 人、资产总额不超过 5000 万元等三个条件的企业。

案例四 购进固定资产时为小规模纳税人，销售使用过的固定资产时为一般纳税人。

B 公司 2018 年 12 月登记为一般纳税人，于 2019 年 3 月将 2017 年 12 月（小规模纳税人期间）购进的一台使用过的机器设备进行了转让，自行开具增值税普通发票，金额 92700 元。

提问：林老师，B 公司销售这台设备需要缴纳增值税吗？

林溪发老师解答

B 公司销售这台设备需要缴纳增值税！

纳税人购进或者自制固定资产时为小规模纳税人，登记为一般纳税人后销售该固定资产，按照简易办法依

第六章 土地增值税

照 3% 征收率减按 2% 征收增值税：

销售额 =9.27÷（1+3%）=9（万元）

应纳增值税额 =9×2%=0.18（万元）

◇ 政策依据

国家税务总局关于一般纳税人
销售自己使用过的固定资产增值税有关问题的公告

2012 年 1 月 6 日　国家税务总局公告 2012 年第 1 号

增值税一般纳税人销售自己使用过的固定资产，属于以下两种情形的，可按简易办法依 4% 征收率减半征收增值税，同时不得开具增值税专用发票：

一、纳税人购进或者自制固定资产时为小规模纳税人，认定为一般纳税人后销售该固定资产。

国家税务总局关于
简并增值税征收率有关问题的公告

2014 年 6 月 27 日　国家税务总局公告 2014 年第 36 号

五、将《国家税务总局关于一般纳税人销售自己使用过的固定资产增值税有关问题的公告》（国家税务总局公告 2012 年第 1 号）中"可按简易办法依 4% 征收率减半征收增值税"，修改为"可按简易办法依 3% 征收率减按 2% 征收增值税"。

六、纳税人适用按照简易办法依 3% 征收率减按 2% 征收增值税政策的，按下列公式确定销售额和应纳税额：

销售额 = 含税销售额÷（1+3%）

应纳税额 = 销售额×2%

案例五 销售其按照规定不得抵扣且未抵扣进项税额的固定资产。

C公司是一家制造企业，属于增值税一般纳税人。C公司食堂2017年2月购进冰柜1台，含税价格1.17万元，取得增值税专用发票，增值税发票上注明价款1万元、税款0.17万元，当年进项税未抵扣。2019年3月，C公司食堂停办，将冰柜出售，开具增值税普通发票，含税价4000元。

提问：林老师，C公司销售这台冰柜需要缴纳增值税吗？

林溪发老师解答

C公司销售这台冰柜需要缴纳增值税！

销售使用过的食堂冰柜，同时满足不得抵扣且未抵扣进项税额这两个条件，适用按简易办法依3%征收率减按2%征收增值税：

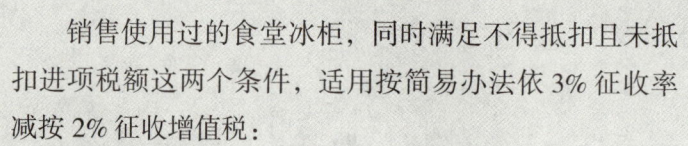

销售额 = 4000 ÷ (1+3%) = 3883.50（元）

应纳增值税 = 3883.50 × 2% = 77.67（元）

◇ 政策依据

国家税务总局关于一般纳税人
销售自己使用过的固定资产增值税有关问题的公告

2012年1月6日 国家税务总局公告2012年第1号

增值税一般纳税人销售自己使用过的固定资产，属于以下两种情形的，可按简易办法依4%征收率减半征收增值税，同时不得开具增值税专用发票：

……

二、增值税一般纳税人发生按简易办法征收增值税应税行为，销售其按照规定不得抵扣且未抵扣进项税额的固定资产。

第六章 土地增值税

国家税务总局关于简并增值税征收率有关问题的公告

2014年6月27日　国家税务总局公告2014年第36号

五、将《国家税务总局关于一般纳税人销售自己使用过的固定资产增值税有关问题的公告》（国家税务总局公告2012年第1号）中"可按简易办法依4%征收率减半征收增值税"，修改为"可按简易办法依3%征收率减按2%征收增值税"。

六、纳税人适用按照简易办法依3%征收率减按2%征收增值税政策的，按下列公式确定销售额和应纳税额：

销售额 = 含税销售额 ÷（1+3%）

应纳税额 = 销售额 × 2%

案例六　销售自己使用过的2009年1月1日以后购进或者自制的固定资产。

上述C公司假如当初购进的冰柜为公司生产使用，购入时已抵扣进项税额。

提问：林老师，冰柜转让时是否需要缴纳增值税？

林溪发老师解答

C公司销售这台冰柜需要缴纳增值税！

销售使用过的2009年1月1日以后购进或者自制的固定资产，按照适用税率征收增值税。

不含税销售收入 = 4000 ÷（1+16%）= 3448.28（元）

销项税额 = 3448.28 × 16% = 551.72（元）

这台冰柜如果在2019年4月1日以后转让，则上述16%税率应改为13%。

377

溪发说税之减税降费篇

◇ 政策依据

财政部　国家税务总局
关于全国实施增值税转型改革若干问题的通知

2008年12月19日　财税〔2008〕170号

四、自2009年1月1日起，纳税人销售自己使用过的固定资产（以下简称已使用过的固定资产），应区分不同情形征收增值税：

（一）销售自己使用过的2009年1月1日以后购进或者自制的固定资产，按照适用税率征收增值税；

第七章　地方附加税费

第一节　地方税种和相关附加减征

第 152 集
小规模纳税人申报附加税费时，需要填写减征比例吗

A 公司是按季申报的代加工行业小规模纳税人。

提问： 林老师，A 公司申报 2019 年第二季度的三个附加税费时，需要填写减征比例吗？

林溪发老师解答

不用填写！

◇ 政策依据

国家税务总局关于调整部分政府性基金有关征管事项的公告

2019 年 6 月 18 日　国家税务总局公告 2019 年第 24 号

附件"城市维护建设税、教育费附加、地方教育附加申报表"，填表说明第 3 点规定："减征比例（%）"，当地省级政府根据财税〔2019〕13 号文件确定的减征比例，系统自动带出。

划重点 消痛点

增值税小规模纳税人，申报三个附加税费时，减征比例自动带出，不用填报，非常便捷。

第 153 集
小规模纳税人减征"六税二费"需要审批吗

A 公司是增值税小规模纳税人。

提问：林老师，A 公司 2019 年享受小规模纳税人"六税二费"减征优惠，需要办理审批手续吗？

林溪发老师解答

不需要办理审批手续！

《国家税务总局关于增值税小规模纳税人地方税种和相关附加减征政策有关征管问题的公告》（国家税务总局公告 2019 年第 5 号）第三条规定，纳税人自行申报享受减征优惠，不需额外提交资料。

划重点 消痛点

增值税小规模纳税人地方税种和相关附加减征，自行申报享受减征优惠，不需额外提交资料，减轻办税负担。

第七章　地方附加税费

第 154 集
转登记为一般纳税人后，可以继续减征"六税二费"吗

扫码学习

　　A 公司原来是增值税小规模纳税人，2019 年 4 月 1 日转登记为一般纳税人，从 2019 年 4 月 1 日开始生效。

　　提问：林老师，A 公司 4 月还可以享受小规模纳税人"六税二费"减征优惠吗？

林溪发老师解答

不可以享受减征优惠！

◇ 政策依据

国家税务总局关于增值税小规模纳税人
地方税种和相关附加减征政策有关征管问题的公告

2019 年 1 月 19 日　国家税务总局公告 2019 年第 5 号

二、关于纳税人类别变化时减征政策适用时间的确定

……

增值税小规模纳税人按规定登记为一般纳税人的，自一般纳税人生效之日起不再适用减征优惠。

划重点　消痛点

　　增值税小规模纳税人转登记为一般纳税人并开始生效之日起，不能再享受小规模纳税人"六税二费"减征优惠。

溪发说税之减税降费篇

增值税一般纳税人，月销售额或营业额不超过10万元（按季度纳税的季度销售额或营业额不超过30万元）的，可以免征教育费附加、地方教育附加、水利建设基金。

◇ 政策依据

财政部　国家税务总局
关于扩大有关政府性基金免征范围的通知

2016年1月29日　财税〔2016〕12号

一、将免征教育费附加、地方教育附加、水利建设基金的范围，由现行按月纳税的月销售额或营业额不超过3万元（按季度纳税的季度销售额或营业额不超过9万元）的缴纳义务人，扩大到按月纳税的月销售额或营业额不超过10万元（按季度纳税的季度销售额或营业额不超过30万元）的缴纳义务人。

延伸案例

小规模纳税人销售额超过免征增值税标准，可以享受地方税种和相关附加减征优惠吗

扫码学习

A公司为小规模纳税人，选择以1个月为纳税期限，2019年3月销售一批食品，合同约定不含税价为18万元，本月无其他购销业务，可以享受增值税小规模纳税人的地方税种和相关附加优惠吗？

林溪发老师解答

A公司可以享受减征优惠！

假设A公司三个地方附加税费率为12%，则：

第七章 地方附加税费

应交增值税 = 180000×3% = 5400（元）

应交城市维护建设税 = 5400×7%×50% = 189（元）

应交教育费附加 = 5400×3%×50% = 81（元）

应交地方教育附加 = 5400×2%×50% = 54（元）

应交印花税 = 180000×0.3‰×50% = 27（元）

◇ 政策依据

财政部　税务总局关于实施
小微企业普惠性税收减免政策的通知

2019 年 1 月 17 日　财税〔2019〕13 号

三、由省、自治区、直辖市人民政府根据本地区实际情况，以及宏观调控需要确定，对增值税小规模纳税人可以在 50% 的税额幅度内减征资源税、城市维护建设税、房产税、城镇土地使用税、印花税（不含证券交易印花税）、耕地占用税和教育费附加、地方教育附加。

以闽财税〔2019〕5 号为例，2019 年初全国各省市出具配套文件，落实财税〔2019〕13 号"六税二费"减税措施。

◇ 政策依据

福建省财政厅　国家税务总局福建省税务局
关于落实小微企业普惠性税收减免政策的通知

2019 年 1 月 31 日　闽财税〔2019〕5 号

一、对增值税小规模纳税人减按 50% 征收资源税、城市维护建设税、房产税、城镇土地使用税、印花税（不含证券交易印花税）、耕地占用税和教育费附加、地方教育附加。

一般纳税人转登记为小规模纳税人后，可以享受地方税种和相关附加减征优惠吗

B公司原为一般纳税人，2019年3月转登记为小规模纳税人，2019年4月起才可以享受资源税、城市维护建设税、房产税、城镇土地使用税、印花税、耕地占用税、教育费附加和地方教育附加的减征优惠吗？

林溪发老师解答

B公司自2019年3月起就可以享受减征优惠。

一般纳税人按规定转登记为小规模纳税人的，自成为小规模纳税人的当月起适用减征优惠，因此该公司2019年3月起就可以享受减征优惠。

◇ 政策依据

国家税务总局关于增值税小规模纳税人地方税种和相关附加减征政策有关征管问题的公告

2019年1月19日　国家税务总局公告2019年第5号

二、关于纳税人类别变化时减征政策适用时间的确定

缴纳资源税、城市维护建设税、房产税、城镇土地使用税、印花税、耕地占用税、教育费附加和地方教育附加的增值税一般纳税人按规定转登记为小规模纳税人的，自成为小规模纳税人的当月起适用减征优惠。……

小规模纳税人转登记为一般纳税人后，何时停止享受地方税种和相关附加减征优惠

C公司原为小规模纳税人，2019年4月转登记为一般纳税人，从2019年4月1日开始生效，2019年5月起才停止享受资源税、城市维护建设税、房产税、城镇土地使用税、印花税、耕地占用税、教育费附加和地方教育附加的减征优惠吗？

林溪发老师解答

C公司自2019年4月起就应停止享受减征优惠。

◇ 政策依据

国家税务总局关于增值税小规模纳税人地方税种和相关附加减征政策有关征管问题的公告

2019年1月19日　国家税务总局公告2019年第5号

二、关于纳税人类别变化时减征政策适用时间的确定

……增值税小规模纳税人按规定登记为一般纳税人的，自一般纳税人生效之日起不再适用减征优惠；……

小规模纳税人全额缴纳地方税种和相关附加，可以申请退还吗

D公司为小规模纳税人，2019年第一季度全额缴纳城市维护建设税、教育费附加、地方教育附加共12000元，4月发现多申报缴纳6000

元，可以申请退税或者抵减以后纳税期的应纳税款吗？

林溪发老师解答

可以！

D公司为小规模纳税人，符合享受减征优惠条件，第一季度多申报的6000元，可依法申请退税或者抵减以后纳税期的应纳税款。

◇ 政策依据

国家税务总局关于增值税小规模纳税人地方税种和相关附加减征政策有关征管问题的公告

2019年1月19日　国家税务总局公告2019年第5号

四、关于纳税人未及时享受减征优惠的处理方式

纳税人符合条件但未及时申报享受减征优惠的，可依法申请退税或者抵减以后纳税期的应纳税款。

第二节　地方税种和相关附加叠加享受优惠

第 155 集
小规模纳税人的房产税可以叠加享受优惠吗

A 公司是按季申报的小规模纳税人，按市场价格向个人出租用于居住的住房，减按 4% 税率征收房产税。

提问：林老师，2019 年 A 公司出租住房的房产税可以再优惠吗？

林溪发老师解答

可以！

◇ **政策依据**

**财政部　税务总局关于实施小微企业
普惠性税收减免政策的通知**

2019 年 1 月 17 日　财税〔2019〕13 号

四、增值税小规模纳税人已依法享受资源税、城市维护建设税、房产税、城镇土地使用税、印花税、耕地占用税、教育费附加、地方教育附加其他优惠政策的，可叠加享受本通知第三条规定的优惠政策。

划重点 消痛点

根据《财政部 国家税务总局关于廉租住房、经济适用住房和住房租赁有关税收政策的通知》（财税〔2008〕24号）第二条第（四）项规定，对企事业单位、社会团体以及其他组织按市场价格向个人出租用于居住的住房，减按4%的税率征收房产税。增值税小规模纳税人按市场价格向个人出租用于居住的住房，可以叠加享受优惠，在此基础上再减征50%，减按2%的税率征收房产税。

第三节　地方税种和相关附加计税依据优惠

第 156 集
附加税费计算基数可以扣除退还的留抵税额吗

扫码学习

B公司为建筑业增值税一般纳税人，2019年10月向主管税务机关申请退还增量留抵税额。

提问：林老师，B公司申请退还了增量留抵税额，那在申报计算城市维护建设税、教育费附加和地方教育附加等附加税费时，计税依据可以扣除退还的增值税税额吗？

林溪发老师解答

可以扣除！

◇ 政策依据

财政部　税务总局关于增值税期末留抵退税有关城市维护建设税　教育费附加和地方教育附加政策的通知

2018年7月27日　财税〔2018〕80号

对实行增值税期末留抵退税的纳税人，允许其从城市维护建设税、教育费附加和地方教育附加的计税（征）依据中扣除退还的增值税税额。

> 划重点　消痛点

　　增值税期末留抵退税是对增值税一般纳税人的优惠措施，退还增值税税额后，在计算缴纳城市维护建设税、教育费附加和地方教育附加时，计税（征）依据还可以扣除退还的增值税税额。